U0526427

■ 国家社科基金项目（12BMZ071）结项成果

中东部地区回族等
流动人口城市融入问题研究

李吉和 著

中国社会科学出版社

图书在版编目（CIP）数据

中东部地区回族等流动人口城市融入问题研究/李吉和著. —北京：中国社会科学出版社，2019.11
ISBN 978-7-5203-5667-1

Ⅰ.①中… Ⅱ.①李… Ⅲ.①回族—流动人口—城市化—研究—中国 Ⅳ.①C924.24

中国版本图书馆 CIP 数据核字（2019）第259056号

出版人	赵剑英
责任编辑	孔继萍
责任校对	刘 娟
责任印制	李寡寡
出　　版	中国社会科学出版社
社　　址	北京鼓楼西大街甲158号
邮　　编	100720
网　　址	http://www.csspw.cn
发 行 部	010-84083685
门 市 部	010-84029450
经　　销	新华书店及其他书店
印　　刷	北京明恒达印务有限公司
装　　订	廊坊市广阳区广增装订厂
版　　次	2019年11月第1版
印　　次	2019年11月第1次印刷
开　　本	710×1000 1/16
印　　张	19
插　　页	2
字　　数	246千字
定　　价	108.00元

凡购买中国社会科学出版社图书，如有质量问题请与本社营销中心联系调换
电话：010-84083683
版权所有　侵权必究

目 录

绪 论 …………………………………………………………（1）
  一　选题的意义 ……………………………………………（1）
  二　研究综述 ………………………………………………（3）
  三　研究方法 ………………………………………………（18）
  四　相关概念与理论 ………………………………………（19）
  五　调查地点及10个多数人信仰伊斯兰教的少数民族
     介绍 ………………………………………………………（25）
  六　调查过程 ………………………………………………（31）
  七　主要研究内容 …………………………………………（32）

第一章　回族等流动人口基本概况 ……………………………（36）
  一　越来越多的回族等流动人口进入中东部地区城市 ……（36）
  二　男性多于女性 …………………………………………（41）
  三　年龄以中青年为主 ……………………………………（45）
  四　以回族、维吾尔族居多 ………………………………（46）
  五　流出地以西北地区的青海、甘肃和新疆为主 …………（48）
  六　已婚人员和家庭迁徙趋势渐强 ………………………（51）
  七　受教育年限少，文化程度较低 ………………………（54）
  八　生存型流动为主 ………………………………………（58）

九　首次外出时间和在当地居住时间比较长 …………………… (61)
　　十　从事职业相对比较单一 ………………………………………… (63)

第二章　经济融入 ………………………………………………………… (67)
　　一　劳动就业 ………………………………………………………… (68)
　　二　经济收入水平 …………………………………………………… (72)
　　三　工作时间长 ……………………………………………………… (80)
　　四　以家庭集体租房居住为主 ……………………………………… (83)
　　五　消费支出 ………………………………………………………… (88)
　　六　经济融入障碍 …………………………………………………… (94)

第三章　社会关系融入 …………………………………………………… (96)
　　一　求职途径以传统社会关系为主 ………………………………… (98)
　　二　日常生活交往对象以初级社会群体为主 ……………………… (101)
　　三　困难求助对象以熟人为主 ……………………………………… (105)
　　四　民族关系 ………………………………………………………… (107)
　　五　回族等流动人口社会关系与融入 ……………………………… (114)

第四章　制度融入 ………………………………………………………… (122)
　　一　输出地政府对回族等流动人口的制度支持加大 ……………… (123)
　　二　输入地政府的制度支持 ………………………………………… (125)
　　三　输入地城市教育制度支持力度不够 …………………………… (129)
　　四　社会保障掣肘 …………………………………………………… (133)
　　五　证照办理及劳动合同签订率低 ………………………………… (136)
　　六　对当地的治安状况满意度 ……………………………………… (138)

第五章　文化融入 ………………………………………………………… (140)

一　国家通用语言或方言的认同与应用 …………………(141)
　二　对当地风俗习惯的认知程度 ……………………………(148)
　三　办事习惯的遵从与调适 …………………………………(152)
　四　思想观念的变化 …………………………………………(154)
　五　宗教信仰与生活习俗的调适 ……………………………(160)

第六章　心理融入 ………………………………………………(173)
　一　社会认同 …………………………………………………(174)
　二　民族偏见 …………………………………………………(189)
　三　社会距离 …………………………………………………(195)
　四　居留意愿与未来打算 ……………………………………(199)

结　语 ……………………………………………………………(207)
　一　回族等流动人口城市融入的总体评价 …………………(207)
　二　推进回族等流动人口城市融入对策 ……………………(212)

参考文献 …………………………………………………………(223)

附　件 ……………………………………………………………(243)

后　记 ……………………………………………………………(297)

绪　　论

一　选题的意义

流动人口一般是指在一定时期内（通常指一年）不改变自身户籍状况，并且离开常住户口所在地在另一行政区域暂住寄居或临时外出的人口。[①] 随着我国全面深化改革的不断推进，地区之间、民族之间封闭阻隔状态逐渐打破，地区之间、民族之间的交往、交流日益频繁。尤其是城市化进程的加快，少数民族为摆脱封闭和贫困，走向开放和富裕，逐渐走出农村和牧区，步入城市。

在这支庞大的少数民族流动人口大军中，回族等流动人口是一支重要的力量。有统计表明，截至 2008 年，我国约有 300 多万人信仰伊斯兰教少数民族的流动人口，占信仰伊斯兰教少数民族人口的 10% 左右。[②] 那么，今天到底有多少信仰伊斯兰教或有清真饮食习俗的少数民族流动人口进入城市，具体数据无法统计，但可以肯定，只能是有增无减。

2014 年召开的中央民族工作会议指出，对少数民族流动人口，不能采取"关门主义"的态度，也不能采取放任自流的态度，关键

[①] 陈岱孙：《中国经济百科全书》（下），中国经济出版社 1991 年版，第 1655 页。
[②] 王宇洁：《2008 年中国伊斯兰教概况及对流动穆斯林问题的分析》，载金泽、丘永辉主编《2009 年中国宗教报告》，社会科学文献出版社 2009 年版。

是要抓住流入地和流出地的两头对接。要把着力点放在社区，推动建立相互嵌入的社会结构和社区环境，注重保障各民族合法权益，坚决纠正和杜绝歧视或变相歧视少数民族群众、伤害民族感情的言行，引导流入城市的少数民族群众自觉遵守国家法律和城市管理规定，让城市更好接纳少数民族群众，让少数民族群众更好融入城市。① 党和国家对城市少数民族流动人口问题非常重视，将其作为城市民族工作的重要内容予以关注。2016年1月，中共十八届中央政治局常委、十二届全国政协主席俞正声对全国城市民族工作会议批示中指出，城市民族工作要以做好少数民族流动人口服务管理为重点，促进各民族交往交流交融。②

由于回族等流动人口的宗教信仰和生活习惯与城市居民存在较大差异，他们在城市的生存状况、适应、融入问题更有特殊性，进一步深入的调查与研究也更有价值。

1. 具有学术意义。多数人信仰伊斯兰教的回族等流动人口的城市融入问题是学术界关注的热点问题之一，他们的权益、诉求、融入问题越来越引起学术界的关注，众多学者分别从人口学、社会学、经济学、心理学等不同视角进行大量研究和探讨。但如何从多个层面并通过田野调查获取第一手资料基础上，对这些流动人口城市融入状况进行全面深入研究的成果还不多。

2. 具有重要的现实意义。不断增加的回族等流动人口来到中东部地区后，对当地的城市经济发展做出了很大的贡献，也给城市文化发展注入了新的活力。但是由于回族等流动人口的宗教信仰以及生活习俗与城市居民存在的差异，使他们在融入城市过程中，除了表现出一般流动人口的特点和问题外，也呈现出其自身的一些特

---

① 《中央民族工作会议暨国务院第六次全国民族团结进步表彰大会在北京举行》，《光明日报》2014年9月30日。

② 《全国城市民族工作会议在京召开》，《人民日报》2016年1月6日。

点和问题，并在某些方面存在不适应、不融入更强的表现，导致在现实中出现一系列的社会问题。所以，回族等流动人口能否顺利地实现城市适应与融入，不仅关系到他们在城市的生存与发展，也关系到少数民族和民族地区的发展与稳定，关系到和谐民族关系的构建。近年来，在城市发生的涉及少数民族问题事件中，80%左右与这些多数人信仰伊斯兰教的流动人口有关。因此，如何正确认识与妥善处理他们存在的问题，了解他们的城市生活状况，分析他们城市融入程度及面临的问题，探索促进融入策略与对策，对推进城市民族工作制度化、规范化、精细化，构建和谐民族关系，促进民族地区和少数民族发展繁荣有着重要的现实意义。

3. 选点具有代表性。选取中部地区的武汉市、东部地区的杭州和宁波市以及南部沿海广东省的广州市作为调查点，具有一定的典型性和代表性。武汉市是九省通衢之地，回族等流动人口进入时间比较早，是中部地区重要城市；浙江、广东是我国经济社会发达省份，也是流入人口最多的两个省。这四个城市在一定程度上可以反映出回族等流动人口在中东部地区城市适应与融入的状况。

二 研究综述

1. 关于"融入"概念内涵的研究

对流动人口融入进行研究，实际上涉及"融入"这个核心概念的内涵。研究者所处时代的社会文化背景不同，对"融入"概念的理解也存在一定的差异。西方学界对"融入"或"融合"的研究，主要针对的是外国移民群体和弱势群体，表现对族群关系问题的研究。而将社会融合作为一种社会政策是基于欧洲学者对社会排斥的研究。法国学者维莱·勒内于1974年首先明确提出了"社会排斥"

这一概念，目的在于阐述被排斥在就业岗位正式来源和收入保障制度之外的特定社会边缘群体的状态。① 社会政策是反社会排斥、实现公民权利、促进社会融合的有力手段。在欧洲发源并兴起的社会排斥理论研究，极大地推动了社会政策的研究和发展。

随着对社会排斥研究的深入和反社会排斥计划及行动的实践，西方学者和政府都热衷于使用"社会融合"这个概念。因为反社会排斥就是要确保任何人都能享受到居住在一个组织良好的现代社会，也就是要建立一个人人共建、人人共享的强大且有凝聚力的社区，这就是社会融合，社会融合逐渐成为西方社会政策研究和社会政策实践的核心概念。② 有的西方学者认为，社会融入是"指通过缩小差距，降低最弱势社区与社会之间的不平等，并确保支持能够传递到最需要的群体。社会融入意味着增进被排斥群体、个人的社会参与机会，无论在工作、教育还是在更广泛的社会层面"③。此概念强调缩小移民差距、为移民增权和鼓励移民和弱势群体的社会参与。此后，许多国家和地区将社会融入作为人类生活质量的主要指标，较高的社会融入水平已成为人类社会发展所追求的目标之一④。

国内学者在研究流动人口融入问题时，有称为"融合"的，如任远、邬民乐认为社会融合是不同个体、不同群体或不同文化之间相互配合、互相适应的过程；⑤ 马西恒、童星强调社会融合

---

① 李景治、熊光清：《中国城市中农民工群体的社会排斥问题》，《江苏行政学院学报》2006年第6期。
② 嘎日达、黄匡时：《西方社会融合概念探析及其启发》，《国外社会科学》2009年第2期。
③ ESFP. 2007. Further Information: Social Inclusion. 2007 - 2013 European Structural Funds Program, http://www.c9cp.Coquk/03 - info-social-inclusion.html.
④ Taylor, M., Communities in Partnership: Developing A Strategic Voice, *Social Policy and Society*, Vol. 5 (2), 2006, pp. 269 - 279.
⑤ 任远、邬民乐：《城市流动人口的社会融合：文献述评》，《人口研究》2006年第3期。

是指"新移民"在居住、就业、价值观念等城市生活的各个方面融入城市社会、向城市居民转变的过程,[①]着重强调新移民对城市社会的适应以及市民化过程。现在更多的研究者常常使用"社会融入"这个概念,强调流动人口的城市适应并能够获取当地社会资源,享受到城市基本公共均等化服务。如张广济认为:"社会融入是指特殊情境下的社会群体,融入主流社会关系网当中,能够获取正常的经济、政治、公共服务等资源的动态过程或状态。"[②]有的认为,社会融入是特定社会中的个人与群体,通过结构调整与主体自我适应,能够享有就业、社会服务、城市文化生活、政治选举等方面的广泛的社会权利与平等参与的机会,逐步融入主流社会。[③]在学界,有用"融合"的,有用"融入"的,二者是否等同,能否混用,有无区别,作为严谨的科学研究必须有明确的界定。有的学者认为,"融合"与"融入"是有区别的,"融合"是双向的,表示流入地文化和流出地文化融会到一起,互相渗透,形成一种在某种程度上具有新意的文化体系;相反,"融入"是单向的,指流动人口在经济、行为、文化和观念上都融入到了流入地的主流社会体系中。"融合"是不同文化之间接触的最终目标,而"融入"则是"融合"的第一步,根据中国流动人口的特点,"融入"比"融合"更好地体现了流动人口在流入地社会融入的过程及其对流入地经济、社会、文化的影响。[④]

[①] 马西恒、童星:《敦睦他者:城市新移民的社会融合之路——对上海市 Y 社区的个案考察》,《学海》2008 年第 2 期。

[②] 张广济:《生活方式与社会融入关系的社会学解读》,《长春工业大学学报》2010 年第 3 期。

[③] 刘建娥:《中国乡—城移民的城市社会融入》,社会科学文献出版社 2011 年版,第 15 页。

[④] 杨菊华:《从隔离、选择融入到融合:流动人口社会融入问题的理论思考》,《人口研究》2009 年第 1 期。

2. 少数民族流动人口城市融入程度研究

关于衡量流动人口或外来移民社会融入程度的指标，中外学者以及有关机构赋值不同。欧盟于2004年提出了欧洲公民资格和融合指数，用来监测流动人口社会融合状况。该指数包含劳动力市场融合、长期居住、家庭团聚、入籍和反歧视五个方面共99个指标。2007年修改为"移民整合指数"，不仅将政治参与纳入了移民整合指数，而且将移民整合指标增加到140个政策指标。[①]

针对我国流动人口融入境况，学界提出了中国流动人口城市融入的层次和内涵。不少学者在调查基础上，从政治、经济、文化、社会、心理等多个维度进行研究，并提出了流动人口融入社会的具体指标，以便对流动人口社会融入进行量化分析。风笑天从经济、心理、环境、生活四个维度，用9个指标测量了三峡移民在迁入地的融入状况；[②] 张文宏、雷开春借鉴国外移民研究的经验，结合中国的具体情况，采用探索性因子分析法，利用14个主观和客观指标，考察了上海地区的城市新移民社会融合结构，包括本地语言掌握程度、熟悉本地风俗程度、接受本地价值观念程度、职业稳定程度、亲属相伴人数、本地户籍状况、本地人身份认同程度、社会交往范围、社会心理距离、日常交往人数、社会满意度、职业满意度、住房满意度、添置房产意愿。[③] 此外，还有更多的学者构建了衡量流动人口社会融入的指标体系，如杨菊华的社会融入指标体系由4个维度（经济整合、行为适应、文

[①] 苏杨、肖周燕、尹德挺：《中国流动人口管理报告》，企业管理出版社2010年版，第156页。

[②] 风笑天：《"落地生根"？——三峡农村移民的社会适应》，《社会学研究》2004年第5期。

[③] 张文宏、雷开春：《城市新移民社会融合的结构、现状与影响因素分析》，《社会学研究》2008年第5期。

化接纳、身份认同）、16个指标和具体变量构成，并通过对社会融入指标的分析，将流动人口在流入地的社会融入结果提炼为隔离型、多元型、融入型、选择型、融合型五种模式。[1]《中国流动人口发展报告2012》课题组构建了流动人口社会融合政策指标体系框架，用6个维度（劳动就业、权益保障、子女教育、社区接纳、身份融合、融合项目）、14个政策指标反映流动人口社会融合政策的总体状况。[2]

近年来，学界对少数民族流动人口社会适应及融入问题主要从经济、文化、社会、心理等维度进行研究，成果丰硕。李林凤从经济融入、社会融入、政治融入、文化融入、市民社会与少数民族流动人口之间相互接纳、认同的程度等；[3] 李伟梁从经济、社会、心理三个方面；[4] 马旭从生活层面、经济层面和心理层面；[5] 任霞从经济适应、社会接纳、文化认可和心理归属四个维度建立大城市外来少数民族人口社会融合评价指标体系，并对融合状况进行了全面细致的分析，进而评价了目前上海市外来少数民族社会融合程度；[6] 张红从经济层面、文化层面、社会生活层面和心理层面四个层面对朝鲜族在烟台市的适应与发展情况进行了调查；[7] 高向东等以经济

---

[1] 杨菊华：《流动人口在流入地社会融入的指标体系——基于社会融入理论的进一步研究》，《人口与经济》2010年第2期；杨菊华：《从隔离、选择融入到融合：流动人口社会融入问题的理论思考》，《人口研究》2009年第1期。

[2] 国家人口和计划生育委员会流动人口服务管理司：《中国流动人口发展报告2012》，中国人口出版社2012年版，第82页。

[3] 李林凤：《从"候鸟"到"留鸟"——论城市少数民族流动人口的社会融合》，《贵州民族研究》2011年第1期。

[4] 李伟梁：《论少数民族流动人口的城市融入》，《黑龙江民族丛刊》2010年第2期。

[5] 马旭：《少数民族流动人口城市适应研究——以武汉市为例》，博士学位论文，中央民族大学，2007年。

[6] 任霞：《大城市外来少数民族人口的社会融合研究——以上海市为例》，硕士学位论文，华东师范大学，2009年。

[7] 张红：《少数民族人口在城市的适应与发展研究——以烟台市朝鲜族为例》，硕士学位论文，中央民族大学，2011年。

适应、社会接纳、文化认同、心理归属四个维度的方差贡献率为权重进行分析研究，认为上海市少数民族流动人口城市适应程度已达到中等以上水平，并且适应的各维度差异性较大，以文化认同维度最高，心理归属维度最低;[1] 高翔、宋相奎从城市环境适应、经济适应、社会适应及文化心理适应等几个维度，对银川市新生代少数民族流动人口城市适应进行了系统探讨;[2] 汪永臻从就业类别、就业途径、经济收入、城市居住、城市消费五个方面对西北少数民族流动人口的城市经济融入进行了研究;[3] 张继焦在其著作中从城市迁移者刚进城时的感受、经济生活、生活方式、语言使用、社会交往、恋爱婚姻六个方面，系统地展示了少数民族城市适应的总体状况。[4]

对回族等流动人口社会融入指标体系研究尚处于起步阶段。目前，大多学者借用全国流动人口指标体系，通过对广州、兰州、银川、南京、厦门等城市的调查，对城市回族等流动人口适应与融入状况进行了初步探讨。陈晓毅通过对广州流动回族等的调查，认为流动回族等在经济方面，大多数收入微薄，经济地位低下；在制度（社会）层面上适应状况总体而言比较好，但存在流动回族等的突发事件问题、流动回族等子女教育问题和穆汉关系等问题；在精神（宗教）层面上，主要体现在清真寺和礼拜点相对不足、回民墓地紧缺问题。[5] 高翔、程慧波等在对兰州市回族等流动人口主要分布

---

[1] 高向东、余运江、黄祖宏:《少数民族流动人口城市适应研究——基于民族因素与制度因素比较》，《中南民族大学学报》2012 年第 2 期。

[2] 高翔、宋相奎:《银川市新生代少数民族流迁人口城市适应研究》，《中南民族大学学报》2011 年第 6 期。

[3] 汪永臻:《西北少数民族流动人口城市经济融入研究——以甘肃省兰州市为视阈》，《青海民族大学学报》2012 年第 2 期。

[4] 张继焦:《城市的适应——迁移者的就业与创业》，商务印书馆 2004 年版，第 193—279 页。

[5] 陈晓毅:《都市流动穆斯林文化适应问题及其解决之道——基于问卷调查的广州个案实证研究》，《青海民族研究》2010 年第 3 期。

地区调研、信息采集的基础上，分别采用萨默斯不对称关系系数分析、皮尔逊积矩相关系数分析和主成分因子分析等，从环境、经济、社会文化（宗教文化、日常生活方式）、心理等方面的适应程度进行系列评判，认为在环境适应方面，城市气候、水土条件适应方面，回族等流动人口来源地同兰州市的距离和他们的城市适应性表现出了较强的相关关系，而在交通状况和娱乐设施适应方面，其相关性不明显；在经济适应方面，回族等流动人口的经济收入和适应性呈现出了较强的相关关系；在社会适应方面，宗教文化生活在回族等流动人口城市适应过程中起着不可或缺的作用，随着时间的推移，回族等流动人口对城市的日常生活方式开始逐渐适应；在心理适应方面，回族等流动人口在"自我"认识上表现了较为明显的适应性，但在"认同"和"城市归属感"方面则呈现出了较强的不适应。[1] 高翔等及张燕通过因子分析将流动回族等城市社会适应归纳为"城市归属""身份判断""自我认同"三个因子，认为回族等流动人口城市社会适应性综合水平很低，"自我认同"因子最低，"城市归属"次之，"身份判断"最高。[2] 李晓雨、白友涛从经济生活、社会日常生活、宗教文化生活以及心理状况等方面进行研究。[3] 白友涛等在其著作中也从经济生活、社会生活、宗教生活三个方面对回族等流动人口的社会适应基本状况进行了描述。[4] 杨殿迪以广州市回族新移民为调查对象，通过他们的经济状况、社会交

---

[1] 高翔、程慧波、鱼腾飞：《兰州市流动穆斯林城市适应性分析》，《中国人口科学》2010年第1期。

[2] 高翔、张燕、鱼腾飞、宋相奎：《流动穆斯林城市社会适应性实证研究——以兰州市回族、东乡族为例》，《人口与经济》2011年第2期；张燕：《兰州市流动穆斯林城市社会适应实证研究》，硕士学位论文，兰州大学，2012年。

[3] 李晓雨、白友涛：《我国城市流动穆斯林社会适应问题研究——以南京和西安为例》，《青海民族学院学报》2009年第1期。

[4] 白友涛、尤佳、季芳桐、白莉：《熟悉的陌生人——大城市流动穆斯林社会适应研究》，宁夏人民出版社2011年版。

往和文化适应，探讨了新移民的社会融入。[①] 龚坚以群体适应为分析视角，对厦门外来回族等的城市适应状况进行了分析。[②] 此外，周传斌、杨文笔以回族为例，对城市流动少数民族宗教生活及宗教适应机制进行了探讨。[③]

不少学者也关注维吾尔族流动人口的适应与融入问题。维吾尔族在多数人信仰伊斯兰教或具有清真饮食习俗的流动人口的数量上仅次于回族，但由于大多数维吾尔族存在不同程度的语言交流问题，加上文化教育程度比较低，社会适应程度更低，融入当地社会困难重重。帕提古丽从语言差异、社会关系、生活习俗的适应、城市制度的缺失、族际交往与族际关系、与本地人的关系等方面对兰州市维吾尔族流动人口的文化适应进行了分析。[④] 阿不都艾尼认为，在北京的维吾尔族流动人口城市适应问题表现为在文化上存在语言、宗教和生活习俗的差异；社会交往上主要表现为单一的人际关系网络；经济层面主要是就业层次低、同质性强、利润薄；心理层面是社会排斥与歧视带来的心理伤害。[⑤] 徐平等通过对乌鲁木齐市维吾尔族流动人口调查，认为维吾尔族流动人口在城市生活中存在经济、职业、文化、制度和心理的多维排斥，使其融入城市社区面临许多困难，其中经济收入偏低是适应融入的基本问题，而制度和心理上的融入是一个逐步实现的过程。[⑥]

[①] 杨殷迪:《城市少数民族新移民社会融入问题探析——以广州回族为例》，《社科纵横》2011年第3期。

[②] 龚坚:《外来穆斯林的城市适应状况——来自厦门市外来少数民族城市适应的调查报告》，《青海民族研究》2007年第2期。

[③] 周传斌、杨文笔:《城市化进程中少数民族的宗教适应机制探讨——以中国都市回族伊斯兰教为例》，《西北第二民族学院学报》2008年第2期。

[④] 帕提古丽:《兰州市维吾尔族流动人口的调查研究》，硕士学位论文，西北民族大学，2008年。

[⑤] 阿不都艾尼:《在京维吾尔族流动人口调查研究》，硕士学位论文，中央民族大学，2011年。

[⑥] 徐平、于浤:《乌鲁木齐市维吾尔族流动人口的社会排斥和融入》，《中南民族大学学报》2011年第6期。

回族等流动人口不少人信仰伊斯兰教，进入城市后其宗教生活也将发生一些变化，宗教生活如何适应城市也是他们面临的一个重要问题。陈晓毅认为，回族等在宗教适应上出现宗教活动频率放慢、宗教要求降低、宗教责任感较弱的情况，同时遇到饮食不清真、购买不方便、清真点和礼拜点相对不足、回民墓地紧缺等问题。① 白友涛等人在其专著中也特地提到了回族等流动人口在宗教生活方面的城市适应问题，认为回族等流动人口社会适应中存在着生产经营困难、经济地位不高、突发事件较多、社会资本不足、宗教生活困难、未能参与管理等问题。② 周传斌、杨文笔认为，宗教设施的缺乏成为回族等流动人口群体进入城市后必然面对的难题，造成了回族等流动人口群体城市生活的不适应；回族等流动人口群体的流动属性使他们缺乏对特定寺坊社区的归属和认同，频繁的流动和散居肢解了统一社区中回族等群体间的联系和互动，使不少回族等个体产生情感压抑或精神彷徨，不利于社会的稳定与和谐。③

3. 回族等流动人口城市融入障碍

流动人口融入城市社会，是一个复杂的过程，影响流动人口城市社会融入的因素也是多方面的，学者从不同层面和角度对其进行了探讨。

众多学者从社会排斥视角研究农民工在城市社会的边缘地位。制度上的限制和排斥，对于流动人口的社会融合有着根本性的影响。其中户籍制度为众人所指。以户籍制度为依托的流动人口管理制度，以及一系列与户口相关的社会福利制度对流动人口的排斥，

---

① 陈晓毅：《都市流动穆斯林文化适应问题及其解决之道——基于问卷调查的广州个案实证研究》，《青海民族研究》2010 年第 3 期。
② 白友涛、尤佳、季芳桐、白莉：《熟悉的陌生人——大城市流动穆斯林社会适应研究》，宁夏人民出版社 2011 年版。
③ 周传斌、杨文笔：《城市化进程中少数民族的宗教适应机制探讨——以中国都市回族伊斯兰教为例》，《西北第二民族学院学报》2008 年第 2 期。

限制了流动人口从"体制外"进入"体制内"的路径。农民工不能取得城市的户籍，就意味着他们没有被城市所接纳，在就业制度、社会保障、公共服务方面也受到了排斥。城乡二元的社会结构不仅在制度上对农民工造成了隔离和排斥，还引发了城市市民在心理和行动上对农民工的排斥。农民理性地选择外出打工，但是由于社会排斥的巨大作用，使农民工很难适应城市社会，无法融入城市社区，最终只能返乡或在城市艰难爬坡。[①] 此外，教育、培训，以及工作经历，对流动人口在城市长期生存、生活和发展具有显著影响。[②]

更多学者从制度、经济、文化以及农民工自身因素等综合方面剖析制约流动人口城市融入的因素。有的认为影响农民工社会融入的关键因素是制度障碍、经济障碍、公民素质。[③] 从经济层面看，就业不稳定，工资收入低，是农民工难以融入城市社会并在城市立足的首要因素；从社会层面看，农民工与城市市民在社会地位上的差别影响了两大群体之间的正常社会交往，构成了农民工融入城市社会的又一障碍；从心理文化层面看，心理适应是农民工适应城市的最高等级，是真正融入城市的标志。[④]

影响回族等流动人口的障碍，众多学者立足各地调查，根据不同民族特点，采用不同学科的理论与方法，从各个维度进行系统的分析，特别强调民族和宗教因素对融入的限制。高翔、鱼腾飞等运用结构变迁理论，主要从民族因素（民族意识、民族宗教风俗、民族文化价值）、自身因素（受教育水平、技能水平、经济条件）、社会环境（社会支持、族缘关系、社会关系）和制度因素（户籍

[①] 江立华：《社会排斥与农民工地位的边缘化》，《华中科技大学学报》2006年第6期。
[②] 任远、邬民乐：《城市流动人口的社会融合：文献述评》，《人口研究》2006年第3期。
[③] 丁宪浩：《农民工社会融入问题分析》，《财经科学》2006年第10期。
[④] 刘大兰：《影响农民工与城市社会融合的障碍探析》，《辽宁行政学院学报》2008年第3期。

制度、就业制度）等方面系统分析回族等流动人口城市适应的障碍性因素。[1] 年龄对回族等流动人口的自我认同、城市归宿和城市社会适应都有明显的影响，其影响作用呈现波动的现象；文化程度对流动回族等城市社会适应性有明显的正向促进作用，身份特征决定不同文化融入群体与当地社会交往的广度和深度，同时也决定其不同的文化认知和适应范式；家庭月收入对自我认同和城市社会适应有显著影响，说明经济基础决定上层建筑；民族因素及文化认同深层次地影响着流动穆斯林等城市社会适应性。[2] 陈晓毅通过对广州个案的实证研究，认为对广州回族等流动人口影响较大的因素中，经济因素排在第一位，宗教因素排在第二位，第三位为社会因素。[3] 杨殷迪认为，影响回族社会融入的因素有制度政策、城市包容和民族风俗客观因素以及经济条件、职业类型、社会关系和宗教信仰等主观因素。不同影响因素对不同类型的人来说影响程度不同，因此，他们出现了不同的经济、社交和文化适应状况。[4]

关于影响维吾尔族流动人口的障碍，除了一般性的影响因素外，学者们更关注语言差异和支持系统的缺失。阿不都艾尼认为，北京维吾尔族流动人口城市适应问题最根本的原因是社会支持体系的缺失，主要体现在社会政策和法律支持体系缺失、社会舆论支持体系的缺失以及针对少数民族流动人口的微观层面的服务体系的缺失。[5] 高艳华经过对生活在上海的新疆少数民族流动人口调查，认

---

[1] 高翔、鱼腾飞、宋相奎、程慧波、张燕：《结构变迁理论视角下的流动穆斯林城市适应的障碍性因素分析——以兰州市回族、东乡族为例》，《西北人口》2011年第4期。

[2] 高翔、张燕、鱼腾飞、宋相奎：《流动穆斯林城市社会适应性实证研究——以兰州市回族、东乡族为例》，《人口与经济》2011年第2期。

[3] 陈晓毅：《都市流动穆斯林文化适应问题及其解决之道——基于问卷调查的广州个案实证研究》，《青海民族研究》2010年第3期。

[4] 杨殷迪：《城市少数民族新移民社会融入问题探析——以广州回族为例》，《社科纵横》2011年第3期。

[5] 阿不都艾尼：《在京维吾尔族流动人口调查研究》，硕士学位论文，中央民族大学，2011年。

为社会支持的缺失是城市适应困难的根本原因，这种缺失既包括以初级群体为主体的非正式社会支持的缺失，也包括以社会和政府为主体的正式社会支持的缺失。① 帕提古丽认为语言差异、社会关系、生活习俗、城市制度的缺失、族际交往与族际关系、与本地人的关系、误解与互助等因素都会对维吾尔族流动人口城市文化适应产生影响。② 阿布都外力·依米提、胡宏伟认为，语言不通和生活习惯是维吾尔族流动人口不适应的主要障碍。③

4. 推进回族等流动人口城市融入对策

如何促进农民工融入城市，是研究最终目标。刘传江、周玲提出，农民工需要尽快融入城市社区，积极构建社会资本的积累和形成机制，以弥补其离开原有农村社区带来的社会资本的损失。④ 时立荣提出，建立具有服务功能的开放型社区，提供正式的社会服务，促进社区"新移民"的社会化，移民在社会化过程中超越户籍这一外在屏障，融入城市的生活方式中。⑤

根据回族等流动人口的城市适应现状及影响因素，研究者也相应提出了对策建议。高翔、鱼腾飞等提出，一方面应从改善回族等流动人口的经济条件入手，大力发展特色民族经济，努力提高居民生活状况，从而使其顺利适应城市社会生活；另一方面要强化他们的"自我认同"和"城市归属感"，以便其更好地为城市发展做贡献。⑥ 李晓雨、白友涛认为，不同城市的管理者要针对他们在社会

---

① 高艳华：《在沪新疆少数民族的城市适应问题及其社会支持路径选择——普陀寺若干个案研究》，硕士学位论文，华东师范大学，2008年。
② 帕提古丽：《兰州市维吾尔族流动人口的调查研究》，硕士学位论文，西北民族大学，2008年。
③ 阿布都外力·依米提、胡宏伟：《维吾尔族流动人口特点、存在问题及对策——基于乌鲁木齐市和西安市的调查》，《中南民族大学学报》2010年第1期。
④ 刘传江、周玲：《社会资本与农民工的城市融合》，《人口研究》2004年第9期。
⑤ 时立荣：《透过社区看农民工的城市融入问题》，《新视野》2005年第4期。
⑥ 高翔、鱼腾飞、宋相奎、程慧波、张燕：《结构变迁理论视角下的流动穆斯林城市适应的障碍性因素分析——以兰州市回族、东乡族为例》，《西北人口》2011年第4期。

适应中所表现出的独特性，有针对地制定城市流动人口管理政策，东部地区要更多地关注城市传统回族社区变化后回族等流动人口的基本生活问题，而西部地区则要考虑如何增强外来回族等对本城市的认同和归属。①帕提古丽提出，政府职能部门应对维吾尔族流动人口要持积极肯定的态度，因势利导积极引导他们适应当前社会，充分发挥他们对社会经济发展、内地与少数民族文化的交流作用；维吾尔族流动人口应该充分地发挥主观作用，努力地协调自身民族传统文化与城市文化的适应，为家乡的发展和城市的繁荣做出贡献。②阿不都艾尼认为，维吾尔族流动人口不适应城市社会最主要的原因是社会支持体系的缺失，因此要加强维吾尔族流动人口的城市适应方面的社会支持，包括法律和政策上的支持、城市民族工作支持、社区支持网络、新疆在京少数民族的族群关系网络支持。③徐平、于泷认为，引导和帮助维吾尔族流动人口积极融入城市社区，是加强流动人口管理和实现长治久安的关键所在，政府、社区、维吾尔族流动人口自身都要发挥各自的作用，促进其社会融入，其中经济融入是基础，制度融入是跨越，文化融入则是关键。④季芳桐、邹珊珊认为，政府或相关职能部门应该在公共设施、服务等方面有一个较为长期的计划或安排，对于清真餐饮饭店，若是小的，则给予一定的扶持和帮助，若是已经上规模的，则尽量不去干预，实行"无为而治"；各地伊斯兰教协会应积极出面协调、解决流动穆斯林之间的矛盾；各级政府在城市规划时，应该考虑流动穆

---

① 李晓雨、白友涛：《我国城市流动穆斯林社会适应问题研究——以南京和西安为例》，《青海民族学院学报》2009 年第 1 期。
② 帕提古丽：《兰州市维吾尔族流动人口的调查研究》，硕士学位论文，西北民族大学，2008 年。
③ 阿不都艾尼：《在京维吾尔族流动人口调查研究》，硕士学位论文，中央民族大学，2011 年。
④ 徐平、于泷：《乌鲁木齐市维吾尔族流动人口的社会排斥和融入》，《中南民族大学学报》2011 年第 6 期。

斯林的因素，逐渐地或扩大或新增这方面的设置。[1] 任红针对回族等流动人口宗教生活的不适应问题，提出解决这一问题需转变政府对城市少数民族宗教工作的管理思路和模式，将政府宗教工作的外在引导转移到少数民族宗教内部的自我调节上，进而形成少数民族对城市化的良性适应机制。要不断完善流动人口的宗教管理机制，尽快出台涉及流动人口宗教活动规范管理的法律法规，坚决制止非法宗教活动，严厉打击敌对势力的渗透破坏活动。[2] 侯海坤以西北大城市回族等流动人口为考察对象，提出应当将回族等流动人口的管理纳入流动人口管理和市民社区化管理的统一路径中来，充分发挥传统回族等社区和伊斯兰教宗教组织的协调能力和引导作用。[3] 程慧波、高翔、王乃昂对兰州市回族等流动人口城市适应性进行了跟踪研究，指出政府方面以及社会群体仍需要采取有效的政策措施，改善回族等流动人口社会经济现状，建立健全各项社会保障制度，促进兰州市和西北大城市更好地服务和管理好这个群体。[4] 高向东对上海市经营拉面馆的少数民族流动人口进行了调查，提出应当建立少数民族管理数据库，加强对清真拉面馆的管理，重视清真食品供应点合理布局，使外来的回族、维吾尔族等民族得到更多实惠。[5] 马清虎通过对义乌、温州、绍兴等长三角地区回族等流动人口的调查，认为大规模回族等流动人口来到长三角地区，促进了这一地区清真餐饮业的快速发展。掌握和了解回族等流动人口的规模

---

[1] 季芳桐、邹姗姗：《城市化进程中的和谐社会建设——和谐社会视野下的流动穆斯林城市管理研究》，《南京理工大学学报》2008 年第 2 期。

[2] 任红：《流动人口宗教活动规范管理问题的调查与研究——以新疆乌鲁木齐市为例》，《新疆社科论坛》2011 年第 6 期。

[3] 侯海坤：《西北大城市穆斯林流动人口的城市适应问题研究——以兰州市为例》，《黑龙江民族丛刊》2013 年第 5 期。

[4] 程慧波、高翔、王乃昂：《兰州市流动穆斯林城市适应性跟踪研究》，《西北人口》2014 年第 6 期。

[5] 高向东：《城市清真拉面馆从业少数民族流动人口分析——以上海市为例》，《中南民族大学学报》2014 年第 1 期。

和生产、生活状况，不仅有利于长三角经济社会的发展，而且对新时期局部地区民族宗教工作的开展具有重要意义。①

5. 研究中的不足与展望

回族等流动人口在城市数量相对其他少数民族比较少，但由于其文化习俗和宗教信仰与所在城市差异性较大，并且有的民族如维吾尔族还存在语言障碍，因此其融入城市面临的困难更多。目前学界开始从不同的视角分析回族等流动人口社会融入的状况，探讨解决社会融入的基本思路，讨论了消除社会融入的体制障碍与结构性因素的必要性，强调要增加社会支持，发挥他们实践主体的能动性，促进流动人口尽快适应并融入城市社会。这些都是有益的探索。但是，与全国流动人口融入问题研究比较，无论是研究成果的数量和深度、广度上，对回族等流动人口社会融入研究还处在起步阶段。

第一，在研究方法上尚显单一。仅仅依靠问卷调查得出结论多，而深入的访谈、参与观察和追踪调查不足，能够深入回族等流动人口中进行交心，了解他们的生活、从业困难，获取第一手资料的成果更少。问卷调查可以反映回族等流动人口融入社会的基本概貌，但其弊端是反映问题不深刻，群体中的特殊性难以体现出来。

第二，一般性的研究多，对具体问题研究少。对回族等流动人口社会融入问题可以借鉴全国流动人口融入的研究理论与方法，但是回族等流动人口有其特殊性，他们要融入当地社会比一般流动人口甚至其他少数民族流动人口面临更大的问题。有必要将其融入状况和特点做详细研究，寻找出哪些方面适应或融入社会，哪些方面存在不融入情况，并分析其原因，这样提出的对策才有针对性。

第三，对回族等流动人口在城市从事拉面饮食、烧烤等特征明

---

① 马清虎：《流动穆斯林人口与长三角城市伊斯兰教的新发展——以义乌、温州、绍兴为例》，《回族研究》2015 年第 2 期。

显群体调查研究多，而对于从业不够集中、特征不明显的流动人口如建筑工地民工、生产企业工人等，由于其分散性，不便于调查，因此对其适应、融入情况研究很少。

第四，对回族研究多，对维吾尔族流动人口研究相对较少。这可能与研究者和被研究者存在语言和心理交流沟通因素的影响。

第五，定性研究多。大多数研究主要通过定性方法展开对社会融入问题的理论探讨，缺乏对社会融入程度的客观描述与量化研究，缺乏对融入影响因素的全面、深入的分析。同时研究仍然停留在问题分析的层面，尚未深入回族等流动人口社会融入的实践层面，融入策略与实践行动的研究还比较薄弱。

因此，在现有研究成果基础上，需要采用多种研究方法，对从事不同行业的、不同的民族都要进行研究，尤其是要发挥本民族研究者的优势，推动对回族等流动人口的调查与研究。同时，在研究中，要逐步构建回族等流动人口融入程度指标体系。目前建立了对全国流动人口融入程度研究的维度和指标体系，但对少数民族流动人口特别是回族等流动人口指标体系还没有提出，可以借鉴国际上和国内学界有关内容，但也要体现出体系的特点。把定性与定量研究结合起来，以便更深入、更全面地开展回族等流动人口社会融入研究。

三 研究方法

本书运用民族学、社会学、人口学等相关学科的研究方法，通过大量田野调查，获取第一手资料。

1. 文献收集。通过检索和收集国内外相关研究成果，为课题研究提供前期研究支撑。目前学术界对流动人口包括回族等流动人口城市融入问题已有丰硕的研究成果，这是课题研究的基础。在研究中，会充分利用、借鉴已有成果，并能有所创新。

2. 实地调查。根据研究的需要，选取中东部地区有代表性的武汉市、杭州市、宁波市、广州市为田野调查点，采取观察、访谈等方法，收集第一手资料，并对资料进行整理、分析，提出看法。

3. 问卷调查。由于大部分被调查者文化水平较低，对调查问卷的理解有限，因此问卷调查主要采用访问调查法，即由调查者按照问卷内容向被调查者当面提出问题，然后再由调查者根据被调查者的口头回答来填写问卷，这不仅有利于灵活运用各种访谈技巧并对回答结果做出分析和评价，而且保证了问卷调查的回复率和有效率。

4. 统计分析。运用 SPSS 分析软件对调查问卷进行统计分析，同时结合深入访谈和观察所得的资料，对回族等流动人口的城市融入现状进行分析，并推断流动人口城市融入程度。

四 相关概念与理论

1. 流动人口。在国际上并没有"人口流动"或"流动人口"这些说法，与之相近或相似的说法为"人口迁移"或"移民"。但是对于我国来说，"人口迁移"和"移民"一般指户籍人口的移动。而流动人口一般是指人们超过一定时间长度、跨越一定空间范围、没有相应户口变动的空间位移过程，并在一定时间内往返于居住地与户口所在地之间的人口移动。[①] 有的研究更强调流动人口"人户分离"的属性，认为流动人口是指人们在没有改变原居住地户籍的情况下，到户籍所在地之外的地方从事各种经济活动，即所谓的"人户分离"，在这中间要排除因旅游、上学、访友、探亲、

---

① 段成荣：《我国的"流动人口"》，《西北人口》1999 年第 1 期。

从军等情况而流动的人口。[①] 有的则强调流动人口的临时性特点,认为流动人口应当是指在某一时间范围内活动范围跨越一定地域,并且户口没有发生迁移的人口,即指那些临时性的流动人口。[②] 翟振武等则进一步对流动人口的临时性因素具体规定为"半年以上",将流动人口界定为居住在本乡、镇、街道半年以上,户口在外乡、镇、街道,或在本乡、镇、街道居住不满半年,但离开户口所在地半年以上的人口,除去户口在本市区其他乡、镇、街道的那部分人口。[③] 吴晓则从广义和狭义两个方面对流动人口进行了界定,认为广义上的流动人口指那些离开常住户口所在地,在异地行政区停留的人;狭义上专指那些以谋生营利为目的,自发从事社会经济活动的迁移人口和暂住性人口。[④] 王建民、胡琪则从静态和动态两方面的特征对流动人口的概念进行了界定,认为流动人口是指离开了常住户籍所在地,跨越了一定的行政辖区范围,在某一地区暂住、滞留、活动,并在一定时间内返回其常住地的人口。也就是说,从动态上看,流动人口是实现了人户分离的地区之间流动的人口;从静态上看,流动人口是某一地区中没有该地常住户口而在该地从事各种活动的人口,或是某一地区中有该地常住户口却不在该地活动、居住的人口。[⑤] 李荣时则从四个层次来理解流动人口,他认为广义上的流动人口是指不改变长久居住地的人口。这类人口的长久居住地未改变,但为了谋生而数月甚至数年在外,或不但常住地未变,而且不以谋生为目的,在外时间也比较短;狭义上主要是指以谋生

[①] 姚松华、许学强、薛德升:《中国流动人口进展》,《城市问题》2008年第6期。
[②] 熊光清:《中国流动人口中的政治排斥问题研究》,中国人民大学出版社2009年版,第51页。
[③] 翟振武、段成荣等:《跨世纪的中国人口迁移与流动》,中国人口出版社2006年版,第1页。
[④] 吴晓:《城市中的"农村社区"——流动人口聚居区的现状与整合研究》,《城市规划》2001年第12期。
[⑤] 王建民、胡琪:《中国流动人口》,上海财经大学出版社1996年版,第4—5页。

为目的，在外时间较长的长期流动人口。[①]

从以上的研究可以看出，虽然学者们对流动人口概念的界定各有不同，但仍有很多相同点，即流动人口必须具备以下几个条件：第一，离开常住户籍所在地，即人户分离；第二，跨越一定的地域和空间范围；第三，在异地从事各种经济社会活动；第四，在一定时间内返回户口所在地。

2. 回族等流动人口。本书中所说的回族等流动人口，是指我国10个多数人信仰伊斯兰教的少数民族成员中离开流出地（户籍所在地）进入城市从事务工经商的人员，主要是来自农牧区的人口。

3. 社会融入与社会融合。对于什么是社会融入，目前还没有一个统一的概念。童星、马西恒将社会融入定义为新移民在居住、就业、价值观念和生活方式等各个方面融入城市社会、向城市居民转变的过程，这个过程的进展程度可以用新移民与城市居民的同质化水平来衡量。[②] 刘建娥提出社会融入是特定社会中的个人与群体，通过结构调整与主体自我适应，能够享有就业、社会服务、城市文化生活、政治选举等方面的广泛的社会权利与平等参与的机会，逐步融入主流社会。[③] 张广济认为社会融入是指特殊情境下的社会群体，融入主流社会关系网当中，能够获取正常的经济、政治、公共服务等资源的动态过程或状态，[④] 重点强调流动人口与当地城市社会差距缩小和权益的平等。欧盟对社会融合的定义：社会融合是这样的一个过程，它确保具有风险和社会排斥的群体能够获得必要的机会和资源，通过这些资源和机会，他们能够全面参与经济、社

---

① 李荣时：《对当前我国流动人口的认识和思考》，《人口研究》1996年第1期。
② 童星、马西恒：《"敦睦他者"与"化整为零"——城市新移民的社区融合》，《社会科学研究》2008年第1期。
③ 刘建娥：《中国乡—城移民的城市社会融入》，社会科学文献出版社2011年版，第15页。
④ 张广济：《生活方式与社会融入关系的社会学解读》，《长春工业大学学报》2010年第3期。

会、文化生活和享受正常的生活，以及在他们居住的社会认为应该享受的正常社会福利。①

对于社会融入和社会融合概念的辨析，通过对已有研究的回顾可以发现，很多研究者将社会融入（social cohesion）与社会融合（social assimilation）两个概念混为一谈，且交互使用，这主要是因为这两个概念具有相通的理论来源，确有共同之处。但是在现实研究应用中仍有差别。

首先，社会融入和社会融合所产生的社会现实基础有显著差别。前者来自涂尔干关于从前工业社会向工业社会过渡时期如何维系社会稳定和社会团结的思考；社会融合产生在工业化、城市化和全球化背景下，试图解决大规模移民从农村向城市、从农业向工业、从欠发达国家到发达国家转移过程中的适应和融入新社会的问题。在西方学者对这两个概念的使用中，社会融入偏重于宏观社会，社会融合则多与个人和群体相联系。但随着社会政策理论对社会融入概念的使用和推广，前者的政策意义和可操作性强于后者。②

其次，社会融合是个体、群体或文化之间的相互适应、相互配合甚至相互渗透的过程，因此，它是一个相互调适、双向作用的过程，强调的是个体或群体互相渗透，共享生命历史与经验，最终将不同文化整合为一个共同的新文化体系。③ 但是对于我国流动人口的实际情况而言，其进入流入地城市伊始，首先必须要适应当地的环境、语言、生活方式、文化传统、价值观念等，在适应的基础上逐渐融入当地社会，因此，可以说社会融入是单向的，强调的是流

---

① 嘎日达、黄匡时：《西方社会融合概念探析及其启发》，《国外社会科学》2009 年第 2 期。
② 李培林、田丰：《中国农民工社会融入的代际比较》，《社会》2012 年第 5 期。
③ 朱亭瑶：《落地未生根：新生代农民工的城市融入困境与出路》，《兰州学刊》2013 年第 3 期。

动人口对流入地城市社会的适应,并在行为、经济、文化和思想观念等方面都融入到了流入地城市的主流社会体系当中。即社会融合关注不同群体相互适应的动态过程;而社会融入既强调适应的过程,又重视边缘群体在调试过程与控制体系中融入主流社会的结果。[1] 社会融合是不同文化之间接触的最终目标和最终结果,而社会融入则是社会融合的第一步。流动人口的社会融合需要经历一个漫长的过程,要真正实现与流入地城市主流文化的相融,首先要经历社会适应与社会融入的过程,在此过程中,可能还会经历"社会排斥""社会隔离"与前文所说的"区隔型融入"或"选择型融入"的阶段。

社会融入的概念暗含了一种对文化适应双方关系的判定,即一种不平等的文化和行为主从关系:流入者对流入地文化的服从,流入地的文化为主,在这一适应过程中占据优势地位;而流入者自身的文化及传统为辅,文化居于弱势地位。鉴于中国流动人口的特点,"融入"比"融合"更能准确反映流动人口在流入地的适应状况,也更好地体现了乡—城人口流动的原因、流动人口在流入地社会融入的过程及其对流入地经济、社会、文化的影响。[2] 作为弱势群体,流动人口更倾向于或主动或被动地适应城市社会与文化,而并没有也不可能实现与流入地城市的交流、渗透。从外部的客观条件来看,流动人口没有能力传播家乡文化。城市的社会经济发展远远高于农村地区,尤其是作为回族等流动人口流出地的西部农村地区,较之中、东部城市较为落后,回族等流动人口进入城市后,属于弱势群体,相对处于弱势和被动地位。社会融合的概念本来就是作为对弱势群体的社会学关怀而提出的,无论是对于国际移民还是

---

[1] 刘建娥:《中国乡—城移民的城市社会融入》,社会科学文献出版社2011年版,第15页。

[2] 杨菊华:《从隔离、选择融入到融合:流动人口社会融入问题的理论思考》,《人口研究》2009年第1期。

我国的乡—城流动人口，他们相对流入地居民而言，从一定意义上来说都是弱势群体，尤其在流动初期这种弱势地位更加明显。因此，他们只能去适应城市的主流社会与文化，而且社会结构、社会制度、文化传统以及行为习惯的影响和制约使这一弱势群体很难对流入地城市的主流社会和文化产生影响，即便他们有心也无力传播原文化。从内部的主观意愿来看，流动人口并没有传播家乡文化的意愿。人口流动行为特别是从农村到城市的流动，具有很强的功利目的，即向往城市的良好发展空间、较好的经济收入、较先进的"现代"文明等，这些"拉力"都是造成人口流动行为的主要原因。大部分流动人口进入城市，都是希望能在城市找到好的工作，"挣更多钱"，获取更多的经济收入，享受与城市居民同样的社会公共服务及福利，生活方式及思维方式更加接近城市居民，并渴望被当作本地"城里人"而不是外来"农村人"或农民工。他们在流入地城市的行为举止、经济收入、文化传统等，都是以流入地为参照标准的，而不是流出地。如果他们坚持固守自己的生活方式及文化传统，便会被城市边缘化，最多只能实现低层次的区隔融入，而无法实现流动的初衷和目的。特别是对于回族等流动人口而言，其文化传统更具有特殊性，往往不能被流入地居民所接受和认可，因此，他们只能被动地改变及调适家乡文化，以便适应并融入流入地城市社会及文化。因此，从主观意愿上看，尽管部分流动人口可能在一定程度上将自己家乡的传统文化传播到了流入地城市，但是大部分的流动人口进入城市更多的是以获得稳定的工作、提高经济收入等为主要及直接目的，并没有将自己家乡的传统文化传播到流入地城市的意愿。

用"融合"的学者，更多借用的是西方概念，而西方学者用此概念既强调种族间的关系，更强调外来移民文化接受移入国家民族文化，如美国20世纪推行的"熔炉"政策。说起融合往往使人想起同化政策，很容易产生歧义，同化是被动的，而融入主动性更多一些。因此，笔者倾向于使用"融入"这个概念，慎用"融合"为好，尤其是在研究少数民族流动人口的社会融入问题时更是如此。

4. 城市融入。社会融入与城市融入既有联系也有区别。城市融入是社会融入的一部分，社会是个宏观概念，社会既包括城市也包括农村。回族等流动人口的城市融入更多的是指流动人口融入城市社会，而不与城市中其他非户籍流动人口进行比较。目前学界对"社会融入"有不同的解释，本书借鉴国内外有关融入概念，认为城市融入是指回族等流动人口进入城市后，面对与流出地不同的社会环境，为了能够在城市生存发展，不断调整自己的社会行为，调适自己的心理及态度，在与城市居民发生交往中，建立新的社会关系，享受均等化社会服务，并能在保持本民族文化基础上，接纳城市主流文化，城市居民也能尊重差异、包容多样的过程和结果。

5. 中东部地区。中东部地区的概念，既是一个地理概念，也含有经济社会发展程度的差别。本研究的东部地区包括北京、天津、河北、辽宁、上海、江苏、浙江、福建、山东、广东、海南11个省（市）；中部地区包括山西、吉林、黑龙江、安徽、江西、河南、湖北、湖南8省。西部地区包括内蒙古、广西、重庆、四川、贵州、云南、西藏、陕西、甘肃、青海、宁夏、新疆12个省、自治区、直辖市。

五　调查地点及10个多数人信仰伊斯兰教的少数民族介绍

1. 调查地城市基本情况

本书依据2010年第六次人口普查资料，对武汉、杭州、宁波、广州四城市一些基本情况略作介绍。

根据2010年武汉市第六次人口普查情况，武汉市常住人口为978.5万人，其中，具有大学（指大专以上）文化程度的246.5万人、高中（含中专）文化程度的213.14万人、初中文化程度的322.69万人、小学文化程度的129.69万人（以上各种受教育程度的人包括各类学校的毕业生、肄业生和在校生）；文盲人口（15周岁及以上不识字的人）为22.4万人，文盲率由第五次全国人口普查时的5.05%下降为2.29%。又根据"2013年武汉市国民经济和社会发展统计公报"，2013年年末，武汉市常住人口1022万人，其中户籍人口822.05万人，流动人口近200万人；全年地区生产总值9051.27亿元；公共财政总收入1730.65亿元；城市居民人均可支配收入2.98万元，人均消费支出2万多元；人均住房建筑面积34.75平方米；农村居民人均纯收入1.27万元，人均消费支出9127元。[1]

杭州市2010年常住人口为870.04万人，其中市外流入人口为235.44万人，占27.06%。具有大学（指大专及以上）文化程度的为164.27万人、高中（含中专）文化程度的为154.17万人、初中文化程度的为277.03万人、小学文化程度的为197.21万人（以上各种受教育程度的人包括各类学校的毕业生、肄业生和在校生）；文盲人口（15周岁及以上不识字的人）为32.41万人，同2000年第五次全国人口普查相比，文盲率由5.25%下降为3.73%。居住在城镇的人口为637.27万人，占73.25%，居住在乡村的人口为232.77万人，占26.75%。

宁波市2010年常住人口为760.57万人，其中市外流入人口为228.85万人，占30.09%。全市常住人口中，居住在城镇的人口为

---

[1] 武汉市统计局：《2013年武汉市国民经济和社会发展统计公报》，武汉统计局网站，http://tjj.wuhan.gov.cn/details.aspx?id=2180，2014年5月21日。

519.52万人，占68.31%；居住在乡村的人口为241.05万人，占31.69%。具有大学（指大专及以上）程度的为78.59万人、高中（含中专）程度的为104.23万人、初中程度的为287.87万人、小学程度的为221.15万人（以上各种受教育程度的人包括各类学校的毕业生、肄业生和在校生）；文盲人口（15周岁及以上不识字的人）为29.1万人，同2000年第五次全国人口普查相比，文盲率由5.85%下降为3.83%。

广州市2010年常住人口为1270万人，其中，具有大学（指大专以上）程度的为244.2万人、高中（含中专）程度的为291.14万人、初中程度的为458.8万人、小学程度的为199.7万人（以上各种受教育程度的人包括各类学校的毕业生、肄业生和在校生），文盲人口（15周岁及以上不识字的人）为12.06万人，同2000年第五次全国人口普查相比，文盲率由2.32%下降为0.95%。2013年年末有常住人口1292.68万人，城镇人口比重为85.27%；年末户籍人口832.31万人；农村居民家庭人均纯收入1.8万多元，农村居民家庭人均生活消费支出1.1万多元，农村居民消费支出中教育文化娱乐服务所占比重10.5%，农村居民人均住房建筑面积45.32平方米；城市居民家庭人均消费性支出3.3万多元，城市居民消费支出中教育文化娱乐服务所占比重18.5%。

2. 我国10个多数人信仰伊斯兰教的少数民族介绍

10个多数人信仰伊斯兰教的少数民族是回族、维吾尔族、哈萨克族、东乡族、柯尔克孜族、撒拉族、塔吉克族、乌孜别克族、保安族和塔塔尔族。现将10个民族基本情况介绍如下。[①]

回族是我国人口较多的一个少数民族，总人口1058.6万人（2010年，不包括台湾地区，下同），全国31个省、自治区、直辖

---

① 参见《中国少数民族》修订编辑委员会《中国少数民族》，民族出版社2009年版。

市均有分布，但主要分布在西部地区。西部地区回族人口占全国回族人口总数的60.75%。在回族先民东迁初期，是阿拉伯语、波斯语和汉语同时使用的。由于长期和汉族杂居，特别是汉人成分在回族中日渐增多，在长期发展过程中，就逐渐习惯于以汉语作为本民族的共同语言，并保留了一些阿拉伯语和波斯语的词汇。

维吾尔族总人口为1006.93万人（2010年），主要聚居在新疆维吾尔自治区，全区维吾尔族人口有1000.13万人，占全国维吾尔族总人口的99.32%。新疆的维吾尔族主要分布在天山以南，塔里木盆地周围的绿洲是维吾尔族的聚居中心，其中尤以喀什噶尔绿洲、和田绿洲以及阿克苏河和塔里木河流域最为集中。天山东端的吐鲁番盆地，也是维吾尔族较为集中的区域。天山以北的伊犁谷地和吉木萨尔、奇台一带，有为数不多的维吾尔族定居。在盆地边缘的沙漠和戈壁开发绿洲，是维吾尔族农业的特色。现代维吾尔语是维吾尔民族的共同语言，属阿尔泰语系突厥语族，有本民族文字。

哈萨克族人口为146.26万人（2010年），主要分布在新疆维吾尔自治区伊犁哈萨克自治州、木垒哈萨克自治县、巴里坤哈萨克自治县及乌鲁木齐市、昌吉回族自治州等地的天山草原及与新疆毗邻的甘肃省阿克塞哈萨克自治县。哈萨克人的传统游牧区位于亚洲腹地，年降水量大都在200—300毫米，年平均气温较低。河流两岸、山麓地带、湖泊山泉周围成为哈萨克草原畜牧业和种植业活动的广阔场所。哈萨克语属阿尔泰语系突厥语族。由于长期与汉族、维吾尔族、蒙古族等人民频繁的交往，彼此在语言上有着一定的影响。哈萨克族人民不仅在自己的语言中吸收了他们的词汇，而且有不少人兼通这些民族的语言。

东乡族有62万多人（2010年），主要聚居在甘肃省临夏回族自治州境内洮河以西、大夏河以东和黄河以南的山麓地带。甘肃有

54.6万东乡族，其中以东乡族自治县最为集中。新中国成立后，部分东乡族从甘肃迁徙到新疆居住，目前新疆的东乡族有6万多人。东乡族聚居的地区，处于青藏高原与黄土高原的过渡地带，属高原浅山丘陵区，平均海拔2000米。该地区三分之一面积为河谷川塬地区，三分之一面积是黄土干旱山区，三分之一面积则高寒阴湿。这里属温带大陆性气候，冬无严寒，夏无酷暑，四季分明，气候适宜。生活在这片土地上的东乡族，以农业生产为主。东乡族的语言属阿尔泰语系蒙古语族，东乡族没有本民族的文字，大多数东乡族都兼通汉语，汉文成为东乡族的通用文字。

柯尔克孜族共有18.67万人（2010年），其中96.6%聚居于新疆维吾尔自治区西南部的克孜勒苏柯尔克孜自治州，其余分布于新疆南部的乌什、阿克苏、温宿、拜城、塔什库尔干、疏附、英吉沙、莎车、皮山、和田和新疆北部的昭苏、特克斯、巩留、塔城、额敏、乌鲁木齐等地。柯尔克孜聚居的地区有许多天然牧场，克孜勒苏阿尔克孜自治州有草场面积5000万亩，可利用草场面积4590万亩，优质草场1330亩，牧草丰茂，水源充足，气候凉爽，宜于放牧。绝大部分柯尔克孜族使用自己的语言。城镇的柯尔克孜人，特别是青少年，通用汉语、汉文的人越来越多。

撒拉族总人口有13.06万（2010年），主要聚居在青海省循化撒拉族自治县、化隆回族自治县甘都乡、甘肃省积石山保安族东乡族撒拉族自治县的大河家；在青海省西宁市、黄南、海北、海南等州县以及甘肃省夏河县、新疆维吾尔自治区的伊宁县、乌鲁木齐市等地，撒拉族也有零星分布。其中青海10.7万人，甘肃1.35万人，两省的撒拉族占全国总人口的92.3%。撒拉族居住地区气候温和、空气温润、雨量充足、土壤肥沃，有着得天独厚的农业生产自然条件和丰富的天然资源。撒拉族有自己的语言，无文字。青壮年多兼通汉语，通用汉文。

塔吉克族总人口为5万多人（2010年），60%聚居在新疆塔什库尔干塔吉克自治县，其余分布在南疆的泽普、莎车、阿克陶、叶城和皮山等地，这些县都有塔吉克民族乡。莎车、皮山、泽普等地的塔吉克族居民，大都分布在离城市较远的农村。这一带地处塔里木盆地西南部，地势平坦，气候温暖干燥，适宜发展农业生产。塔吉克语属印欧语系伊朗语族帕米尔语支。由于民间交往频繁，许多塔吉克人兼通维吾尔语和柯尔克孜语，普遍使用维吾尔语言文字。

乌孜别克族总人口为1万多人（2010年），散居在新疆维吾尔自治区许多县、市，其中大部分居住在城镇，少数在农村。主要分布在伊犁、喀什、乌鲁木齐、塔城等地。城市人口主要分布在南疆莎车县与北疆的伊宁市。木垒哈萨克自治县大南沟乌孜别克民族乡是全国唯一的乌孜别克民族乡。该乡位于东段天山北支——博格达山脚下，这里水源充足，牧草茂盛，发展畜牧业的条件得天独厚。生活在牧区的乌孜别克人，因长期与哈萨克族杂居，基本使用哈萨克语和哈萨克文。

保安族总人口2万多人（2010年），主要聚居在甘肃省临夏回族自治州积石山保安族东乡族撒拉族自治县，其余散居在临夏回族自治州其他各县和兰州市以及青海、新疆等地。保安族聚居的大河家地方，位于临夏的西部，西靠巍峨的积石山，北临滔滔黄河，气候温和，有茂密的森林，丰美的水草，是个宜农宜牧的好地方。保安族的语言属于阿尔泰语系蒙古语族，和土族、东乡族的语言比较接近。由于和周围汉族、回族长时期的交往，保安语中汉语借词较多。保安族通用汉文，以汉文作为社会交往的工具。

塔塔尔族人口共有3556人（2010年）。主要散居在新疆维吾尔自治区境内天山北部地区，以伊犁哈萨克自治州、昌吉回族自治州、乌鲁木齐市等地区人数较多。比较集中分布在乌鲁木齐、伊宁、塔城、奇台、吉木萨尔、阿勒泰、昌吉等地。新疆维吾尔自治区昌吉回族自治州奇台县大泉塔塔尔乡是全国唯一的以塔塔尔族为主体的民族乡。塔塔尔族人口主要生活在城市，非农业人口占到了54.6%，多从事教育、工业、商业等职业。塔塔尔语属阿尔泰语系突厥语族克普恰克语支。由于塔塔尔族长期与哈萨克族、维吾尔族人交错杂居，往来频繁，联系密切，因而这两个民族的语言文字已成为塔塔尔族人的通用的语言文字。居住在阿勒泰、塔城、奇台等地的塔塔尔族多使用哈萨克语语言文字，乌鲁木齐、伊宁等城市的塔塔尔族则多使用维吾尔语言文字。

六　调查过程

本课题2011年就已经进行了初步的调查。2012年该课题被确定为国家社科基金项目后，在前期调研的基础上，根据研究内容及前期调查经验，设计了调查问卷和调查提纲，并就近在武汉市对回族等流动人口进行了试调查。在调研过程中，课题组多次召开会议，集中调研中发现的问题，对调查问卷进行了多次修改。2012年8月，利用暑期，课题组一行七人，到广州进行了为期10天的调查，每两人一组，分区进行调查，获得有效问卷136份。2012年、2013年，针对广州调查中出现的问题，对问卷进行了修订，增加了相关内容，在武汉市进行了多次调查，获取有效问卷421份。2013年12月，课题组一行八人到宁波、杭州进行了14天调查，获取宁波有效调查问卷198份，杭州181份。四城市有效问卷共936份。另外，为了解当地汉族居民对回族等流动人口的认知情况，2014年、2015年课题组在武汉市、杭州市两个城市对流动人口居住、经营场所周围的186位汉族居民进行了问卷调查，其中男性占57%，女性占43%，文化程度初中、高中占58%，大专以上的占42%。

调查主要采用偶遇抽样和滚雪球抽样的方法抽取样本。虽然没有进行严格的概率抽样来获取样本，从理论上来说不能从样本情况来推论总体情况，但是通过我们对样本的调查分析以及对相关研究的回顾发现，回族等流动人口本身的相似性比较大，大的社会环境及相关政策环境也具有一定的相似性，因此我们认为通过这些非概率的抽样所获得的样本也具有一定的代表性，建立在这些样本框基础上的相关分析也是可靠可信的，是可以在一定程度上说明回族等流动人口总的社会融入状况的。调查结束后，对问卷进行编码，然后录入SPSS19.0统计软件中，并用该软件对所有的问卷调查数据进行统计，包括有效样本数统计、频数分析、交叉分析等。

另外要说明的是，在中东部地区一些大型企业中也有来自西部地区回族等流动人口务工人员，他们的适应与融入也应是本课题研究的内容。但由于企业的封闭性管理，难以进入调查。同时考虑到大型企业员工实行集中管理、统一居住，存在与城市社会相隔离的情况，与本课题研究的融入问题存在一定的差距，所以没有对大型企业的回族等流动人口进行调查，调查的重点是从事餐饮业以及流动商贩的流动人口。

七　主要研究内容

回族等流动人口大多是从具有鲜明民族文化特质的传统农业社会迁移到现代城市社会的一个特殊群体，他们在进入城市以后，面临着文化、宗教、生活习惯、经济、心理等方面的障碍和不适应。面对这样一个新的社会文化环境，如何减少文化带来的冲击和不适，适应新的环境，逐步提升自己的社会经济地位，最终适应并融入现代城市社会生活，是本课题的主要研究内容。

西方文献表明，移民或流动群体的社会融合是一个多维度概念，它包含移民在经济生活、文化教育、政治活动、观念认知等多个方面的融合。研究者主要通过类型化方式来描述与测量移民群体的社会融入程度与融入过程。这种类型化的方式实质上反映了人类学与社会学研究中"结构"与"文化"的二元区分。西方比较有代表性的类型化研究以恩泽格尔等人提出的"四维度"模型最为清晰、具体，这四个维度分别是社会经济融入、政治融入、文化融入、主体社会对移民的接纳或拒斥等。[①]

我国学者大都认为流动人口社会融合分为三个维度：文化融入，主要包括语言、服饰、风俗习惯、价值观和规范等方面的内容；社会经济融入，包括就业、收入与消费水平、职业地位、社会福利与社会保障等内容；心理融入，包括居留意愿、身份认同、偏见与歧视的消除等内容。

本课题在借鉴已有相关研究的理论基础上，根据回族等流动人口的特点，主要从经济、社会关系、制度、文化、心理五个层面来研究其城市融入问题。

（1）经济融入。经济是流动人口城市融入的首要问题，也是其全面融入城市的基础。就回族等流动人口经济融入内容来说，主要从就业、经济收入水平、工作时间、居住、消费水平等方面来研究。

（2）社会关系融入。回族等流动人口在迁移城市前所建立的社会关系，成为他们在进城、适应城市社会进而融入城市社会的主要资本。但是，仅依靠原来的社会关系已不能满足新的社会环境变化和就业、创业的需要，必须重新建构并不断扩展新的社会关系，这种新的社会关系能否成功构建将影响其融入的进程。回族等流动人口的社会关系融入，主要从求职途径的社会关系、日

[①] 梁波、王海英：《国外移民社会融入研究综述》，《甘肃行政学院学报》2010年第2期。

常交往对象、困难求助、纠纷解决途径以及民族关系等方面来研究。

（3）制度融入。制度融入反映的是流动人口在城市生活中的公平正义问题。作为没有市民身份的外来者，城市能否为之提供公平的制度，是其城市融入的重要条件。在指标设计中，主要从输出地与输入地对回族等流动人口的服务与管理制度、社会保障制度、对流动人口子女教育接受制度等方面进行研究。

（4）文化融入。文化是一个民族的重要特征，民族的冲突与矛盾许多情况下表现为文化的冲突。衡量回族等流动人口文化融入的指标，主要是流动人口对流入地城市的语言、风俗习惯等的认同程度；同时考虑到他们多数人深受伊斯兰文化的影响，因此，宗教信仰的适应是文化融入的重要内容。

（5）心理融入。心理归属，即回族等流动人口对流入地城市的认同感和归属感所反映的心理融入，指他们在心理和情感上对自己的身份和归属认同发生的变化。回族等流动人口进入流入地城市后，如果在心理和情感上对流入地社会还没有认同感和归属感的话，即使他们在其他层面的融入已经达到了很高的水平，也不能说他们已经完全地融入流入地社会。心理归属的考察指标主要表现为身份认同、歧视与偏见程度、社会距离、对流入地城市的评价与关注程度、居留意愿与未来打算等方面。

（6）各维度之间的关系。很多学者的研究都认为，流动人口的社会适应或社会融入的各维度之间是依次递进的关系，如朱力将农民工的城市适应分为经济适应、社会适应和心理文化适应，并认为这三个不同层面是依次递进的，经济层面的适应是立足城市的基础；社会层面的适应是城市生活的进一步要求，反映的是融入城市生活的广度；心理层面的适应是属于精神上的，反映的是参与城市生活的深度，只有心理和文化的适应，才说明流动人口完全融入于城市社会。[①]戈登也指出,文化融合是移民在社会融合过程中需要首先经历的,在移民社会融入日常表上具有优先权;社会经济融合是戈登所谓的"结构融合"实现的重要前提条件,实现经济融合是移民最终完成社会融合的最关键最重要的一步,社会经济融合的实现标志着融合过程的成熟;与文化融合和社会经济融合相比,心理融合是最高层次的社会融合,可以把心理融合的实现看作移民社会融合过程的完成。因此,文化融合和社会经济融合的实现都将有助于流动人口心理融合的实现。本书基于已有的研究,认为回族等流动人口的城市融入始于经济生活融入,它是城市融入的基础,只有实现了经济融入,其他层面的融入才能得以实现;社会关系、社会制度是城市融入的重要外部环境和条件,有了和谐、包容性强的社会环境,流动人口才能比较顺利地融入城市;文化融入是回族等流动人口城市融入的关键;心理融入是社会融入的最高阶段,而且只有流动人口在心理层面融入了流入地社会,他们才算真正融入了城市。

[①] 朱力:《论农民工阶层的城市适应》,《江海学刊》2002年第6期。

第一章

回族等流动人口基本概况

一 越来越多的回族等流动人口进入中东部地区城市

随着我国经济社会不断发展，交通条件改善，信息交流便捷，传统的安土重迁思想观念改变，再加上地区间存在一定的发展差距，人口在全国各地流动已成新常态，流动人口在全国总人口中所占比例不断增高。据统计，1982年，我国流动人口仅占全国总人口的0.66%，2000年上升到7.9%，2010年达到17%，超过2.2亿，[①] 2014年全国农民工总量为2.74亿人，其中，外出农民工1.68万人，本地农民工1.06亿人。[②]

东部地区经济社会发展较快，对劳动力需求增加，工资收入水平相对较高，成为吸引人口流动的重要"拉力"。今天，我国区域经济呈现出以城市群为中心的发展基本格局，主要包括京津冀、辽中南、山东半岛、长三角城市群、珠三角城市群、哈长地区、海峡西岸经济区、中原经济区、长江中游地区与成渝地区在内的十大城市群，这些城市群占全国15%的国土面积，聚集了全国48%的人

[①] 翟振武、张现苓：《引导流动人口融入城市》，《人民日报》2012年1月12日。
[②] 国家统计局：《2014年全国农民工监测调查报告》，国家统计局网站，http://www.stats.gov.cn/tjsj/zxfb/201504/t20150429_797821.html，2015年4月29日。

口，创造了72%的地区生产总值。① 这些城市群主要集中在中东部地区，与此相对应，流动人口绝大部分也进入了京、津、沪和广东、浙江、江苏、山东等省的城市。② 2012年年末，广东作为全国第一人口流动大省，共有流动人口3100万人；在北京市常住人口中，外省市来京人员为773.8万人，外来人口比重占37.4%；上海市常住人口中，外来人口为950万人，外来人口比重占40.1%。③ 外来流动人口比重增加，使这些城市逐渐由地域城市向多元的移民城市转型。党的十八大报告明确提出："坚持走中国特色新型工业化、信息化、城镇化、农业现代化道路，推动信息化和工业化深度融合、工业化和城镇化良性互动、城镇化和农业现代化相互协调，促进工业化、信息化、城镇化、农业现代化同步发展。"④ "新四化"必然会带动包括少数民族流动人口在内的人口大量进入城市。

我国的少数民族主要分布在西部地区。由于自然环境、社会历史等原因，西部地区与东部地区相比，经济社会发展存在一定差距。为了改变这种状况，众多少数民族凭借自身人力资本和民族传统文化优势，通过不同的方式，进入中东部地区大、中城市务工经商。大量少数民族流动人口的涌入，正在改变着城市民族分布格局。对今天众多城市特别是中东部地区城市来说，城市少数民族成分增多，人口绝对数量大大增加。从1990年的第四次人口普查到2010年的第六次人口普查，东部地区绝大多数省份及城市少数民族人口都有不同程度的增加。如浙江省少数民族人口由39.5万人增加到121.5万人；广东省由126.9万人增加到206.7万人；北京市

---

① 张学良：《中国区域经济增长的五大趋势》，《中国社会科学报》2013年3月6日。
② 张桂文：《农业转移人口市民化的困境与出路》，《光明日报》2013年2月22日。
③ 《走得出农村，还应融得进城市》，腾讯网，http://view.news.qq.com/zt2013/rkqx/index.htm，2013年3月6日。
④ 胡锦涛：《坚定不移沿着中国特色社会主义道路前进　为全面建成小康社会而奋斗——在中国共产党第十八次全国代表大会上的报告》，《光明日报》2012年11月8日。

由58.5万人增加到80.1万人；上海市由10.4万人增加到27.6万人。① 城市少数民族增加的人口，除了自然增长的原因，主要还是外来人口的进入。如到2013年1月，浙江省有流动人口2403万，其中少数民族流动人口209余万人，占全省流动人口的8.72%，其中有清真饮食习惯的10个少数民族7.7万余人，仅新疆维吾尔族人口就有7600余人。② 2010年，在广东210万城市少数民族人口中，外来少数民族人口200万人，占总数的95%。③ 东莞在改革开放之初没有少数民族人口，2000年第五次人口普查时，全市有18万少数民族流动人口，而2010年已经有52个少数民族成分、25万多人，其中常住人口只有5000多人，绝大多数为外来流动人口。佛山市少数民族人口也从2005年的20万人增长到2010年的30万人，绝大部分也是外来人员。同样，深圳、惠州等珠三角城市近年来外来少数民族流动人口均迅猛增长。④

作为流动人口重要组成部分的回族等流动人口向中东部地区迁徙趋势更加明显，人口数量与日俱增。回族、撒拉族等民族在历史上就有经商的传统，改革开放政策更为他们充分发挥自己的特长提供了机遇，于是纷纷进入中东部地区城市。据2010年全国第六次人口普查资料，我国10个多数人信仰伊斯兰教的少数民族人口的数量为2314万，占全国总人口的1.74%，占少数民族总人口的20.34%。其中人口较多的民族主要有回族（1058万人）、维吾尔族（1007万人）、哈萨克族（146万人），其他多数人信仰伊斯兰教的少数民族人口从数千到数十万人不等。全国有多少多数人信仰

---

① 徐世英：《少数民族已进入素质提高适度增长的良好发展阶段》，《中国民族报》2012年7月13日。
② 《加强服务　创新管理　积极应对》，《中国民族报》2013年2月22日。
③ 陈绿平：《广东省：把握主题　创新机制　推进城市民族工作创新发展》，国家民委网站，http://www.seac.gov.cn/gjmw/zt/2010-06-25/1277366389217627.htm，2010年6月25日。
④ 汤耀国、王攀、宋常青：《少数民族人口"东南飞"稳定成珠三角管理难题》，《瞭望》2010年第51期。

伊斯兰教少数民族人口外出从业谋生，由于人口的流动性和流动的季节性，没有确切的统计数据。但根据全国流动人口占全国人口总数的17%推测，多数人信仰伊斯兰教的少数民族流动人口应该不会低于这些民族总人数的10%，即在250万—300万之间。有学者调查，仅在珠三角的回族等流动人口就达16万人。[①]

为了对中东部地区省、直辖市的回族等流动人口变动情况有所了解，依据2000年、2010年第五次和第六次人口普查中的回族、维吾尔族人口统计数据来说明（见表1.1）。尽管表中的回族、维吾尔族人口数包括了户籍人口，但一般情况下，发生大的变化的是流动人口，即增加的基本上是流动人口。

表1.1　2000年、2010年全国人口普查中东部地区回族、维吾尔族城市人口

	回族			维吾尔族		
	2000年（人）	2010年（人）	2010年比2000年（%）	2000年（人）	2010年（人）	2010年比2000年（%）
北京	193046	216471	12.13	2972	6459	117.33
天津	126861	162122	27.79	786	1775	125.83
河北	202170	213186	5.45	634	437	-31.07
山西	47514	45839	-3.53	413	351	15.01
辽宁	192436	182994	-4.91	1382	1737	25.69
吉林	84480	77312	-8.48	618	975	57.77
黑龙江	92282	76528	-17.07	633	693	9.48
上海	56265	71847	27.69	1582	4127	160.87
江苏	91029	95446	4.85	1111	3027	172.46
浙江	9052	21639	139.05	429	3376	686.95
安徽	110644	117435	6.14	365	396	8.49
福建	23814	51532	116.39	457	774	69.37
江西	6520	5164	-20.8	283	181	-36.04

---

① 张志湘：《共处和谐社会共建幸福广东》，《广东穆斯林通讯》2012年第2期。

续表

	回族			维吾尔族		
	2000年（人）	2010年（人）	2010年比2000年（%）	2000年（人）	2010年（人）	2010年比2000年（%）
山东	212068	225509	6.34	996	2716	172.69
河南	337413	336104	-0.39	1103	1730	56.84
湖北	43098	38483	-10.71	716	2127	197.07
湖南	27463	25033	-8.85	1269	1326	4.49
广东	18827	40207	113.56	1658	5902	255.97

资料来源：根据2000年、2010年人口普查资料整理。

再看看调查地点杭州、宁波、武汉、广州四城市情况（见表1.2）。如2010年杭州、宁波、广州回族比2000年分别增长了87.10%、268.70%、53.05%，武汉市增长幅度不大，仅为5.74%。增长最快的当属维吾尔族人口，2010年，杭州、宁波、广州、武汉的维吾尔族人口比2000年分别增长了606.77%、834.78%、144.30%、361.16%。增长的原因，马戎认为一个是"新疆内地高中班"的开设；另外一个是这些省市与新疆地方政府合作组织了跨省劳务输出，如南疆的喀什地区疏附县在2007年上半年就向疆外组织劳务输出4000多人。[①] 但重要原因还是这些流动人口自发地大量进入这些城市经商务工。

表1.2　　2000年、2010年四城市回族、维吾尔族人口增长对照

民族		杭州（人）	宁波（人）	武汉（人）	广州（人）
回族	2000年	3869	1160	20595	9168
	2010年	7239	4277	21777	14032
	增长比（%）	87.10	268.70	5.74	53.05

---

① 马戎：《我国部分少数民族就业人口的职业结构变迁与跨地域流动——2010年人口普查数据的初步分析》，《中南民族大学学报》2013年第6期。

续表

民族		杭州（人）	宁波（人）	武汉（人）	广州（人）
维吾尔族	2000 年	133	92	363	596
	2010 年	940	860	1674	1456
	增长比（%）	606.77	834.78	361.16	144.30

资料来源：根据 2000 年、2010 年人口普查资料整理。

二 男性多于女性

人口流动有其自身的规律，性别差异是流动人口的基本特征之一。有些西方学者认为，在人口迁移中，男性比女性更易于迁移。[①] 20 世纪 90 年代初，我国城市流动人口性别基本表现为以男性为主，尤其是远距离流动中性别比高于常住人口。中国社会科学院人口与劳动经济研究所 2003 年 9 月进行的中国城市流动人口研究表明，流动人口中的男性在绝对数量上多于女性，在调查的 1963 个样本中，男性占到 1088 人，女性仅有 875 人。[②] 但进入 21 世纪以后，流动人口中育龄妇女人数在不断增加。1982 年只有 187 万人，2005 年达到 5656 万人，所占的比重由 1982 年的 28.47% 提高到 2005 年的 38.39%。[③] 近年来，虽然有更多的已婚农村女性进入城市，但男多女少的局面并没有大的改变。2011 年，全国流动人口男性农民工占 65.9%，女性占 34.1%。[④] 2014 年，六成以上为男性农民工，在全部农民工中，男性占 67%，女性占 33%。其中，外出农民工

---

① 李竞能：《现代西方人口理论》，复旦大学出版社 2004 年版，第 170 页。
② 杜凤莲、高文书：《中国城市流动人口特征及其检验》，《市场与人口分析》2004 年第 4 期。
③ 杜丽红：《中国城市流动人口管理问题研究》，四川大学出版社 2011 年版，第 81 页。
④ 国家统计局：《2011 年我国农民工调查监测报告》，国家统计局网站，http://www.stats.gov.cn/tjfx/fxbg/t20120427_ 402801903.htm，2012 年 4 月 27 日。

中男性占69%，女性占31%。①

对于少数民族流动人口的性别比，过去全国范围的普查和调查结果显示，女性少数民族流动人口数量多于男性少数民族流动人口，总体性别比偏低。如根据第五次人口普查长表的汇总结果，2000年少数民族流动人口共约187.68万人，其中男性89.70万人，女性97.89万人，男、女各占47.8%和52.2%。②这主要是因为婚姻嫁娶和随迁家属与性别相关，务工经商等其他原因与性别不相关，而少数民族流动人口中婚姻嫁娶、随迁家属中女性发生概率高于男性，婚姻嫁娶比随迁家属的作用更大。③但这些年来，少数民族流动人口性别比逐渐趋于平衡。根据2011年国家人口计生委流动人口动态监测数据，少数民族流动人口中，男性占50.9%，女性占49.1%，性别比为103.8。④但是对回族等流动人口的调查研究表明，该群体仍以男性为主，如陈晓毅对广州市回族等流动人口的调查显示，男性占70%左右，女性只占30%左右；⑤白友涛等人对东、西部八个城市回族等流动人口的调查也表明男性占了大多数，76.8%的被调查者为男性，只有18.9%为女性，其中东部地区女性更少一些。⑥

在对杭州、宁波、武汉、广州四城市多数人信仰伊斯兰教少数民族流动人口936份随机问卷调查中可以看出（见表1.3），流动

---

① 国家统计局：《2014年全国农民工监测调查报告》，国家统计局网站，http://www.stats.gov.cn/tjsj/zxfb/201504/t20150429_797821.html，2015年4月29日。

② 黄荣清、赵显人等：《20世纪90年代中国各民族人口的变动》，民族出版社2004年版，第184页。

③ 段成荣、迟松剑：《我国少数民族流动人口状况研究》，《人口学刊》2011年第3期。

④ 国家人口和计划生育委员会流动人口服务管理司：《中国流动人口发展报告2012》，中国人口出版社2012年版，第56页。

⑤ 陈晓毅：《都市流动穆斯林文化适应问题及其解决之道——基于问卷调查的广州个案实证研究》，《青海民族研究》2010年第3期。

⑥ 白友涛：《城市社会管理中的两个不适应——基于武汉广州南京义乌等地流动穆斯林调查的思考》，《回族研究》2013年第1期。

人口中的男性平均占77.65%，女性占22.35%。问卷调查结果与全国流动人口性别比例差别较大。当然，出现这种情况与调查人群的选择和一些流动人口女性不愿意接受调查有关。尤其是选择星期五"主麻日"在清真寺调查时，调查对象基本是男性，如果有也是在清真寺帮忙的个别回族女性等。另外，2012年8月，在广州调查时，正是封斋期间，晚上清真寺免费提供晚餐，这样方能对一些女性进行调查。同时，由于我们采用的是偶遇和滚雪球的调查方法，而在拉面馆、烧烤店等接受调查的流动人口，绝大多数也是男性当家人，一些女性往往不愿"抛头露面"接受调查。以上的原因造成被调查者中女性较少，但这并不能完全反映整个回族等流动人口性别比例。在调查过程中通过观察发现，现在的回族等流动人口很多是举家迁移，特别是经营清真拉面馆的，往往是家庭式经营并携带家眷，一般是男性和面、拉面，女性打杂或炒菜或跑堂，在工作中的作用不亚于男性，并且还要打理家务、教育孩子，真正起到了半边天的作用。所以在拉面馆从事工作的男女比例，男性稍多一些。在其他行业，流动人口男性可能多一些。但大量女性流动人口走出家乡，进入企业工作的情况越来越多。如第十二届全国人大代表、浙江省慈溪市宁波双源纺织发展有限公司新疆员工部负责人、新疆姑娘热汗古丽·依米尔，经她动员组织去浙江的阿克陶籍"打工妹"就有1000余人。① 回族等流动人口女性人数逐年增长是一种进步现象。

表1.3　　　　　　　　　　回族等流动人口性别比

性别	男	女
占比（%）	77.65	22.35

---

① 杨明方、胡仁巴：《"打工妹"热汗古丽的梦圆了》，《人民日报》2013年3月14日。

可以通过2000年和2010年两次人口普查资料来了解四城市中回族、维吾尔族流动人口性别比的变化情况。表1.4是2000年第五次和2010年第六次人口普查的回族和维吾尔族性别人数，数据的变化主要是流动人口。2000年四城市回族中，男性1.77万多人，女性1.7万多人，性别比为104（以女性为100），男性略高一点，因为此时流动人口并不多，统计人口主要是户籍人口，男女性别比较平衡；而到了2010年第六次人口普查时，四城市中，回族男性人口2.47万人，女性2.25万多人，性别比为110，比2000年性别比加大，这应该是流动人口中的性别比差异造成的，但并不大。2000年四城市维吾尔族中，男性为753人，女性为431人，男女性别比为170，这些维吾尔族主要是流动人口，男女性别比例差别很大；2010年四城市维吾尔族男性人口2533人，女性人口2397人，男女性别比大概为106，与2000年相比，维吾尔族男女性别比例趋于平衡。从我们调查中观察到，维吾尔族妇女卖干果、工艺品较多；男人多从事烧烤、餐饮、卖切糕等。

表1.4　　　　2000年、2010年四城市回族、维吾尔族性别人数　　（单位：人）

民族	普查年代	杭州 男	杭州 女	宁波 男	宁波 女	武汉 男	武汉 女	广州 男	广州 女
回族	2000年	2006	1861	615	545	10375	10220	4778	4390
	2010年	3882	3357	2281	1996	11114	10663	7509	6523
维吾尔族	2000年	98	35	61	31	220	143	374	222
	2010年	456	484	381	479	925	749	771	685

资料来源：根据2000年、2010年人口普查资料整理。

总的来看，中东部地区城市回族等流动人口中，性别比例有差别，但正逐渐趋于平衡。

三 年龄以中青年为主

人口迁移理论认为，迁移对年龄的选择大多集中在年轻人口，尤其是当迁移涉及大幅度地改变居住地点时，它更需要适应力较强的年轻人。[①] 有的西方学者认为，20—30 岁的人最具流动性。[②] 从对全国流动人口监测情况看，2014 年，农民工以青壮年为主，其中 16—20 岁占 3.5%，21—30 岁占 30.2%，31—40 岁占 22.8%，41—50 岁占 26.4%，50 岁以上的农民工占 17.1%，40 岁以下农民工所占比重为 56.5%，农民工平均年龄为 38.3 岁。[③] 其他城市情况也一样，如 2010 年上海常住外来人口中，20—34 岁的青壮年人口为 422 万人，占常住外来人口的 47%；劳动年龄人口为 783 万人，占 87.3%，主要从事二、三产业中的制造加工、建筑施工、运输操作、商业服务、餐饮服务、居民生活服务等。[④] 沈千帆对北京市流动人口的调查研究显示，样本的平均年龄为 27.9 岁，其中处于 21—25 岁年龄段的流动人口占了 38.2%，26—30 岁年龄段的流动人口占了 27.9%，其次是 16—20 岁的流动人口占 10.4%，三者之和为 76.9%，即 16—30 岁年龄段的流动人口几乎占了流动人口总数的 80%。[⑤]

从少数民族流动人口的年龄结构来看，很多调查研究都表明，少数民族流动人口与一般流动人口一样，在年龄结构方面具有相同的特点，即青壮年劳动力人口占总量的绝大多数。全国少数民族流

[①] 王建民、胡琪：《中国流动人口》，上海财经大学出版社 1996 年版，第 90 页。
[②] 李竞能：《现代西方人口理论》，复旦大学出版社 2004 年版，第 169 页。
[③] 国家统计局：《2014 年全国农民工监测调查报告》，国家统计局网站，http://www.stats.gov.cn/tjsj/zxfb/201504/t20150429_797821.html，2015 年 4 月 29 日。
[④] 赵勇、王泠一：《如何看待流动人口理性化沉淀》，《解放日报》2011 年 11 月 10 日。
[⑤] 沈千帆：《北京市流动人口的社会融入研究》，北京大学出版社 2011 年版，第 57—58 页。

动人口中,平均年龄为26.4岁,其中15—59岁占76.9%。[①]

回族等流动人口的年龄结构与一般流动人口一样,青壮年占总量的绝大多数。陈晓毅对广州市的调查结果显示,到广州的流动回族等以青壮年为主,年龄主要集中在"21—30岁"和"31—45岁"两个年龄段,二者占回族等流动人口总数的77.13%;46岁以上的只占9.6%;60岁以上的极少。[②]

杭州、宁波、武汉、广州四城市的调查虽然是偶遇调查,但也反映了回族等流动人口的年龄结构(见表1.5),即以青壮年为主,19—45岁占82.3%,而46岁以上的仅占10.2%。如从事餐饮行业者中,年长者中的绝大多数已经将经营权转交给子女了,他们只在幕后做些配合工作,如招呼客人、照看孩子等。

表1.5　　　　　　　　回族等流动人口年龄比例

年龄段(岁)	18岁以下	19—30岁	31—45岁	46以上
占比(%)	7.5	53.6	28.7	10.2

四　以回族、维吾尔族居多

从以往对流动人口的研究可以发现,回族在多数人信仰伊斯兰教的少数民族流动人口中所占的比例最大。如广州多数人信仰伊斯兰教的少数民族流动人口中,回族占八成多,其次为维吾尔族,占14%左右,东乡族、撒拉族各占2%左右。[③] 白友涛等对东

[①] 国家人口和计划生育委员会流动人口服务管理司:《中国流动人口发展报告2012》,中国人口出版社2012年版,第56页。

[②] 陈晓毅:《都市流动穆斯林文化适应问题及其解决之道——基于问卷调查的广州个案实证研究》,《青海民族研究》2010年第3期。

[③] 同上。

部和西北回族等多数人信仰伊斯兰教的少数民族流动人口的调查也发现，回族所占比例较大，占样本总数的 86.5%，维吾尔族占样本总数的 3.6%，其他如撒拉族、东乡族等民族人数占样本总数的 8.6%。[1]

四城市问卷调查表明（见表 1.6），流动人口仍然以回族为主，其次是撒拉族，再次是维吾尔族。其中，回族占 81.5%，撒拉族占 11.3%，维吾尔族占 3.6%。这种情况与民族总人口比例是有关系的。据 2010 年第六次人口普查，全国回族总人口为 1058 万人，维吾尔族为 1007 万人，哈萨克族为 146 万人，东乡族为 62 万人，撒拉族为 13 万人，塔吉克族为 5.1 万人，保安族为 2 万多人，柯尔克孜为 1.6 万人，乌孜别克族为 1.05 万人，塔塔尔族为 3556 人。其中，回族和维吾尔族占全国 10 个多数人信仰伊斯兰教的少数民族人口的 90%。一般而言，民族人口基数越大，流动人口的比例相对越高，所以回族在流动人口中所占比例较高也是很自然的。但人口是否流动以及流动的规模、范围大小，还与民族传统的生计方式、教育文化程度、通用语言掌握程度、思想观念等众多因素有关。我国中东部地区城市基本上是以现代文化和汉族文化为主，居民也主要是汉族。因此，与汉族文化接触时间早、了解程度深、能够与城市居民经济文化互补性强的民族就容易在城市生存、适应并融入。我国的回族分布特点是大分散、小聚居，在历史上就以经商闻名。改革开放以后，回族充分利用善于经商的传统优势，加上拥有拉面技术特长以及无语言障碍，从而能较容易留居在中东部地区大城市，散布大街小巷的清真拉面馆就是明证。撒拉族、东乡族主要分布在青海和甘肃，与回族形成和发展有类似地方，但有自己的民族语言。这三个民族多以从事拉面行业为主，特别是青海化隆

---

[1] 白友涛、尤佳、季芳桐、白莉：《熟悉的陌生人：大城市流动穆斯林社会适应研究》，宁夏人民出版社 2011 年版，第 34 页。

县、循化县以及甘肃省张家川回族自治县,这三地是拉面行业人员的重要输出地,当地政府也制定了一系列的相关政策措施给予了大力的支持。新疆的维吾尔族虽然总人口超过了1000多万人,但由于历史、自然和社会因素,教育文化水平低,除了部分靠政府培训组织集体输出外,一部分人只能以烤馕、烤羊肉串、卖干果为生,最大的障碍是不通汉语,缺乏融入城市的交流工具。我们在各城市调查中,遇到维吾尔族时,一方面可能存在陌生戒备心理,另一方面就是语言障碍无法顺利交流,更谈不上深谈。近几年,由于加强城市管理,各城市禁止在大街上进行烧烤经营,加上在一些城市又发生了所谓的"天价切糕"事件等,城市维吾尔族流动人口面临的就业和社会压力倍增,并且又无其他专长,难以实现从业转型,有的不得已返回原籍。因此,有的东部地区城市维吾尔族流动人口正在逐渐减少。这是值得关注的问题,有可能对新疆和内地城市安定造成一定影响。

表1.6　　　　　　　　回族等流动人口民族来源

民族	回族	撒拉族	维吾尔族	东乡族	保安族	哈萨克	其他
占比(%)	81.5	11.3	3.6	2.6	0.15	0.15	0.7

五　流出地以西北地区的青海、甘肃和新疆为主

在我国流动人口迁移趋势中,中、西部地区农民工跨省流动主要流向东部地区。根据国家统计局抽样调查结果,2013年,东部地区跨省流出农民工882万人,72.6%仍在东部地区省际间流动;中部地区跨省流出农民工4017万人,89.9%流向东部地区;西部地

区跨省流出农民工2840万人，82.7%流向东部地区。①

四城市调查表明（见表1.7），第一是来自青海的回族、撒拉族占调查人数的61.6%；第二是来自甘肃省张家川回族自治县的回族和临夏回族自治州的回族、撒拉族；第三是来自新疆的维吾尔族等；第四是宁夏回族自治区的回族以及中部地区河南、安徽等省的回族。据全国第六次人口普查资料，新疆多数人信仰伊斯兰教的人口占全国多数人信仰伊斯兰教总人口的54.91%，宁夏、青海、甘肃分别占9.4%、4.1%、8%。② 由于调查对象主要是从事拉面、烧烤的外来人口，而从事这些行业的主要是青海、甘肃的回族、撒拉族、保安族以及新疆的维吾尔族。如珠三角境内多数人信仰伊斯兰教的少数民族流动人口中，仅青海一地约占珠三角境内多数人信仰伊斯兰教的少数民族流动人口总数的50%，且他们主要来自化隆、循化、民和县等地；新疆多数人信仰伊斯兰教的少数民族流动人口数亦达到32%左右。③

表1.7　　　　　　　　　　回族等流动人口流出地

省份	青海	甘肃	其他省区
占比（%）	61.6	20.5	17.9

西北地区是多数人信仰伊斯兰教的少数民族的主要传统聚居区，因此，中东部地区城市多数人信仰伊斯兰教的少数民族流动人口主要来自西北地区的青海、甘肃、新疆、宁夏等地。全国第六次人口普查资料表明，全国多数人信仰伊斯兰教的少数民族人口，居

---

① 国家统计局：《2013年全国农民工监测调查报告》，国家统计局网站，http://www.stats.gov.cn/tjsj/zxfb/201405/t20140512_551585.html，2014年5月12日。
② 刘晓春：《基于人口普查的中国穆斯林人口特征分析》，《回族研究》2014年第1期。
③ 马建春、徐虹：《珠三角穆斯林流动人口的分布、生计与认同》，《北方民族大学学报》2013年第5期。

住在城市的497.2万人，居住在镇的348.2万人，居住在农村的1468.63万人，分别占总人口的21.5%、15%、63.5%。① 四城市调查问卷表明（见表1.8），92.1%的回族等流动人口来自农村，主要是西北地区的农村。这些地方自然条件差，经济发展滞后，推动了西北地区群众流入中东部地区的大、中城市，如青海省海东市在全国270多个大、中城市开办的拉面馆数量达2.12万家，从业人员达14.7万人（见表1.9）。

表1.8　　　　　　　　回族等流动人口户籍性质

户籍性质	农业	非农
占比（%）	92.1	7.9

表1.9　　　　　　　海东市在主要省市拉面经济发展情况

| 浙江省 || 广东省 || 江苏省 || 上海市 |
| 全省 | 杭州市 | 全省 | 广州市 | 全省 | 苏州市 | 全省 |
户数	从业人数	户数	从业人数	户数	从业人数	户数	从业人数	户数	从业人数	户数	从业人数	户数	从业人数
4264	21637	1368	7004	4267	21637	1368	7004	3375	16762	1139	7150	2420	12381

| 陕西省 || 河南省 || 福建省 || 北京市 |
| 全省 | 西安市 | 全省 | 郑州市 | 全省 | 厦门市 | 全省 |
户数	从业人数	户数	从业人数	户数	从业人数	户数	从业人数	户数	从业人数	户数	从业人数	户数	从业人数
1098	67567	563	3378	867	5340	356	2136	545	28602	283	1388	803	4944

资料来源：《海东市政府关于赴省外调研拉面经济发展情况的报告》，2014年8月。

---

① 刘晓春：《基于人口普查的中国穆斯林人口特征分析》，《回族研究》2014年第1期。

六 已婚人员和家庭迁徙趋势渐强

2012年全国流动人口动态监测调查数据和各省（区、市）人口计生委统计数据显示，流动人口家庭户在现居住地的平均规模为每户2.46人，在15—59岁调查对象中，已婚的比例为76.8%，已婚流动人口中，夫妻一同流动的占89.8%，流动人口的0—14岁子女中，66%与父母双方或一方在现居住地。① 杭州、宁波、武汉、广州4城市调查表明（见表1.10），回族等流动人口婚姻状况与全国流动人口一样，以已婚流动者为主，已婚占全部流动人口的77.3%。

表1.10　　　　　　　　回族等流动人口婚姻状况

婚姻状况	已婚	未婚	离异
占比（%）	77.3	22.5	0.2

家属随迁尤其是带配偶一块进入城市，可以保持家庭生活稳定，有利于迁入异乡他域的回族等流动人口城市融入。在工业化初期，主要是男性重体力劳动流动人口迁居到城市谋工求职，具有明显的非完整家庭流动特征。到工业化中期阶段之后，流动人口尤其是女性在城市的就业需求增加，使流动人口的家庭式迁移增多，表现为夫妻携带子女的迁移。最近几年，伴随城市公共资源向流动人口的逐渐开放，家庭化候鸟式迁移的数量越来越多，这从流动人口子女数量的增加上可以明显感知到。② 据一项对新生代农民工的调

---

① 国家卫生和计划生育委员会流动人口司：《中国流动人口发展报告2013》，中国人口出版社2013年版，第193页。
② 张翼：《流动人口内部结构的新变化》，《北京日报》2012年4月18日。

查，近六成子女随父母在城市生活。① 2012年，流动家庭在现居地户均规模达到2.5亿，超过三成的流动人口在流入地居住时间超过5年。② 2013年，全国举家迁徙到城镇的外来农村人口就有4000万人。③ 如上海市2005年到2010年，外来人口增加了320万人，其中近50%来自流动人口家庭成员的自身增长。④ 有调查表明，61.8%的外来务工人员与配偶同住，43.3%的人带来了子女，10%的人把父母接到了身边，独居者仅占28.4%，显示出他们与家人间密切的联系。⑤ 2012年贵阳调查数据显示，高达65.32%的流动人口表示自己有家人在贵阳。⑥

与全国流动人口家庭化迁移特征相一致，全国少数民族流动人口以夫妻共同流动为主的特征也越来越明显。据调查，在流入地居住的少数民族平均家庭规模为2.39人（汉族为2.36人），以夫妻共同流动为主。其中，少数民族个人流动比例为32.1%，高于汉族3.2个百分点；少数民族与配偶共同流动的比例为60.5%，低于汉族4.1个百分点；少数民族夫妻双方与子女共同流动的比例为40.5%，汉族为40.6%，相差不大。⑦

回族等流动人口是否与配偶一同迁移，是衡量家庭迁移的重要表现。近年来，由原来的个人进城务工逐渐向家庭进城务工趋势发展。四城市问卷调查表明（见表1.11），有66.4%与配偶在一起，

---

① 李星文：《给新生代农民工以更温暖的呵护》，《北京青年报》2011年12月12日。
② 国家卫生和计划生育委员会人口司：《中国流动人口发展报告2013》，中国人口出版社2013年版，第102页。
③ 降蕴彰：《城镇化规划将涉及20余城市群1万个城镇》，《经济观察报》2013年1月5日。
④ 赵勇、王泠一：《如何看待流动人口理性化沉淀》，《解放日报》2011年11月10日。
⑤ 齐亚强、刘洁：《城市外来者渴求幸福家庭》，《瞭望》2014年第2期。
⑥ 李春霞、陈霏、黄匡时：《融入筑城：中国西部流动人口社会融合研究》，九州出版社2013年版，第124页。
⑦ 国家人口和计划生育委员会流动人口服务管理司：《中国流动人口发展报告2012》，中国人口出版社2012年版，第57页。

13.2%未带配偶来,原因主要是务工者进城时间晚,立足未定,但待条件成熟后会带来。

表1.11　　　　　　　　回族等流动人口与配偶一起流动情况

是否与配偶在一起	是	否	未婚
占比（%）	66.4	13.2	20.4

在四城市906份问卷调查中（见表1.12），除了22.1%未婚之外，在已婚有子女流动人口中，有54.4%有子女随迁，23.5%未随迁。如在对武汉市回族等流动人口360个已婚调查样本中，配偶同在武汉的占94.2%，没有携带配偶独自外出的仅有5.8%；在有效的345个已婚且已生育子女的调查样本中，子女与他们同在武汉的占84.3%。

表1.12　　　　　　　　回族等流动人口随迁子女情况

子女随迁	是	否	未婚
占比（%）	54.4	23.5	22.1

这说明，回族等流动人口家庭户与配偶、子女一同流动的比例更高，家庭式流动特征更加明显。在调查中发现，流动人口一般都有两个以上孩子，条件好的全部带出来，条件不具备的带小留大或带大留小。更多人考虑的是孩子的教育问题，一般达到教育年龄就带出来上学。既然随迁子女这么多，那么流动人口面临的问题就是孩子入园、入学问题。如何解除他们的后顾之忧，对他们安心工作、融入城市有重要影响。

七 受教育年限少,文化程度较低

文化程度的高低是衡量不同群体人口素质的标准之一,也是流动人口适应、融入社会的基本要素。西方学者关于迁移选择性和后果的社会经济分析,主要着眼于教育与职业方面。D. 托马斯的迁移差别研究认为,在向城市的迁移中,受过较好教育的人更易被选择。M. P. 托达罗在《第一世界的经济发展》指出,一个人受教育的程度和他要从农村迁移到城市的倾向之间肯定存在关系,具有较高教育水平的人将获得的农村与城市之间实际收入的差额比教育水平低的人要大,获得现代部门职业的机会也较多。① 由于我国流动人口年龄以青壮年为主,他们出生或成长于改革开放时期,因此外出流动人口受教育程度比较高。2014 年,农民工中未上过学的占1.1%,小学占 14.8%,初中占 60.3%,高中及以上占 23.8%。②

少数民族流动人口受教育程度虽然高于流出地平均水平,但比全国平均教育水平要低。主要原因与少数民族流动人口输出地自然条件艰苦、教育基础薄弱有很大的关系。西部民族地区经济社会包括教育水平比全国发展水平要落后,因此必然影响到"80 后"乃至"90 后"的教育。据监测调查,全国少数民族流动人口受教育状况,16 周岁及以上少数民族流动人口中,未上学的比例高于汉族3.6 个百分点;接受小学教育的比例为 24.4%,高于汉族近 10 个百分点;接受初中教育的比例最高为 49.1%,但略低于汉族;接受高中及以上教育的比例则远低于汉族,为 20.4%,相差近 10 个百分点。少数民族平均受教育年限为 8.6,比汉族(9.6 年)少 1

---

① 李竞能:《现代西方人口理论》,复旦大学出版社 2004 年版,第 170 页。
② 国家统计局:《2014 年全国农民工监测调查报告》,国家统计局网站,http://www.stats.gov.cn/tjsj/zxfb/201504/t20150429_797821.html,2015 年 4 月 29 日。

年。52.6%的少数民族农村户籍流动人口仅完成初中教育，32.2%受教育程度为小学及以下，这个比例比汉族流动人口高出13.8个百分点；15.2%接受过高中及以上的教育，比汉族低7.8个百分点。非农户口少数民族流动人口受教育程度与汉族差别不大。但少数民族流动人口大都为农村户籍，他们的受教育程度有待提高。[①]长株潭城市少数民族流动人口中，54.27%为初中及以下文化程度，高中（中专）文化程度占18.8%，大专以上文化程度占20.51%，还有6.42%的文盲。[②]

一般来说，外出流动人口文化程度较留守人口高，但回族等流动人口情况并非如此。对回族等流动人口而言，在城市从事的行业基本上是餐饮和流动商贩，技术含量低，不需要太高的文化程度。从文化程度上就可以断定，他们在城市的就业领域局限性很大，很难进入那些对于知识、技能要求较高的岗位，与城市居民甚至其他民族外来人口文化程度差别很大，融入城市更难。在广州市回族等流动人口中，大专及以上文化程度的仅占5.05%，绝大部分主要集中在初中及以下，高达78.7%。[③]根据白友涛等对东、西部地区回族等少数民族流动人口的调查，全部被调查的流动人口中，小学及以下文化程度的占被调查总数的47.6%；初中文化程度约占调查总数的三分之一；接受过高中教育的占9.5%；而大专以上文化程度的人数仅占总数的7.7%，合计只有不到20%的人接受过高中或高中以上教育。[④]

[①] 国家人口和计划生育委员会流动人口服务管理司：《中国流动人口发展报告2012》，中国人口出版社2012年版，第57—58页。

[②] 田代武、张克勤、朱朝晖、吴国华：《城市少数民族流动人口现状调查——以长株潭两型社会试验区为例》，《民族论坛》2011年第9期。

[③] 陈晓毅：《都市流动穆斯林文化适应问题及其解决之道——基于问卷调查的广州个案实证研究》，《青海民族研究》2010年第3期。

[④] 白友涛、尤佳、季芳桐、白莉：《熟悉的陌生人：大城市流动穆斯林社会适应研究》，宁夏人民出版社2011年版，第35页。

从四城市调查问卷统计（见表1.13）中可以看出，不识字或识字很少的回族等流动人口达26.2%，高于全国2010年第六次人口普查平均水平的4.8%、武汉市常住人口中的2.29%；小学、初中文化程度占多数，有60.9%，高中或中专以上的只有8.4%，大专以上的4.5%。实际上，这只是统计的情况，如果依据掌握知识多少来判断文化教育程度，回族等流动人口文化程度更低。在调查中发现，很多调查对象不能完成调查问卷的填写。根据武汉市民族宗教委员会对武汉市维吾尔族流动人口教育程度调查，文盲占20%，小学文化程度占60%，初中和高中占20%，其中约有40%不懂汉语。[①] 那么，改革开放以后出生的新生代回族等流动人口，为什么受教育程度比全国低很多？这主要是回族等民族聚居的西部地区经济社会发展滞后，交通不便，教学设施不足，教师短缺，加上思想观念落后，对教育不重视，辍学率比较高，这就造成了今天回族等流动人口文化教育普遍较低。根据2010年全国第六次人口普查资料统计（见表1.14），回族和维吾尔族教育程度低于汉族和全国平均水平。

表1.13　　　　　　　　　　回族等流动人口文化程度

文化程度	不识字或识字很少	小学	初中	高中或中专	大专	本科及以上
占比（%）	26.2	36.8	24.1	8.4	2.0	2.5

表1.14　　　2010年10个多数人信仰伊斯兰教少数民族人口
受教育程度占总人口统计　　　　　　　（单位:%）

民族	未上过学	小学	初中	高中	专科	本科	研究生
全国	5.00	28.75	41.70	15.03	5.52	3.67	0.33

---

① 武汉市涉新疆工作协调领导小组办公室：《武汉市涉新疆工作汇报提纲》（征求意见稿），2011年8月。

续表

民族	未上过学	小学	初中	高中	专科	本科	研究生
10个民族	6.21	39.21	36.99	9.78	4.77	2.87	0.17
回族	8.56	35.64	33.63	12.81	5.21	3.84	0.31
维吾尔族	3.50	41.58	41.99	6.58	4.30	2.00	0.05
哈萨克族	1.59	36.31	41.02	12.26	6.09	2.66	0.07
东乡族	17.65	64.83	12.42	3.09	1.28	0.71	0.02
柯尔克孜族	3.15	45.71	33.19	9.75	6.06	2.08	0.06
撒拉族	21.18	51.53	16.88	5.31	3.01	2.01	0.08
塔吉克族	3.50	49.78	29.98	9.05	6.52	1.14	0.03
乌孜别克族	2.04	29.27	29.77	17.64	11.24	9.58	0.46
保安族	11.02	59.61	17.36	6.86	3.43	1.66	0.06
塔塔尔族	1.41	21.89	29.81	19.82	13.13	13.35	0.59

资料来源：刘晓春：《基于人口普查的中国穆斯林人口特征分析》，《回族研究》2014年第1期。

要说明的是，回族居住特点是大分散、小聚居，分布在中东部地区尤其是城市的回族很多，这里的回族接受教育比西部地区回族要高，这样就提高了全国回族教育的平均水平。而分布在西部地区农村的少数民族，文化教育水平较低。如流动人口重要输出地的青海，2010年人口普查6岁及以上少数民族受教育状况（乡村），未上过学的占25.9%，小学水平的占55%，初中以上的比例很低。[①]受教育程度低，严重制约了流动人口的发展，不说掌握现代科学技术了，就是城市一般的路标指示牌也看不懂。因此，教育的短缺，限制了众多回族等流动人口的从业渠道，只能千军万马走独木桥：回族争相开拉面馆，维吾尔族做烧烤，使本民族内部竞争激烈，继而产生矛盾甚至危及民族团结和社会稳定。这不利于回族等流动人

[①] 国家统计局人口和就业统计司、国家民族事务委员会经济发展司：《中国2010年人口普查分民族人口资料》上册，民族出版社2013年版，第102—104页。

口长期在城市生存、生活下去，也就谈不上尽快适应、融入城市社会了。

八　生存型流动为主

西方人口地理学者认为，人口迁移从本质上说是一种社会经济现象，它是由一定的动力和原因所驱使的。学者们将造成人口迁移的各种因素称为迁出地的推力和迁入地的拉力。认为人口迁移发生的原因，是由于迁出地的推力和迁入地的拉力之间相互作用而成的。"所谓'拉力'是迁入地的社会经济自然条件优越于迁出地所形成的吸引力，而'推力'则是由于迁出地的社会经济自然条件落后所形成的排斥力，人口迁移过程往往是推力和拉力的共同作用，但在这两种力量中往往有一种力量占据主导地位，成为人口迁移过程中起主要作用的力量。"[①] 例如，迁出地耕地减少、环境恶化、发展前途有限等因素，属于推力；而迁入地较高的收入、良好的生活质量、受教育和发展机会较多等具有吸引力的因素，属于拉力。

少数民族人口流迁城市的动因，也是迁出地的推力和迁入地的拉力共同作用的结果，其中物质原因也就是经济的因素是少数民族流入城市的主因。目前，少数民族流动人口的主要流出地是西部地区。那里经济社会发展程度较低，尤其是与全国的经济发展差距不仅没有缩小，反而有扩大的趋势，这成为少数民族人口流入经济发展较快城市的重要推力。如2011年，西部地区城镇居民人均可支配收入为全国平均水平2.18万元的38.8%；[②] 而长三角十六个城市

[①] 冀党生等：《中国人口流动与管理》，中国人口出版社1995年版，第25页。
[②] 刘巍巍：《2011年长三角16市居民人均可支配收入超过3万元》，新华网站，http://news.hexun.com/2012-04-18/140540576.html，2012年4月18日。

居民人均可支配收入达到3万多元。① 西部地区十二个省区没有一个人均可支配收入超过全国水平的。

而中东部地区高速发展的经济、较高的劳动就业率，则成为吸引西部民族地区少数民族人口迁入城市的强劲拉力。从流动人口迁入地区来看，少数民族流动人口大多是由西部地区向东部沿海地区迁移流动，主要流入地是广东、浙江、江苏、山东、福建、上海等省市，占少数民族流动人口的58.2%，其中，又以广东为首选。② 根据对上海市的调查，少数民族流动人口的来沪原因也是以务工经商为主，58.3%务工、15.75%经商、11.3%投亲靠友、5.3%婚嫁、3.5%学习培训等。③

回族等流动人口大多来自西北地区农村，他们不远千里进入陌生的中东部地区城市，主要目的是获取较高的经济收入。以回族等流动人口一些主要输出地经济收入指标来看与全国存在的差距。据笔者统计，2013年全国人均GDP是4.2万多元，而广东是5.8万多元，浙江是6.8万多元，湖北是4.2万多元，但多数人信仰伊斯兰教的少数民族流动人口主要来源地的新疆是3.8万多元；青海是4万多元；甘肃是2.4万多元。可见东西部差距之大。甘肃省张家川回族自治县2013年城镇居民人均可支配收入为1.5万多元，农民人均纯收入为3900元；④ 青海省化隆回族自治县城镇居民人均可支配收入为1.9万多元，农民人均纯收入为5854元；⑤ 青海省循化

---

① 徐璋勇：《2011年西部人均GDP达27584元》，新浪网，http://finance.sina.com.cn/hy/20120627/144412415171.shtml，2012年6月27日。

② 陈乐齐：《我国城市民族关系问题及其对策研究》，《中南民族大学学报》2006年第5期。

③ 郑敏：《1990年代以来上海市少数民族人口研究》，硕士学位论文，华东师范大学，2006年。

④ 马中奇：《2014年政府工作报告》，张家川回族自治县人民政府网站，http://www.zjc.gov.cn/html/gzbg/2014-2/25/11_43_50_483.html，2014年2月25日。

⑤ 《2014年政府工作报告》，化隆县回族自治人民政府网站，http://www.hdhl.gov.cn，2014年4月11日。

县城镇居民人均可支配收入1.89万多元,农牧民人均纯收入5403.8元。① 白友涛等的调查显示,不论东部还是西部,多数人信仰伊斯兰教的少数民族流动人口选择远离家乡进入城市的原因基本相似,即主要目的是增加经济收入。被调查者中的大部分人(72.7%)是为了增加收入,提高生活水平;9.1%的人是为了能促进子女将来的发展;约10%的被调查者是因为工作或学习的原因进入城市。②

四个城市调查表明(见表1.15),以"挣钱"为目的的占81.6%;次之为"寻找发展机会",占13.4%;第三是"为了孩子考虑"的占6.2%;"在老家没什么事干"的占5.7%;真正"出来见世面"以及"羡慕城市生活不愿在农村生活"的,仅各占2.9%和1.5%。

表1.15　　　　　　　　　回族等流动人口流动原因

流动原因	挣钱	寻找发展机会	出来见世面	为了孩子考虑	羡慕城市生活不愿在农村生活	在老家没什么事干
占比(%)	81.6	13.4	2.9	6.2	1.5	5.7

因此,多数人信仰伊斯兰教的少数民族流动人口还是以生存型流动为主,以发展型为目的很少。这种指向性很强的流动,使他们很难适应并融入城市。有的人一旦生意不好做,房子不好租,不是想方设法克服困难坚持下去,许多人会选择离开到其他城市继续务工。因此,能否立足城市挣些养家糊口的钱,甚至能否挣更多的钱

---

① 韩兴斌:《政府工作报告——2014年3月3日在循化撒拉族自治县第十六届人民代表大会第六次会议上》,循化撒拉族自治县人民政府网站,http://www.xunhua.gov.cn,2014年3月7日。

② 白友涛、尤佳、季芳桐、白莉:《熟悉的陌生人:大城市流动穆斯林社会适应研究》,宁夏人民出版社2011年版,第39—40页。

以便为子孙未来发展奠定一定基础，成为回族等流动人口主要考虑的因素。为了挣钱，工作再累、工作时间再长、遭受的困难再大，也无所畏惧。所以经济能否立足是回族等流动人口在城市生活、生存、适应、融入的基础。

九 首次外出时间和在当地居住时间比较长

2010年第六次人口普查数据显示，全国流动人口离开户籍所在地的平均时间达4.5年，与2005年全国1%人口抽样调查时的同一指标以及2000年第五次全国人口普查时"流动人口在流入地居住的平均时间"大体保持一致。少数民族流动人口的流动时间，总体上有四分之一离开户口登记地时间在6年以上，平均流动时间为4.13年，[①] 较全国流动人口流动时间略低。

四个城市问卷调查表明（见表1.16），52.4%的回族等流动人口外出已经4年以上，初次外出时间比较长。根据调查了解，到武汉经营清真拉面的回族等流动人口始于1994年，至今已有20年时间。这些出来早的人，适应能力强，有的已经在许多城市打拼多年，对城市社会了解程度较深，社会关系网络比较广，尤其是积累了一定的正式社会资本，为在城市长久经营奠定了基础。

表1.16　　　　　　回族等流动人口首次外出时间

流动时间（年）	0.5以下	0.58—1	2—3	4—8	9及以上
占比（%）	3.9	14.4	29.3	29.4	23.0

---

① 段成荣、迟松剑：《我国少数民族流动人口状况研究》，《人口学刊》2011年第3期。

一个人在城市时间越长，建立的社会网络越多，社会资本规模也就可能越大，越有助于融入城市。据2011年全国流动人口动态监测数据，在全部流动人口中，在流入地居住5年以上者所占比例37.45%，其中10年以上者占15.41%，15年以上者占4.97%。[①]

四个城市调查问卷表明（见表1.17），回族等流动人口在当地居住半年以下的只有10.2%，半年至一年的19.7%，2—3年的34.3%，4—8年的23.6%，9年以上的12.2%。也就是说，有70.1%的流动人口在当地居住时间在两年以上，甚至有35%多的人流动时间在四年以上。我国农村劳动力的外出务工在相当长的一段时间内，呈现出双向、职业与身份背离的"候鸟式"流动就业模式。而现在逐渐由"候鸟式"向"迁徙式"转变，举家外迁，基本脱离农业生产，常年在外务工。这也与大部分回族等流动人口从事餐饮业有关，要求其必须稳定，不能是"候鸟式"的流动人口就业模式，这也是与从事其他行业外来人口迁徙的不同。在城市居住时间长，后续带来的结果就是家庭迁移增多。只要就业稳定，经营顺利，收入可以，子女能够就近入学，回族等流动人口是不愿意多次迁移的。在城市居住时间越长，越有利于回族等流动人口的城市融入。

表1.17　　　　　　　回族等流动人口在当地居住时间

在当地居住时间（年）	0.5以下	0.58—1	2—3	4—8	9及以上
占比（%）	10.2	19.7	34.3	23.6	12.2

---

① 段成荣、王宗萍：《就业稳定是当前流动人口的基本特征》，《中国社会科学报》2013年5月10日。

十 从事职业相对比较单一

由于回族等流动人口大多来自边远贫困地区，受教育程度虽然在民族地区较高，但在高学历人才云集的城市中则是很低的。而"教育方面的结构性差异会影响民族成员的职业分布"①，因而也决定了回族等流动人口就业层次不高，大多只能从事摆摊设点或从事临时性的重体力劳动工作，特别是集中于餐饮服务、小商小贩等底层行业居多。从事技术、高端行业虽有，但所占比例很小。西方学者认为，移民倾向于在那些同族成员已经扎根的工作领域集中。正如利波森所论述的，最初的就业安排可能会受到一些诸如经验、文化偏好或者历史偶发事件等一系列因素的影响。但是一旦最初的移民者已经建立了立足点，后来的移民则倾向于紧随其后也进入同类领域，这主要是由于他们偏好于在同事的外貌与自己类似的环境中工作，此外他们也发现人际关系是求职中最有效的方法。更重要的是，移民的偏好与那些想努力强化已有雇员特点的雇主的偏好相符合。② 因此，社会移民网络的重复行为产生了种族生境：移民高度集中的一系列经济活动。韦伯纳展示了某些少数民族拥有使其更容易个体经营的"文化资源"。③ 这些资源包括每个少数民族的文化传统、迁移特点，以信任、相互依赖、互惠为基础的锁链式迁移建立的多重的社会网络。④

目前，总的来看，回族等少数民族流动人口在城市从事职业主

---

① 马戎：《民族与社会发展》，民族出版社2001年版，第53页。
② [美] 罗杰·瓦尔丁格：《关系网络及生境（niches）：民族联系的持续意义》，载 [美] 格伦·C. 劳瑞、塔里克·莫多德、斯蒂文·M. 特莱斯编《族裔特性、社会流动与公共政策：美英比较》，李俊清、施巍巍译，东方出版社2013年版，第376—378页。
③ Werbner, P., *The Migration Process: Capital, Gifts and Offerings among British Pakistanis*, Oxford: Berg. 1990.
④ Waldinger, R., H. Aldrich, and R. Ward, *Ethnic Entrepreneurs*, New York: Sage. 1990.

要集中在以下几个领域。

首先，从事餐饮业是回族等流动人口的一种主要经营方式。最具代表性的标志的就是回族从事清真拉面馆和维吾尔族从事烧烤。中东部地区城市最早开设拉面馆从事餐饮业的当属青海省的回族、撒拉族等群众。此业始于20世纪90年代，兴盛于21世纪初期，目前该行业达到高峰。由于从事拉面餐饮投入少、收益快，吸引了更多的经营者，他们亲帮亲、邻帮邻，逐渐形成规模，成为流动人口重要的生计方式之一。① 据相关部门统计，青海回族、撒拉族等在广州一地开设拉面店达1400多家，从业人员2万余人；在深圳，有1000余家拉面店，从业人员18000人左右；在东莞，250余家拉面店，从业人员3000多人。② 当然，由于从事餐饮业太多，一家接一家的拉面馆相继开张，也容易造成内部激烈的竞争和矛盾，出现了本民族内部地域与地域之间、家族与家族之间的冲突。因为城市对拉面、烧烤等饮食的需求终究是有限的，一旦达到一定的饱和状态，彼此之间的生意就会受到很大的影响。现在已经有不少从事餐饮者在资本积累到一定程度后，逐渐开始职业转身，或抽走资金回老家从事矿业、运输业；或在城市向其他行业转型，如回族也从事烧烤、大排档等，而不仅仅固守一碗面了。

其次，流动从事销售地方土特产品。"流动到内地的从业特点都与传统的民族文化和生计方式关系密切。"③ 如新疆维吾尔族、宁夏回族等，他们每年秋天从家乡运来干果到中东部地区各地销售。这些产品，有些是个体单干贩运到市场的，有

---

① 马建春、徐虹：《珠三角穆斯林流动人口的分布、生计与认同》，《北方民族大学学报》2013年第5期。

② 雷辉、徐林：《一碗拉面：城市民族工作之匙》，《南方日报》2009年12月17日。

③ 张海洋、良警宇：《散杂居民族调查：现状与需求》，中央民族大学出版社2006年版，第12页。

的则是通过公司的形式，大批量地从民族地区运来销售的。① 如武汉市有新疆维吾尔族流动人口在市中心区烧烤和水果摊300多处。

再次，在企业务工和外贸公司从事翻译工作。例如，东莞兴鹏鞋厂有来自新疆疏附县的1000多名员工，由于是有组织的劳务输出，当地政府为此配备了包括教师厨师等专职服务队伍，以维护务工人员的合法权益，并在语言、饮食等方面为其提供帮助，使之得以顺利适应新的工作与生活。② 另外还有不少文化程度比较高的青年人由于掌握阿拉伯语或英语，在上海、广州等地从事外贸翻译等工作，从事此类工作的人员也在逐年增加，他们的适应性比较强，融入也比较快。

从回族等流动人口现从事职业的统计中可以看出，他们的就业方式有两个特点：一是就业或创业的复制性及同质性，即后来到城市的往往与先前到城市的从事同样的职业，最明显的就是"兰州拉面馆"大都是由青海化隆的回族所经营的。二是行业的单一性，主要以餐饮业，即兰州拉面馆和清真餐馆为主，很少涉猎城市其他行业。形成流动人口职业复制性、单一性的原因主要有两点：一是由于回族等流动人口普遍文化程度较低，流出前大都从事农业和养殖业，劳动技能单一；二是回族等流动人口的社会交往大都是以亲缘、地缘为主的，他们的择业信息也都来自自己的亲友、老乡，而且先来到城市的流动人口经营清真餐饮业并取得了一定的经济效益，这也对后来者产生了一定的"示范效应"，同时前者在经营过程中所积累的经验也给后来者提供了一定的便利，因此，使后来者纷纷效仿。

---

① 严书翰、谢志强等：《中国城市化进程》，中国水利水电出版社2006年版，第233页。
② 张立哲：《新形势下新疆少数民族外出务工情况思考》，《中共伊犁州委党校学报》2011年第2期。

总之，来自西北地区农村的回族等流动人口由于教育文化程度低，缺乏多元的技术专长，只能从事相对单一的职业，可以概括为"一碗面""一串肉""一块糕""一个馕""一车果"。

第二章

经济融入

经济既是回族等流动人口流入城市的动力，也是融入城市的基础。风笑天在对三峡移民的社会适应进行研究时指出："移民来到一个全新的环境之后，首先要解决的问题是迅速适应经济生产方式的变化。只有在经济方面的适应性增强了，他们才能逐渐恢复、提高生产和生活水平，慢慢融入安置区的社会生活和社会结构中去。"① 虽然这是对农村水库移民的经济生产方式适应的探讨，但是对于讨论回族等流动人口的城市融入也具有一定的启发和借鉴意义。回族等流动人口进入城市后，要想生存下去，首先要解决的就是就业、提高自己的经济收入以及居有住所等。在此基础上，才能谋划未来的发展，实现其他层面的融入。

关于经济融入的内涵，有不同的解释。有的认为，经济融入主要包括收入水平、居住环境、消费能力及方式、收支平衡状况及经济收入的主观感受等；② 有的认为包括就职状况、工作时间、收入情况、居住状态四个指标；③《中国流动人口发展报告 2010》中所

---

① 风笑天：《落地生根——三峡农村移民的社会适应》，华中科技大学出版社 2006 年版，第 17 页。

② 张军、王邦虎：《新生代农民工城市融入的文化资本支持》，《安徽农业大学学报》2013 年第 2 期。

③ 沈千帆：《北京市流动人口的社会融入研究》，北京大学出版社 2011 年版，第 51—52 页。

构建的流动人口社会融合指标体系包括四个层次，其中经济地位包含劳动就业、职业状况、工作时间、收入水平、居住条件五个指标。①《中国流动人口发展报告 2014》中的"经济立足"具体指标有就业稳定、职业类型、收入水平。②杨菊华从劳动合同、劳动时间、职业声望、收入水平、社会保障、居住状况六个方面研究流动人口的经济融入。③梁波和王海英总结国外学者的研究认为，经济层次融入主要是指移民在劳动力就业市场、职业地位、经济收入、消费水平、消费模式、住房等方面的融合，这种融合可以通过其与流入地居民的平均水平的差距来进行测量。④

尽管对经济融入的衡量指标不尽相同，但是大都涵盖了职业、收入、居住、消费、社会保障等几个方面。其中，职业与收入是回族等流动人口社会经济生活的基础和关键，也是他们外出的主要目的；居住状况是他们安居乐业的前提和基础；消费水平是他们日常生活水平的具体体现；而社会保障则不仅体现了他们所享受的公共服务，也反映了他们在城市社会经济活动中的地位。本书关于回族等流动人口经济融入的内容，主要从就业、经济收入水平、工作时间、居住、消费水平等方面来分析。

一　劳动就业

回族等流动人口进入城市后，首先要面临的就是职业的转变，即从原来从事农业或养殖业向其他行业转变，而这种职业的转变

---

① 国家人口和计划生育委员会流动人口服务管理司：《中国流动人口发展报告 2010》，中国人口出版社 2010 年版，第 105—110 页。

② 国家卫生和计划生育委员会流动人口司：《中国流动人口发展报告 2014》，中国人口出版社 2014 年版，第 40 页。

③ 杨菊华：《中国流动人口经济融入》，社会科学文献出版社 2013 年版。

④ 梁波、王海英：《国外移民社会融入研究综述》，《甘肃行政学院学报》2010 年第 2 期。

也是他们立足城市进而在城市发展并融入城市的基础。如果他们能够在城市中取得相应的职业并对自己的职业满意度较高，则说明他们在城市中的经济融入状况较好，也有利于他们其他层面的融入。

对杭州、宁波、武汉、广州问卷调查表明（见表 2.1），回族等流动人口在输出地从事的职业主要是传统的农牧养殖业，占 53.1%；有 13.6% 的人进城以前是在校的学生，或小学，或中学；无工作的占 8.8%；做小本生意的个体户仅有 8.6%；打零工的有 8.0%；从事其他工作的如当兵、做保姆、教员、裁缝等，占 6.1%；担任公职人员的非常少，仅占 1.2%；有 8 人以上雇员老板的只有 0.6%。

表 2.1　　　　　　　　回族等流动人口流动前职业

过去职业	务农或放牧养殖	做小生意或个体户	老板（雇佣8人以上）	打零工	行政部门或事业单位等公职人员	读书	无工作	其他
占比（%）	53.1	8.6	0.6	8.0	1.2	13.6	8.8	6.1

但进城以后，回族等流动人口大多从事自主经营（见表 2.2），如开设拉面馆、烧烤等，占 54.2%；为企业员工或拉面馆员工的占 37.4%；从事其他工作如翻译、学习等或无业的占 8.4%。由此可见，回族等流动人口从事高端行业工作的很少。而在建筑工地做工的有，但比较少，主要是饮食方面的限制。

表 2.2　　　　　　　　回族等流动人口现从事职业

现在职业	自主经营	员工	其他
占比（%）	54.2	37.4	8.4

通过访谈和观察发现,从事自主经营如餐饮行业的回族等流动人口一般是家族式经营,其员工或是兄弟姐妹,或是亲戚朋友。特别是规模较小的拉面馆一般都是夫妻两人共同经营,他们既是拉面馆的经营者,又兼任拉面工、跑堂、后厨等工作,可以说是集老板和员工身份为一体。正是这种亲缘、地缘、族缘关系,支撑他们最初在城市生存并逐渐适应城市。

可见,回族等流动人口流动前后职业发生了很大变化,现在所从事的职业与外出前在家乡的职业相比显著不同,基本从农民、牧民转变为老板、打工者,且外出者从事拉面馆行业的人数较多,特别是青海省外出开拉面馆的流动回族、撒拉族等数量较大,已经形成了颇具特色的"拉面经济"。

职业转变后的适应,对回族等流动人口很重要,否则会与城市社会产生冲突。威尔逊的底层社会研究发现,即便是在获得了法律上平等的公民权利前提下,美国大城市里的新移民——黑人群体,由于无力应对结构性的经济变迁,比如从生产性行业向服务性行业的转移,仍然会与大城市主流社会之间产生社会断裂。[1]

回族等流动人口在城市职业转变后,适应性比较强,这与其从事特色经营有很大关系。回族等流动人口从业模式与早期意大利人移入英国时有很大相似性。1861—1991年,约有25万意大利人移民到了英国。最早期的移民大都是大理石工、雕塑制作者、音乐人,然而稍晚的那一"大批"移民就发现并转入另一个与众不同的职业领域——餐饮业。在这一领域,他们并不直接与当地劳动力竞争,而是提供一项独一无二的社会服务,到20世纪20年代,几乎每个家庭都拥有一个出售冰激凌、甜点、鱼和炸薯条的小店。另

---

[1] [美] 威尔逊(W. J. Wilson):《真正的穷人:内城区、底层阶级和公共政策》,成伯清等译,上海人民出版社2007年版。

外，意大利人进入个体经营领域所使用的方法是更喜欢雇用自己民族的员工，由此带动家乡他们已经认识的工人移民。这些员工获得做生意的知识和技术后，可以在不与前雇主竞争的地方开设小店。①这些"先驱者"建构移民网络，为以后来自同一家族、同一村庄或者同一地区人的连锁式迁移提供了便利和支持。这与今天回族等流动人口迁移、从业特点有点类似。众多回族等流动人口之所以能在中东部地区城市生存、发展下来，就在于其从事的行业技术要求不高并富有民族特色，与当地城市饮食业没有大的竞争和冲突，并且具有一定的互补性。但与意大利人在英国从业不同的是，回族等流动人口内部从业竞争则非常激烈。

对现在所从事工作满意程度，是回族等流动人口适应并融入城市的主观指标之一。调查问卷说明（见表2.3），回族等流动人口对当下工作满意度是比较高的。"非常满意"的占7.4%，"比较满意"的占41.1%，"满意"的占36.5%，三项合计85%。可以说，绝大多数回族等流动人口对目前工作是比较满意的。因为他们知道，在自己文化水平低、经济实力有限的情况下，与在家务农收入比，目前的经济收入还是可观的。

表2.3　　　　　　　回族等流动人口对目前工作满意度

目前经营或工作满意程度	非常满意	比较满意	满意	不太满意	非常不满意
占比（%）	7.4	41.1	36.5	13.5	1.5

访谈：对现在这个工作还是挺满意的。现在做拉面累是肯

---

① ［英］沃恩·罗宾逊、［英］莉奈·瓦莱尼：《战后英国的少数民族、就业、个体经营和社会流动》，载［美］格伦·C.劳瑞、塔里克·莫多德、斯蒂文·M.特莱斯编《族裔特性、社会流动与公共政策：美英比较》，李俊清、施巍巍译，东方出版社2013年版，第450—451页。

定的啊，你说干什么不累啊，睡着不累但是你能把钱挣了吗？在这老乡（店里）做拉面师傅，包吃包住的，因为都是老乡，也对我挺照顾的，我自己也有眼色勤快，老板对我也挺满意的。再说我其他的也都不会，拉面这个手艺也是跟老乡学的，不做这个还能干什么呢，不在这家（拉面馆）干，也是去其他拉面馆。希望以后有钱了也能自己开一个拉面馆。[①]

"不太满意"的占13.5%，"非常不满意"的占1.5%，二者合计占15%。不太满意或非常不满意者主要是初来乍到，找到合适的经营场所或工作比较困难，经营不稳定，收入很难保障。有的还是举家一起来到陌生的城市，面临的生活压力很大。

根据以上分析，当前回族等流动人口的职业转变良好，且对职业的满意度较高，这不仅说明他们在此方面的融入程度较好，而且有了良好的经济基础和相对满意的职业，也有利于进一步强化他们在城市中继续工作生活的意愿，从而有利于推进其他层面的融入。

二　经济收入水平

就业与收入是流动人口经济融入的基础和关键。流动人口外出大多是基于经济原因，如北京市1%流动人口抽样调查显示，71.1%的流动人口离开家乡来到北京就是为了获得比家乡或其他城市更高的预期收入。[②] 回族等流动人口亦是如此，81.6%的回族等流动人口外出的主要原因是挣钱提高经济收

[①] QL，男，18岁，回族，小学文化程度，青海西宁人，拉面馆员工。
[②] 翟振武、段成荣、毕秋灵：《北京市流动人口的最新状况与分析》，《人口研究》2007年第2期。

入。基于这个目的，回族等流动人口的收入水平决定了他们能否继续在当地生存、发展下去，也直接影响他们在城市的融入程度。

当然，其收入水平高低须与流动前及全国和当地城市居民收入进行比较。

1. 外出前后收入比较

回族等流动人口在外出前的收入普遍较低。根据问卷调查（见表2.4），42%的调查对象表示外出前的收入在750元以下，还有18.3%没有收入。此外，收入在751—2000元的占22%，2001—3000元的占10.5%，3001—6000元和6001元以上的分别占3.4%和2.2%，收入在10000元以上的寥寥无几。而他们在外出后，经济收入有了大幅度的提高。据问卷调查（见表2.5），目前他们平均月收入1000—2000元的占10.7%，2001—3000元的占31%，3001—5000元的占15.5%，5001—6000元的占8.2%，6001—8000元的占10.6%，8001—10000元的占8.5%，10000元以上的占15.5%。

表2.4　　　　　回族等流动人口外出前月平均收入

外出前月平均收入（元）	750及以下	751—1100	1101—2000	2001—3000	3001—6000	6001—10000	10001以上	无收入
占比（%）	42	11.5	10.5	10.5	3.4	2.2	1.6	18.3

表2.5　　　　　回族等流动人口目前月平均收入

目前月平均收入（元）	1000—2000	2001—3000	3001—5000	5001—6000	6001—8000	8001—10000	10001以上
占比（%）	10.7	31	15.5	8.2	10.6	8.5	15.5

访谈：（我）在老家一年好一点的话能收入3000多斤粮

食，基本都是自己吃，也没有卖的，只能维持基本生活，其他也没有什么收入了。出来开拉面馆以后，一个月生意好的话能挣个1万块钱，比在老家还是好多了。①

广州市东华西路193号的拉面馆老板介绍说，原来在老家务农，一个月连800元都挣不到，生活比较困难。现在跟妻子和孩子一起来到广州做拉面生意，生活水平有了很大的提高。现在每个月都能挣5000元以上，生意很好做，压力并不大。小孩在上初中，一年学费2000元，中午都回家吃饭。除店面租金和住房租金外，没有其他的开销，每月省下的钱会留一部分寄回家。总体而言，对现在的生活还是比较满意的。

2014年全国农民工的人均月收入为2864元，其中东部地区2966元，中部地区2761元，西部地区2797元。② 2013年全国城镇非私营单位就业人员年平均工资为51474元；城镇私营单位就业人员年平均工资为32706元。③ 2013年武汉市城市居民人均可支配收入29821.22元，农村居民人均纯收入12713.46元；④ 宁波市区居民人均可支配收入41729元，农村居民人均纯收入20534元；⑤ 杭州市城镇居民人均可支配收入39310元，农村居民人均纯收入18923元；⑥ 广州市2013年农村居民家庭人均纯收入18887元，全

---

① ZMHM，男，36岁，回族，小学文化程度，青海化隆人，拉面馆经营者。
② 国家统计局：《2014年全国农民工监测调查报告》，国家统计局网站，http://www.stats.gov.cn/tjsj/zxfb/201504/t20150429_797821.html，2015年4月29日。
③ 王姝：《国家统计局首次公布不同岗位平均工资》，《新京报》2014年5月28日。
④ 武汉市统计局：《2013年武汉市国民经济和社会发展统计公报》，武汉市统计局网站，http://www.whtj.gov.cn/details.aspx?id=2180，2014年5月21日。
⑤ 《2013年宁波市国民经济和社会发展统计公报》，宁波市统计局网站，http://tjj.ningbo.gov.cn/art/2014/1/31/art_18617_2731076.html，2014年1月31日。
⑥ 《2013年杭州市国民经济和社会发展统计公报》，杭州市统计局网站，http://www.hzstats.gov.cn/content-getOuterNewsDetail.action?newsMainSearch.id=7818a1dd-6229-11e8-97a6-d89d676397bf，2014年2月24日。

年城市居民家庭人均纯收入 42049 元。①

单从月收入来看，回族等流动人口与城市人均可支配收入相差不多，但在收入上也存在分层。收入高的主要是餐饮经营者或有技术特长者。由于收入的隐秘性，拉面馆老板收入到底有多少，不同城市、不同的拉面馆在不同的地段收入是有差别的，也很难完全了解清楚。但据笔者观察，绝大多数拉面馆基本上都盈利，年收入 10 万元到 100 万元不等。有的拉面馆是全家参与，收入没有平均到每个人头上，有的被调查者报的是月收入 3 万元或 5 万元，实际上是全家 3—5 口人的总收入。但不管怎样，单从经济收入上看，不少回族等流动人口经济融入程度是很高的，达到甚至超过了当地一般城市工作人员收入。

青海省海东市在全国各地经营的拉面馆有 2.12 万多家，2013 年经营性收入达 168.7 亿元，利润 67.4 亿元，劳务人员工资收入 60.7 亿元。同时，拉面经济带动牛羊肉配送、副食品加工配送等其他产业 96 家，从业人员 837 人，年经营性收入约 1.5 亿元，从业人员年工资性收入 0.4 亿元，产生利润 0.5 亿元。另外，海东市在外开办拉面馆后回乡创业的企业达到 435 家，吸纳就业 6254 人，年实现经营性收入 15.8 亿元，产生利润 5.1 亿元，务工人员年收入达 2.6 亿元。②

2013 年青海省化隆县在全国有 12700 家拉面馆，从业人员达 7.9 万人，占全县总人口 28 万人的 28%，经营利润达 8 亿元左右，劳务人员工资收入 21 亿元。西宁中发源饭店、大西门餐饮城、广州的湖光牛羊肉商行、杭州的"伊滋味"快捷连锁店等品牌店逐步向产业化、规模化方向发展，年销售收入达几百万元甚

---

① 广州市统计局、国家统计局广州调查队：《2013 年广州市国民经济和社会发展统计公报》，http://www.gzstats.gov.cn/gzstats/tjgb_qtgb/201812/fcff635e729a4726a534f83760d48ab9.shtml，广州市统计局网站，2014 年 3 月 19 日。

② 《海东市政府关于赴省外调研拉面经济发展情况的报告》，2014 年 8 月。

至上千万元。好多创业人员赚了钱，一部分人在当地买了房子，很多人在西宁买了房子、铺面，化隆出现了许多"老板村""小车村"，群众的生活明显改善。拉面经济成为化隆县贫困群的"脱贫经济"和"救命经济"。[1] 据化隆县驻穗办的数据显示，珠三角的 4000 多家拉面馆中，广州 75% 的拉面馆盈利，15% 保本，10% 亏损。其中，日营业额 2000 元以上，月纯利润 1 万元以上的占 10%；日营业额 1500 元以上，月纯利润 7000 元以上的占 20%，日营业额 800 元以上，月纯利润 4000 元以上的占 15%。广州市化隆籍的牛肉拉面馆年营业额达 3.65 亿元，年利润达 5870 万元，平均每个拉面馆年纯利润为 5 万元。化隆县为国家级贫困县，但这些拉面馆解决了 9920 人的就业岗位，每年发放员工工资达 6290 万元。化隆县巴燕镇上加合村地处山区，全村 1629 人，靠仅有的 1526 亩山地度日。村支书马忠云率先带领家人到上海开起了牛肉拉面馆，由于经营有方，服务周到，生意十分兴隆。村民们亲帮亲、邻帮邻，托亲带友到上海、广州、深圳等地开饭馆，生意越做越好。如今，在外地大中城市中开拉面馆的上加合村民就有 123 户，年收入在 15 万元以上的有 6 户，年收入在 10 万元以上的 30 户，其余的均在 5 万元以上。[2]

甘肃省张家川回族自治县在北京、上海、武汉等 20 多个省会城市和苏州、青岛、十堰等 200 多个大中城市开办清真餐馆 10744 家，开办宾馆 693 家，从业人员达 5.1 万人，年创收 8 亿元以上。如位于北京通州区宋庄画家村的张家川县李山村马建文夫妇经营的清真大排档有近 30 桌，每天一桌平均按消费 100 元来算，30 桌近 3000 元，如果一桌换上两三拨，最少六七千元，再加上白天的牛肉

---

[1] 根据 2014 年 8 月化隆县就业局汇报材料。
[2] 杨志华、李玉峰：《化隆回族自治县"拉面经济"成长探析》，《中国乡镇企业》2007 年第 11 期。

面，一天流水过1万元不成任何问题。① 甘肃省张家川回族自治县胡川乡王安村的杨世军在北京经营的富德香南北餐厅，年收入达30万元以上；龙山镇四方村的马海荣在湖北孝感市开办3家清真饭馆，年收入40万元以上②。清真餐饮服务业对张家川回族自治县的农民人均纯收入的贡献率达51%以上，已成为农民群众致富增收的主要渠道。③

所以，餐馆经营者与一般员工的经济收入差别还是很大的，即使老板也是有差距的。而一般的工厂打工者工资收入相对比较低，如新疆疏附县的维吾尔族姑娘依尔提古丽·玉素甫月在东莞一家鞋厂打工，收入有1700元左右。即使如此，与在家乡务农相比，也相当于原本全家半年的收入，她每个月还可以汇800元供两个姐妹读高中。④

同时还应该看到，从事餐饮经营者和员工工作时间超长，如果按小时平均工资，则工资收入并不高。2013年广州公布的小时最低工资标准是15元，浙江12元，湖北14元。⑤ 如果按平均每小时13元计算，12小时每天156元，一个月应该是4680元。这个收入拉面馆老板可以，但一般务工人员收入难以达到。据调查，2012年，一般的拉面馆员工月收入在2000多元，拉面师傅月工资在5000元左右，工厂务工人员在2500元左右，比流出前收入水平要高，也高于当地最低工资标准，如2013年武汉市最低工资标准是1300

---

① 窦亚龙、窦苗苗、马小龙：《张家川清真大排档"火"爆京城》，天水在线网站，http://www.tianshui.com.cn/news/zjc/2014051710313562083.htm，2014年5月17日。

② 窦亚龙：《张家川清真餐饮业遍地开"花"》，《甘肃日报》2013年12月5日。

③ 窦亚龙、窦苗苗、马小龙：《张家川清真大排档"火"爆京城》，天水在线网站，http://www.tianshui.com.cn/news/zjc/2014051710313562083.htm，2014年5月17日。

④ 汤耀国、王攀、宋常青：《少数民族人口"东南飞"稳定成珠三角管理难题》，《瞭望》2010年第51期。

⑤ 李金磊：《湖北上调最低工资标准 按区域分三档达1300元》，新浪湖北网，http://hb.sina.com.cn/news/qy/2013-09-01/0849101762.html，2013年9月1日。

元,浙江省杭州市、宁波市是1470元,广州市是1550元。也就是说,回族等流动人口在经济融入程度上是有分层的。

不同的民族收入也有差别,其中维吾尔族流动人口收入更低。对150位武汉市维吾尔族流动人口有效调查问卷说明,维吾尔族流动人口经济收入更低。由于武汉维吾尔族农民工中大多数人从事服务行业,他们主要被其他所谓"老大"雇用,因此他们的工资都是老板说了算,他想给多少就给多少,有时候甚至因这样或那样的借口被扣留而拿不到工资。被调查的维吾尔族流动人口月平均工资为903元,这笔工资很难维持他们的基本生活,他们也很难逃避这种生活状态,根本谈不上对家里的经济贡献。[①]

2. 与家乡未出来人相比收入较高

回族等流动人口收入与未出来人相比(见表2.6),觉得收入高的占61.7%,差不多的22%,觉得收入少的在8.5%,这主要看每个人参照群体,如员工与家乡老板比,肯定收入低。如果同类相比,不言而喻,绝大多数人认为收入比家乡要好。

表2.6　　　　　　　回族等流动人口与家乡收入相比

与家乡未出来人相比	比他们多	差不多	比他们少	说不清
占比(%)	61.7	22	8.5	7.8

对收入的满意度(见表2.7),表示"非常满意"的占5.6%,"比较满意"的占40.3%,"满意"的占35.2%,"不太满意"的占17.2%,"非常不满意"的占1.7%。也就是说,回族等流动人口绝大多数对经济收入是满意的。不满意的都是经营场所地段不好,或进城不久,生意没有展开,或者是员工,与收入的期待值有差距。

[①] 哈尼克孜·吐拉克:《维吾尔族农民工内地城市适应与生存研究》,硕士学位论文,华中师范大学,2012年。

表2.7　　　　　　　回族等流动人口与对目前收入满意度

对目前收入满意度	非常满意	比较满意	满意	不太满意	非常不满意
占比（%）	5.6	40.3	35.2	17.2	1.7

那么回族等流动人口年龄与收入满意度之间是否有关联？从杭州、宁波两城市的356份有效问卷来分析他们之间的关系（见表2.8）。

表2.8　　　　　　　　年龄与收入满意度关系

满意度占比（%）　年龄段	非常满意	比较满意	满意	不太满意	非常不满意
18岁以下	6.7	38.2	40.7	14.4	0.0
19—30岁	5.6	28.3	43.6	21.4	1.1
31—45岁	2.6	35.8	36.5	23.3	1.8
46岁以上	3	29.5	45	16	6.5

从表2.8可以看出，对收入的满意度，18岁以下"满意"以上的占85.6%，"不满意"和"非常不满意"的仅仅占14.4%；19—30岁年龄段，77.5%在"满意"以上，"不满意"和"非常不满意"的占22.5%；31—45岁年龄段，"满意"以上的占74.9%，"不满意"和"非常不满意"的占25.1%；46岁以上"满意"占77.5%，有22.5%"不满意"和"非常不满意"。从统计数据看，年龄与收入满意度差异不是太大，各年龄段满意度都在74%—86%之间。

3. 与当地人收入比较

问卷调查表明（见表2.9），回族等流动人口认为收入"比当地人多"的只占2.1%，认为"差不多"的占16.3%，绝大多数人感觉比当地人收入低,此数据达到70.2%。这样就很容易产生相对剥夺感。相对剥夺感是指人们通过与参照群体的比较而产生的一种自身利益被其他群体剥夺的内心感受。参照群体是指这样一种个人或群体,它或者为个人树立或维持各种标准,或者当作个人与之进行比较的一种比较框架。[①] 正如上文所述,回族等流动人口与家乡未出来奋斗群体相比,在经济收入方面要高得多;但与当地户籍居民相比,无论从住房、社会均等化服务、经济收入方面还有较大的距离。这种感受在平时可能表现不出来,但一遇到经营不善或争端,就会以各种形式表现出来。个别人的违法犯罪行为、与城管部门的冲突、个人之间的纠纷,都是这种相对剥夺感不同程度的体现。

表2.9　　　　　　　　回族等流动人口与当地人收入比较

与当地人收入相比	比当地人多	差不多	比当地人少	说不清
占比(%)	2.1	16.3	70.2	11.4

三　工作时间长

除了职业的转换适应和收入水平外,流动人口的工作时间长短也是其经济融入的一个重要方面。如果他们的工作长期处于"超负荷"状态,工作时间大大超过城市居民和其他群体,即便其收入有了大幅度的提高,也不能说他们在经济生活中完全融入了城市社会,因此,工作时间也是衡量其融入与否的重要指标之一。

---

① 周晓虹:《现代社会心理学史》,中国人民大学出版社1993年版,第282页。

劳动时间或工作时间是指根据法律和法规的规定，劳动者在各自的工作岗位上用于完成本职工作的时间，是劳动的自然尺度，也是衡量每个劳动者的劳动贡献和给付劳动报酬的计算单位。为了保证劳动者的休息权不受侵犯，1995年1月1日起实施的《中华人民共和国劳动法》明确规定，中国现行的标准工时制度是劳动者每天工作不超过8小时，平均每周工作不超过44小时，用人单位应当保证劳动者每周至少休息一天；在正常的情况下，任何单位和个人不得擅自延长工作时间；由于生产经营需要，用人单位经与工会和劳动者协商后可以延长工作时间，一般每日不得超过1小时，因特殊原因需要延长工作时间的，在保障劳动者身体健康的条件下延长工作时间每日不得超过3小时，但是每月不得超过36小时。延长工作时间的用人单位必须付给劳动者相应的工资报酬。稍后，《国务院关于职工工作时间的规定》《中华人民共和国劳动合同法》《劳动和社会保障部关于职工全年月平均工作时间和工资折算问题的通知》都直接或间接地重申了《劳动法》的精神，以确保每个劳动者的劳动保障和休息权。[1]

然而，现实生活中劳动者法定的休息休假权利，根本得不到用人单位应有的尊重，随意让员工加班加点、超时工作的现象十分普遍。2011年外出农民工平均在外从业时间是9.8个月，平均每个月工作25.4天，每天工作8.8小时。每周工作超过5天的占83.5%，每天工作超过8小时的占42.4%，32.2%的农民工每天工作10小时以上。2012年与2010年相比，尽管外出农民工劳动时间偏长的情况略有改善，但是每周工作时间超过劳动法规定的44个小时的农民工仍高达84.5%。[2] 2014年外出农民工年从业时间平均为10

---

[1] 杨菊华：《城乡差分与内外之别——流动人口劳动强度比较研究》，《人口与经济》2011年第3期。

[2] 国家统计局：《2011年我国农民工调查监测报告》，国家统计局网站，http://www.stats.gov.cn/tjfx/fxbg/t20120427_402801903.htm，2012年4月27日。

个月，月从业时间平均为25.3天，日从业时间平均为8.8个小时，日从业时间超过8个小时的农民工占40.8%，周从业时间超过44个小时的农民工占85.4%。① 城市少数民族流动人口在劳动中的休息权利也存在着同样的问题。少数民族流动人口雇员平均每周工作6.1天，每天平均工作9.4个小时，周均工作57.3个小时。有一半的人工作时间在9个小时以上，高于流动人口中汉族雇员平均每天工作时长。②

与其他流动人口相比，回族等流动人口的工作时间更长。调查问卷表明（见表2.10），回族等流动人口从业性质决定了其工作时间超长。每周工作5天的比例非常少，没有休息日的占82.9%，这些人基本上是从事拉面餐饮业者。同时，不仅周工作天数多，而且日工作时间也很长。调查表明（见表2.11），真正工作8个小时之内的只有8.2%，而9—12个小时的占21.2%，13—15个小时的占52.1%，16个小时以上的占13.6%。被调查者大都表示他们在拉面馆一般都是"起早贪黑"，从早晨五六点钟就开门做准备，一直忙到晚上10时左右才关门打烊，有的拉面馆甚至是24小时营业。一般来说，负责买菜的每天早上6时左右就得起床买菜，其他人可以稍微晚一点，一般也在7时左右，最晚8时就得投入紧张的工作，准备当天的汤料、原材料以及相关的调料、和面等，9时左右准备就绪后就开始接待客人，10时到11时客人相对较少，他们可以有片刻的空闲。中午来吃饭的顾客比较多，大约从11时多开始一直持续到下午2时左右，这段时间是一天最繁忙的时间段。过了2时以后，客人就又少了。下午5时左右又开始了。

---

① 国家统计局：《2014年全国农民工监测调查报告》，国家统计局网站，http://www.stats.gov.cn/tjsj/zxfb/201504/t20150429_797821.html，2015年4月29日。

② 国家人口和计划生育委员会流动人口服务管理司：《中国流动人口发展报告2012》，中国人口出版社2012年版，第59页。

表 2.10　　　　　　　回族等流动人口周工作天数

一周工作天数	5	6	7	不一定
占比（%）	3.5	5.3	82.9	8.3

表 2.11　　　　　　回族等流动人口每天工作小时数

每天工作小时数	8 以下	9—12	13—15	16	不一定
占比（%）	8.2	21.2	52.1	13.6	4.9

一天最繁忙的阶段，晚饭的繁忙持续时间较长，一直要到9时甚至11时才能结束。北京安德路经营碗碗香清真餐厅的年近40岁的张家川县龙山镇西川村回族妇女马淑兰说，2005年，虽然她家的饭馆一天刚开业时卖500元钱，到2008年最好时卖到了1.2万—1.3万元，但挣的是辛苦钱，每天起早贪黑，早上凌晨5时起，有时一天只休息两三个小时。[1]

可见，回族等流动人口的工作时间普遍较长，比其他流动人口群体的工作时间长，即使他们的收入比较乐观，但都是"辛苦钱"，工作时间与本地居民甚至外来流动人口相比差距也较大。

超长的工作时间使回族等流动人口除了工作，基本上没有什么其他的娱乐活动，而且回族等流动人口缺少与外界主动接触的机会，使他们只能生活在有限的空间，局限于狭小的生活圈中，融入城市社会的步伐变得更加迟缓。

四　以家庭集体租房居住为主

住宅不仅仅是一个为人类提供居住的物理空间，而且是一个具

---

[1] 窦亚龙、窦苗苗、马小龙：《张家川回族妇女在京撑起清真餐饮半壁江山》，天水在线网站，http://www.zjc.gov.cn/html/czjj/2014-5/19/09_48_28_40.html。2014年5月19日。

有深刻社会意义的社会空间,是权利、地位、身份和收入的象征和体现。对于流动人口而言,居无定所往往是他们进入城市后面临的首要问题之一,也是他们必须考虑解决的问题。另外,居住状况直接与生存状况相关,安全、稳定、舒适的居住条件能够给人带来更为安全和稳定的心理状态。因此,流动人口的居住状况也是其经济融入的重要指标。对于回族等流动人口而言,居住条件的好坏影响到他们的社会经济生活和对城市的认同。良好的居住环境不仅是他们社会地位的体现,也有利于他们与城市文明接轨,促进他们对城市生活的认可;而相对恶劣的居住条件会使他们与城市文明隔离开来,从而阻碍他们的社会融入。

1. 回族等流动人口居住以租房为主

2012年,从全国农民工的居住条件来看,农民工独立租赁或自购住房指标逐年下降,从2009年的17.9%降低到2012年的14.10%,其中独立租赁的占13.5%,自购住房的仅占0.6%,大部分人居住在雇主或单位提供的集体宿舍(32.3%)、工地或工棚(10.4%)、生产经营场所(6.1%),以及与他人合租住房(19.7%)。[①] 2014年全国外出农民工中,在单位宿舍居住的占28.3%,在工地工棚和生产经营场所居住的占17.2%,租赁住房的占36.9%,乡外从业回家居住的农民工占13.3%,在务工地自购房的农民工占1%。[②] 71.1%的外来务工人员认为拥有住房是影响家庭幸福的重要因素,但仅有14.4%的被调查者住在自购房里,其余被调查者只能选择租赁(57.8%)、寄居亲友或雇主家中(5.3%),或栖身集体宿舍和工棚(21.1%)。[③] 回族等流动人口主

[①] 魏后凯、苏红键、李凤桃:《农民工市民化现状报告》,《中国新闻周刊》2014年第9期。

[②] 国家统计局:《2014年全国农民工监测调查报告》,国家统计局网站,http://www.stats.gov.cn/tjsj/zxfb/201504/t20150429_797821.html,2015年4月29日。

[③] 杨琳:《幸福家庭成就中国梦》,《瞭望》2014年第2期。

要以餐饮业为主,流动性强,主要还是经济实力有限,缺少自住购房的能力,因此租房便成为他们最主要的选择。

根据调查(见表2.12),回族等流动人口租房居住比例达82.5%,而在经营场所居住的也有12.6%,单位提供宿舍的只有1.4%,有能力自购房者人很少,仅有2.5%。回族等流动人口尽管有能力购房的比例不高,但绝大多数人能单独租住房子,较之经营场所与居住一体的情况,还是一大进步。在调查中也观察到,一些在经营场所居住的回族等流动人口,其居住的方式大概有两种情况,一是将店面用木板等在上面隔出卧室,在旁边搭一木梯供上下使用;二是在拉面馆打烊后在店里安装活动床等供休息。如店里只有夫妇两人,无子女和其他人一起居住生活,居住在经营场所的方式对他们来说无疑是最省钱的方式,但是条件相对差一些,也不符合经营饮食场所卫生的规定,同时还存在一定的安全隐患。"移民居住在出租房、工作场所或集体宿舍,封闭性的居住环境导致生活空间的边缘化,不利于移民的社会融入,改善住房条件是移民融入城市的重要保障"[①]。

表2.12　　　　　　　　回族等流动人口住房性质

住房性质	商品自购房	租房	经营场所居住	亲友家借住	老板或公司提供
占比(%)	2.5	82.5	12.6	1	1.4

2. 以血缘、地缘关系集中居住为主

回族等流动人口进入城市后,与谁一起居住不仅仅是其经济生活融入的体现,而且也是生活交往与社会互动的具体反映。如果他

[①] 刘建娥:《中国乡—城移民的城市社会融入》,社会科学文献出版社2011年版,第155页。

们与城市居民或其他异质性群体共同居住,那么必然有利于他们经常互动;而如果他们仅与亲友、老乡等同质性群体一起居住,则说明他们的社会交往还囿于初级社会网络,不利于新的社会关系网络构建。虽然初级社会网络在进城初期有利于他们互相帮助,提供心理慰藉,但是随着居住时间的延长,对其社会融入的实现将是不利的。

根据调查(见表2.13),回族等流动人口的居住形式以血缘、地缘性的群体居住为主,其中与家人一起居住的占68.4%;与亲友老乡或拉面馆内同事一起居住的占23.9%;独自居住的仅占6.4%,与其他外地人一起居住的占1.2%,而与本地人一起居住的仅占2.1%。这种居住形式与其家庭型经营方式以及宗教信仰和生活习俗有关。这种居住形式虽然在某种程度上有利于他们在生活中互相帮助,彼此提供社会支持,但也容易形成"自我隔离"。

表2.13　　　　　　　　回族等流动人口居住形式

居住形式	独自居住	与家人一起居住	与亲友老乡或拉面馆同事一起居住	与其他外地人一起居住	与本地人一起居住
占比(%)	6.4	68.4	23.9	1.2	2.1

3. 住房面积狭小

居住条件是衡量流动人口居住质量的另一个关键维度。主要两个指标,一是现有住房的人均居住面积,二是对目前住房的满意度。问卷调查表明(见表2.14),回族等流动人口的住房面积为11—40平方米的最多,占45.5%;其次是41—70平方米,占26.2%;10平方米的占12.5%;71—100平方米的占11.2%,101平方米以上的仅占4.6%。并且都是家庭租房居住,一家3—6口住在这么小的空间,尤其是有的家庭还是住房与生产经营场所合一,甚至父母与子女同居一室，对孩子身心健康、生活、学习都会有不同程度的影响。

表2.14　　　　　　　　回族等流动人口住房面积

住房面积（平方米）	10以下	11—40	41—70	71—100	101
占比（%）	12.5	45.5	26.2	11.2	4.6

4. 对居住的满意度

尽管以租住居多，住房面积不大，但在大城市中，能有一技之长有工作、有居所，绝大多数人对住房条件还是满意的，因为他们期望值不高，能有安栖之地足矣。问卷调查显示（见表2.15），对住房"非常满意""比较满意""满意"的分别占3.0%、28.4%、39.7%，合计71.1%。但仍然有28.9%，即接近三分之一的人对住房"不太满意"和"非常不满意"，原因主要是在大城市租金很高。

表2.15　　　　　　　　回族等流动人口对住房满意度

对住房满意程度	非常满意	比较满意	满意	不太满意	非常不满意
占比（%）	3.0	28.4	39.7	27.4	1.5

访谈：（对居住状况）还是不太满意的，住的地方条件有点差，是老板给租的房子，很小，也就10平方米左右，我和他（指拉面馆另外一个男性员工）住。那和老家比差多了，老家一户一院子，那大多了，而且这里夏天特别热，房子又小，吹风扇根本就没用，热得你根本就睡不着。[1]

---

[1] QL，男，18岁，回族，小学文化程度，青海西宁人，拉面馆员工。

通过以上分析可以看出，回族等流动人口的居住以租房为主，住房只能满足基本的生存需要。究其原因，一方面是由于回族等流动人口更多的是将自己视为城市的过客，他们来城市就是为了挣钱，这种心理状态决定了其在住房问题上表现出特定的行为特征。同时，也是为了节约生活成本，他们往往选择条件较差的房屋居住，只有那些有长期在城市定居发展意愿的流动人口，才会倾向于选择投资住房；另一方面，由于户籍制度和城乡二元结构的影响，城市流动人口并未纳入社会保障体系中，也难将城市外来流动人口纳入城市公共住房分配体制内。并且城市过高的房价、房租费及商品房购买的高门槛等客观条件，也将城市外来流动人口排斥在商品房购买体系之外，使很多流动人口无法在城市找到很好的住房，只能"望房兴叹"。在这种体制与经济发展的双重排斥下，加之回族等流动人口的职业特殊性和收入的限制，以及心理认同和归属层面等自身因素的影响，使得他们居住条件较差。而外来人口居住"生态"与城市本地居民的显著差异和鲜明对比，不利于外来人口与城市居民的社会融合。[①] 因此，回族等流动人口在住房上所面临的问题恰恰就是其在城市社会融入过程中所遇到的障碍。

五 消费支出

消费是人类社会经济活动的重要行为和过程，也是社会经济生活的一个重要领域，"人从出现在地球舞台上的第一天起，每天都要消费，不管他在开始生产以前和生产期间，都是一样"。[②] 回族等流动人口的消费支出情况也是其经济融入的重要表现。回

[①] 王桂新、张得志：《上海外来人口生存状态与社会融合研究》，《市场与人口分析》2006年第5期。

[②] 《马克思恩格斯全集》（第23卷），人民出版社1997年版，第191页。

族等流动人口从生活方式相对单一的农村走向生活方式多元的城市，随着生活环境的改变，其消费方式必然面临挑战，影响其融入城市的进程。因为回族等流动人口的消费水平、消费习惯等与城市居民的差异，客观上也会带给他们与城市居民的距离感，产生心理层面的割裂，更有可能导致流动人口无法真正融入城市社会生活中。

1. 消费支出费用

消费品除了能满足人们的基本需求功能之外，还有区分社会群体、凸显社会地位的附加功能。月消费支出可以反映人们的生活状况。一般情况下，支出越多，消费越高，说明生活水平越高。生活水平越高，对城市的适应能力越强，越有利于融入城市社会生活。2014年全国外出农民工月均生活费支出人均944元。[1] 从四个城市回族等流动人口调查情况看（见表2.16），月支出在1100元以下的占49.6%，全年人均消费支出1.3万元左右。与调查地的四个城市进行比较，2013年武汉市城市居民人均消费支出2万多元，农村居民人均消费支出9127元；[2] 2013年宁波市区居民人均消费支出2.4万多元，农村居民人均生活消费支出1.39万多元；[3] 杭州市城镇居民人均生活消费性支出2.48万多元，农村居民人均生活消费支出1.46万多元；[4] 广州市全年农村居民家庭人均生活消费支出1.16万多元，农村居民消费支出中教育文化娱乐服务所占比重为

---

[1] 国家统计局：《2014年全国农民工监测调查报告》，国家统计局网站，http://www.stats.gov.cn/tjsj/zxfb/201504/t20150429_797821.html，2015年4月29日。

[2] 武汉市统计局：《2013年武汉市国民经济和社会发展统计公报》，武汉市统计局网站，http://www.whtj.gov.cn/details.aspx?id=2180，2014年5月21日。

[3] 宁波市统计局：《2013年宁波市国民经济和社会发展统计公报》，宁波市统计局网站，http://tjj.ningbo.gov.cn/art/2014/1/31/art_18617_2731076.html，2014年1月31日。

[4] 杭州市统计局：《2013年杭州市国民经济和社会发展统计公报》，杭州市统计局网站，http://www.hzstats.gov.cn/content-getOuterNewsDetail.action?newsMainSearch.id=7818a1dd-6229-11e8-97a6-d89d676397bf，2014年2月24日。

10.5%，全年城市居民家庭人均消费支出 3.3 万多元，城市居民消费支出中教育文化娱乐服务所占比重为 18.5%。[①] 通过比较可以看出，回族等流动人口消费支出相当于所在城市农村居民。所以，虽然他们生活在城市，但消费水平仅相当于当地农村。何况城市消费水平较高，生活质量又不如当地农民。如此来看，单从消费水平上比较，回族等流动人口城市融入度是比较低的。

表 2.16　　　　　　　　回族等流动人口月平均消费支出费用

月消费支出（元）	750 及以下	751—1100	1101—2000	2001—3000	3001—6000	6001 以上
占比（%）	32.1	17.5	16.9	12.7	11.6	9.2

2. 消费结构

消费结构是人们在消费过程中不同类型的消费资料所占的比例关系。经济学家将人们的消费分为生存型消费、发展型消费和享乐型消费三种，其中生存型消费主要是用于衣食住行等低层次需要而进行的物质消费，生存消费是最基本的消费；发展型消费主要是用于满足劳动力扩大再生产的需要而进行的消费；享乐型消费主要是用于文化、娱乐等精神生活丰富和提升的需要。

按照经济学家对消费一般规律的总结，当消费水平和消费质量提高到一定阶段时，消费结构会不断地合理化，消费结构将从生存型向发展型和享乐型过渡。全国消费结构中，饮食支出第一，与居住相关的支出第二，医疗保健第三，教育支出第四。[②] 北京市流动

[①] 广州市统计局、国家统计局广州调查队：《2013 年广州市国民经济和社会发展统计公报》，广州市统计局网站，http：//www.gzstats.gov.cn/gzstats/tjgb_qtgb/201812/fcff635e729a4726a534f83760d48ab9.shtml，2014 年 3 月 19 日。

[②] 李培林等：《当代中国城市化及其影响》，社会科学文献出版社 2013 年版，第 64—65 页。

人口消费支出依次为住房、食品各占24.4%和22%，储蓄占14.8%，寄回老家的支出占11.8%，添置衣物占9.2%，子女支出占8%，休闲娱乐占6.5%，其他消费如看病占3.4%。[①] 2013年对上海市松江区、江苏省无锡和苏州市、福建省泉州市、湖北省武汉市、河南省长沙市、陕西省西安和咸阳市八城市调查表明，农业转移人口家庭支出结构具有"生存型"和"顾家型"的特点。食品和房租成为在流入地的主要支出，同时除了举家外出农业转移人口家庭外，其他群体农业转移人口寄回老家的钱物占家庭流入地支出的比重超过40%，占家庭总支出的比重超过17%。[②]

从调查问卷分析（见表2.17），四个城市回族等流动人口消费结构以生存型为主，同时兼有一定的发展型消费。其中用于穿着占10.77%，饮食占10.03%，房租占20.8%，寄回老家占15.20%，家庭用品和设备占5.00%，店铺用品和设备占5.00%，交通通信占3.20%，子女教育占5.40%，用于自身医疗保健的占2.10%，而用于文化休闲娱乐的仅占2.90%，衣食住行消费占的比重很大。

表2.17　　　　　　回族等流动人口月平均消费支出项目

支出项目	饮食	穿着	家庭用品、设备开支	店铺用品、设备开支	医疗保健	寄回老家	子女教育	宗教功课	房租开支	文化休闲娱乐	亲友聚会、人情送礼	交通通信	储蓄保险	其他
占比（%）	10.03	10.77	5.00	5.00	2.10	15.20	5.40	2.90	20.8	2.90	2.30	3.20	14.30	0.10

---

① 沈千帆主编：《北京市流动人口的社会融入研究》，北京大学出版社2011年版，第89—90页。

② 国家卫生和计划生育委员会流动人口司：《中国流动人口发展报告2014》，中国人口出版社2014年版，第53页。

因此，回族等流动人口消费以吃穿居住等日常生活支出为主，其次是用于经营性的投入，而用于精神文化生活方面的支出很少。其消费结构以生存型消费为主，发展型消费不足，享受型消费欠缺。

3. 消费支出与当地和老家的比较

根据调查（见表2.18），回族等流动人口认为自己的消费水平"比本地人高"的占7.5%，"差不多"的占16.3%，61.5%认为"比本地人低"，还有14.7%的流动人口表示"说不清"。如果将流动人口现在在城市的消费水平与其老家的消费水平相比（见表2.19），大部分人（66.9%）表示自己现在的消费水平"比老家人高"，19.4%认为"差不多"，只有10.7%认为自己现在消费水平"比老家人低"，另外还有3.0%表示"说不清"。流动人口在收入层面与当地城市和其家乡的对比情况与消费状况的对比情况基本吻合。

表2.18　　　　　回族等流动人口消费支出与当地比较

与当地消费水平比较	比本地人高	差不多	比本地人低	说不清
占比（%）	7.5	16.3	61.5	14.7

表2.19　　　　　回族等流动人口消费支出与老家比较

与老家消费水平比较	比老家人高	差不多	比老家人低	说不清
占比（%）	66.9	19.4	10.7	3.0

访谈：我们一个月支出的肯定比这里本地人高啊，他们上班拿工资，基本不用出什么钱，但是像我们这开店，物价高，我们这的房租也很贵，以前一个月才3000（元），现在一个平方就480（元），像我们这个店23个平方米的话一个月光租金

就11000（元）。另外还要买菜买肉、给人发工资，投入很大。还有住的房子的房租，其他开销其实都很小的，像我们这个吃就在店里吃了，又不去外面吃饭，外面的饭我们也不能吃。比老家花的钱肯定多很多了，老家基本不用钱，吃的粮食都是自己种的，也有房子住，吃住不用钱啊，其他也花不了什么钱，再说了在老家的时候也没钱花。①

4. 对目前的生活状况满意度

问卷调查说明（见表2.20），认为在城市生活状况"比老家好"的占57.1%，认为"差不多"的占26.5%，有13.5%的认为"不如老家"，2.9%的"说不清楚"。在调查中也时常听到不少人在城市中遇到的困难，有的人甚至不得不又返乡谋生。

表2.20　　　　　回族等流动人口与老家生活状况比较

与老家相比生活状况	比老家好	差不多	不如老家	说不清
占比（%）	57.1	26.5	13.5	2.9

访谈：现在（的生活）好得很，比老家的时候好得多了。老家穷得很，吃的也不好，没粮食的时候就是吃洋芋。现在政策好啊，我们在这里能挣上钱，好的话一个月一万多元，老家哪挣这么多钱去，而且这里自己做拉面吃的也好了。我的两个儿子两个女儿都在这里，我在孩子们的店里也不怎么干活，也闲得很，生活好多了。孙子上学也好，比在老家上学好嘛。生活好多了，挺满意的。②

---

① GXM，女，39岁，回族，不识字，青海化隆人，拉面馆经营者。
② HGY，男，72岁，回族，不识字，甘肃张家川人，拉面馆经营者。

由于所调查的大部分回族等流动人口在城市有比较固定的工作或经营场所，虽然他们起早贪黑工作时间长、比较辛苦，但经济收入尚可，比在家乡务农或经商要好得多。因此，大多数人对目前的生活状况满意度不低（见表2.21）。对目前生活状况感到"非常满意"的占7.5%，"比较满意"的占43.9%，"满意"的占36.4%，满意率87.8%；"不太满意"的占11.3%，"不满意"的占12.1%。总的来看，幸福指数还是比较高的。在调查访谈中，当我们问起对目前生活、工作状况的感觉时，绝大多数调查对象脸上洋溢着满意的表情，连声说"满意、满意"。

表2.21　　　　　回族等流动人口对目前生活满意度

满意程度	非常满意	比较满意	满意	不太满意	非常不满意
占比（%）	7.5	43.9	36.4	11.3	0.9

六　经济融入障碍

回族等流动人口在日常生活中面临的问题，是他们在城市的生活状况以及对城市生活的适应状况的反映。如果回族等流动人口在日常生活中没有困难或者困难较少，说明他们在城市的生活基本已经适应；反之，如果有困难或困难很多，势必影响他们的城市适应与融入。

从表2.22可以看出，虽然有的流动人口进入城市时间比较长，对城市社会已经比较熟悉，但由于自身无法克服的障碍，在经营和日常生活中还面临着一系列困难和问题。有56.4%的人回答在生活中遇到过困难，43.6%人目前还没有遇到大的困难。

表 2.22　　　　　　　　回族等流动人口生活中存在困难

生活中是否有困难	是	否
占比（%）	56.4	43.6

那么遇到的是什么样的困难呢？调查说明（见表 2.23），回族等流动人口面临的困难和问题，首当其冲的是经济问题，选择经济上困难的占 31.4%；其次是子女入学问题和经营上的困难，分别是 15.0% 和 14.2%。其中经济困难与经营问题又是相关联的，如果没有一定的经济基础，就无法租赁铺面、购置经营设备，则经营不能正常开展，没有收入或收入减少，就无法在城市立足。

表 2.23　　　　　　　回族等流动人口生活中存在困难类型

困难类型	经济	经营	拆迁	户籍	子女入学	看病就医	住房	宗教生活	文化交流沟通	尊重	其他
占比（%）	31.4	14.2	3.1	1.1	15.0	7.4	9.1	5.6	3.4	1.6	1.0

访谈：现在主要就是经济上和经营上的问题，我们出来开拉面馆也就是为了挣钱，挣不上钱心里就着急啊。现在生意越来越不好做了，物价又高，菜啊肉啊都比以前贵了，还有房租、水电，而且现在拉面馆很多，一天来吃饭的人少了，收入就少了，但是房租这些的他不管你挣的多少每月照常收啊。①

---

① MNR，男，41 岁，撒拉族，小学文化程度，青海循化人，拉面馆经营者。

第三章

社会关系融入

人的行为总是在特定的社会网络和社会结构中发生的，是"嵌入"在社会中的，它形成并改变着社会网络与社会结构。同时社会网络和结构也制约着人们的行为。"社会关系是指人们通过主观努力不断建构并发展起来的社会资源或资本及其形成的网络。"[1] 社会关系融入是回族等流动人口城市生活适应和融入的具体反映，是城市融入的显性指标，是指他们在输入地作为嵌入式的行动者运用社会资本、处理社会关系、构建新的社会关系的程度。社会关系是回族等流动人口城市融入的重要条件。如果回族等流动人口不能在城市充分利用传统的社会资本，进一步构建、拓展新的社会关系，那么他们在城市的务工、经营、生活就会面临巨大困境，很难融入城市社会。

社会关系本质上就是一种资源和资本。对此，中外学者皆有论述。齐美尔认为，正是人们之间的互动才构成了相互交织的社会关系。[2] 布迪厄指出："社会资本是现实或潜在的资源的集合体，这些资源与拥有或多或少制度化的共同熟识和认可的关系网络有关。"[3]

---

[1] 宋国恺:《农民工体制改革——以自雇佣的个体农民工城市社会融合为视角》，社会科学文献出版社2014年版，第77页。

[2] Granovetter, Mark, Economic Action and Social Structure: The Problem of Embeddedness, *American Journal of Sociology*, 91: 481–510, 1985.

[3] Pierre Bourdieu. The Forms of Social Capital, John G. Richardson (ed.), *Westport Hand book of Theory and Research for the Sociology of Education*, CT: Greenwood Press, 1986.

科尔曼则认为:"社会资本基本上是无形的,它表现为人与人的关系。"[1] 李强在讨论社会资本、社会关系时提出了"熟悉人"的概念,在他看来,"熟悉人"是特指在中国的场景下,因多种社会关系而形成的具有比较频繁的社会互动的社会关系群体。这些关系群体包括"亲属关系"、老同事、老战友、老首长、老部下、老乡、老同学等,并认为"熟悉人"与费孝通的"差序格局"是一致的。[2]

互动是激活潜在社会资本形成新的社会关系的前提。林楠认为互动具有两种形式,一是同质性互动,二是异质性互动。同质性互动是指拥有相似资源如财富、声望、权力和生活方式的两个行动者之间的关系为特征;异质性互动是指拥有不同资源的两个行动者之间的关系。[3]

回族等流动人口融入城市的过程中,也离不开传统社会关系的支持。当回族等流动人口作为个人或群体进入城市后,是城市社区和社会结构的边缘群体,他们离不开同质群体的社会关系支持。按照费孝通先生对血缘与地缘之间关系的说法,"在稳定的社会中,地缘不过是血缘的投影,不分离的。生于斯、死于斯,把人和地的因缘固定了。生,也就是血,决定了他的地。世代间人口的繁殖,像一个根上长出的树苗,在地域上靠近在一伙。地域上的靠近可以说是血缘上亲疏的一种反映,区位是社会化了的空间"[4]。地缘群体的形成是与乡土社会的基本特征相适应的,也与传统社会结构和传统文化的特征相联系。这种传统的初级社会关系是回族等流动人口

---

[1] [美]詹姆斯·科尔曼:《社会理论的基础》,邓方译,社会科学文献出版社1990年版,第335页。

[2] 李强:《社会分层十讲》,社会科学文献出版社2008年版,第17—18页。

[3] 季文:《社会资本视角下的农民工城市融合研究——以南京为例》,博士学位论文,南京农业大学,2008年。

[4] 费孝通:《乡土中国 生育制度》,北京大学出版社1998年版,第70页。

在城市立足、生存乃至初步发展的基础。但是，仅仅依靠传统的社会关系显然不能适应新的社会环境，也满足不了就业、创业的需要。如果要进一步适应、融入城市，必须重新建构并不断扩展新的社会关系，且这种新的社会关系能否成功构建将影响其城市融入的进程。

回族等流动人口的社会关系融入状况，主要从求职途径、日常交往对象、困难求助、纠纷解决途径以及民族关系等方面来考察。

一 求职途径以传统社会关系为主

当前，由于体制方面的原因，全国流动人口或农民工求职信息的来源仍然是以亲朋好友等熟人社会关系为主，而通过政府组织等获得就业信息的比例很小。格兰诺维特在一系列论文中探索了"弱关系"在获得就业中的力量。[1] 边燕杰等人的"强关系力量假设"对格拉诺维特的"弱关系力量假设"和林楠的"社会资源"理论提出了挑战。[2] 特别是在经济的横向联系被计划体制纵向管理多年分隔的条件下，中国流动人口在求职途径方面以强关系为主，依赖弱关系拓展自己事业不足。实际情况也确实如此。"关系网络是农民工获得对外部世界和职业信息的渠道与其流出决策的依据；关系网络型流动还表现为亲戚带亲戚、老乡带老乡的连带型流动，使流出地与流入地的地域和行业之间存在一定的对应关系和分布规律；

---

[1] Granovetter, Mark, The Strength of Weak Ties. *American Journal of Sociology*, 1973, 78. Granovetter, Mark, The Strength of Weak Ties: A Network Theory Revisited. In *Social Structure and Network Analysis*, Peter V. Marsden and Nan Lin, eds. Beverly Hills: Sage Publications, 1982, pp. 105–130.

[2] 边燕杰：《社会网络与求职过程》，载涂肇庆、林益民《中国改革时期的社会变迁：西方社会学研究述评》，香港牛津大学出版社1999年版，第110—138页。

以血缘和地缘构成的关系网络在流入地形成共同生活的地缘关系群体。"[1] 贵阳市流动人口求职的主要途径，53%是通过招工信息实现了求职成功，43%是通过熟人介绍求职成功，通过政府部门推介和社会中介机构求职成功的均只有2%。所以在就业支持方面，96%的流动人口都是通过自找和熟人介绍等非正式求职渠道。[2] 北京市流动人口调查也说明，非正式就业渠道是流动人口择业的主要途径，47.3%的被调查者是自己找到的，亲朋老乡介绍的占32.5%，通过用工单位招工的占11.5%，政府组织的仅占1.6%。[3] 根据2010年和2011年全国流动人口动态监测调查数据和各省（区、市）人口计生委统计数据，80.7%的流动人口的当前工作是通过自己或家人/亲戚、同乡/同学等原有社会关系找到的，农村户籍流动人口通过本地朋友、企业招聘会、互联网等社会网络资源找到工作的为17%，城镇户籍的为34.2%。[4] 这种迁移模式在西方人口学中称为"链式迁移"，即通过同乡及亲友的介绍和帮助而逐步实施的个体迁移活动。[5]

四城市调查问卷统计数据表明（见表3.1），回族等流动人口从业途径不仅与中国流动人口特征相似，而且对强关系的依赖性更大。通过亲友或老乡帮助介绍工作的占60.3%，自谋职业的占35.8%，通过政府中介或单位招工谋业的占2%，用人单位招工的占1.3%，经过其他途径的占1.9%。

---

[1] 郭于华：《关系资本·网络性流动·乡土性劳动力市场问题的提出》，载孙立平编《转型期的中国社会》，改革出版社1997年版，第202页。

[2] 李春霞、陈霏、黄匡时：《融入筑城：中国西部流动人口社会融合研究》，九州出版社2013年版，第139页。

[3] 沈千帆：《北京市流动人口的社会融入研究》，北京大学出版社2011年版，第72页。

[4] 国家人口和计划生育委员会流动人口服务管理司：《中国流动人口发展报告2012》，中国人口出版社2012年版，第20页。

[5] 汪永臻：《西北少数民族流动人口城市经济融入研究——以甘肃省兰州市为视阈》，《青海民族大学学报》2012年第2期。

表 3.1　　　　　　　　回族等流动人口找工作途径

找工作途径	自己找	通过亲友或老乡帮助、介绍	通过中介	用人单位招工	其他
占比（%）	35.8	60.3	0.7	1.3	1.9

这说明，城市回族等流动人口在就业支持方面，正式的求职渠道发挥作用非常小，96%的流动人口是通过自找或亲朋好友等非正式求职渠道进入城市，在城市就业的途径主要依赖亲缘、地缘等强关系网络。回族等流动人口在流入城市之初，这种强关系的社会关系网络对融入城市起到重要的引导作用。

访谈：我2003年就从老家出来了，之前就先跟老乡联系好的，去的湛江，是在老乡的拉面馆里做拉面，做了2年。后来又跟另一个老乡来武汉，刚来武汉的时候也是在老乡的店里做拉面的，干了2年多，自己也有了一定的经验，然后就跟老乡亲戚借了点钱，在老乡的帮助下找到现在这个门面自己开了这家拉面馆。老乡还是帮了很大的忙的，没有我那些老乡带我出来做拉面、帮我筹钱找门面这些的，我自己一个人在外面估计早混不下去了。[①]

但是，如果仅仅依靠这种强关系维持着自己的人际网络，不能在当地建立新的社会关系网络，那么他们在城市只能局限于从事相近的职业，必然造成激烈的内部竞争，最具标志的是回族从事清真拉面和维吾尔族从事烧烤业。由于从事餐饮业的人太多，一家接着一家的拉面馆相继开张，造成激烈的内部竞争和矛盾，以致出现了本民族内部地域与地域之间、家族与家族之间的从业冲突。因为城

---

① ZMHM，男，36岁，回族，小学文化程度，青海化隆人，拉面馆经营者。

市社会对拉面、烧烤等饮食的需求终究是有限的，一旦达到一定的饱和状态，彼此之间的生意就会受到很大的影响。这种状况持续下去，会阻碍其融入城市的进程。因此，进城前后，充分利用各种社会关系，拓展就业途径，拓宽就业领域，成为回族等流动人口未来进一步适应乃至融入城市的必然选择。

二 日常生活交往对象以初级社会群体为主

回族等流动人口进入城市的就业途径依靠的是传统的社会关系，那么进城后，在新的环境下，他们的日常交往对象是否变化以及交往范围是否有所扩展，对其社会关系建构有重要影响。当前，我国大多数流动人口进城后仍然与家乡、家庭、亲属初级群体交往比较多，与城市居民近乎"平行生活"的状态，"没有互动的共存"[1]，在日常交往上没有融入城市社会。昆山市的调查表明，在生活中交往对象最高的是老乡，为69.2%；其次是同事，为61.3%；24.8%为当地人。[2] 移民要在城市中进一步发展，除了利用现有的同质关系外，必须扩展社会关系网络，也就是与城市居民结成新网络，以便获取新的信息、机会和资源，以及必要的社会支持。社会交往的过程在某种意义上是一个同质性群体和异质性群体的交往不断扩大和相互作用及互动的过程。这种社会交往具有核心意义的变化是由单纯的与同质群体的互动逐步扩展为与异质群体的互动，并且在这种相互作用及互动的过程中，人们扩大了交往，加深了相互理解。按照布劳的观点，异质性群体之间的交往，即使是不亲密的交往，也能够促进人们相互之间的理解，促进宽容精神的发扬。尤

---

[1] Threadgold and Clifford et al. Immigration and Inclusion in South Wales, Joseph Rowntree Foundation, available at http://www.jrf.org.uk/bookshop/details.a8p? pubID: 2008, p.968.

[2] 张肖敏：《流动人口的城市融入——昆山市玉山镇调查》，中国人口出版社2006年版，第134页。

其是在现代社会,社会分工更加精细,人们之间更加需要相互协作。同时人们交往所构成的广泛网络也能够提供各方面的支持,这样就可使人们的社会关系最终突破了以往圈子,建立新关系,尤其是与异质群体交往中所建立的新的社会关系。这一新的社会关系进而转变成这个群体的资源或资本。①

根据问卷调查(见表3.2),回族等流动人口的日常交往对象仍然以家人、亲戚和老乡为主。选择"老乡"为主要交往对象的占55.3%,选择"家人和亲戚"为主要交往对象的占45.5%,"宗教教友"的占16.3%,"工作伙伴"的占15.7%,而"本地朋友"只有6.1%。生活在城市的回族等流动人口暂时脱离了孕育其生命的传统社会,但是由于其流动人口交往的范围主要限于初级同质社会群体,因此很容易形成交往圈子孤岛化。②

表3.2　　　　　回族等流动人口日常交往对象　　　　（单位:%）

日常交往对象	家人和亲戚	老乡	宗教教友	本地朋友	工作伙伴
	45.5	55.3	16.3	6.1	15.7

彼得·布劳指出:"有着相近的社会位置的人们之间的社会交往要比位置相差大的人们之间的交往普遍些。"③ 回族等流动人口由于职业单一,宗教信仰和生活习俗与中东部地区城市居民差异大,在一定程度上限制了与城市居民的交往范围和频率,更谈不上深层次的交往。因此,回族等流动人口日常生活中的交往对象主要局限于自己民族的圈子,表现出较大的内倾性,他们在城市的社会关系

---

① 宋国恺:《农民工体制改革——以自雇佣的个体农民工城市社会融合为视角》,社会科学文献出版社2014年版,第81页。
② 王春光:《农村流动人口的半城市化问题研究》,《社会学研究》2006年第6期。
③ [美]彼得·布劳:《不平等和异质性》,王春光、谢圣赞译,社会科学文献出版社1991年版,第395页。

仍然是家乡社会关系的不完全复制，呈现自愿隔离现象。自愿性的隔离是指群体成员由于共同的文化和心理需要，主动降低心理层面上的价值认同感，自愿选择结成自己的社群网络并以此作为他们行动的依托。① 高春凤认为，流动人口的社会交往仍以血缘和地缘为主的初级社会群体为交往对象，其社会网络的内卷性、封闭性造成他们身份上的自卑感、对他人的不认同感。较为封闭的"泛家庭"化的社会交往模式限制了流动人口的社会融入。② 自愿性隔离也无疑会拉大与当地居民之间的社会距离，使回族等流动人口融入城市生活步伐放慢。这个过程也是难以避免的。

根据笔者调查，回族等流动人口中拥有本地朋友的人很少，即使与当地户籍回族等交往也不多。一般来说，年轻人有数个本地朋友，但交往也不深；而年长者很少有本地朋友。缺少当地朋友，封堵了他们与城市社会更多的交流渠道，在遇到需要当地朋友帮助时，无法得到有效的支持，如子女在当地上学问题、租房问题，这无疑给他们在城市中的融入造成很大的障碍。没有当地朋友的原因与流动人口缺乏自信以及当地人的包容都有关系。

> 访谈：(平时交往的) 还是我们老乡多，平时其实见得也少，就是每个周五的时候去清真寺做主麻的时候能见上，喧一喧 (聊天)，其他时候也都谁忙谁的，再就有事了找他们。(和本地人的来往多吗？) 和本地人来往不多，平时也没有接触，我们也不和他们聊天，因为我们有我们的宗教，互相也不了解，不知道说些什么，也说不到一起。(和青海开拉面馆的来往多吗？) 基本上没有什么来往，虽然说都是开拉面馆的，

---

① 刘电芝、疏德明等：《走进幸福：农民工城市融入与主观幸福感研究》，苏州大学出版社 2012 年版，第 52 页。
② 高春凤：《社会工作介入流动人口城市社区融入的思考》，《社会工作务实研究》2010 年 5 月下。

但是圈子不一样,他们有他们的圈子,我们有我们的圈子。①

回族等流动人口从业特点决定了其通过工作关系与当地城市居民甚至其他流动人口建立较多的联系,实现人际网络的扩展,发展异质性网络,是比较困难的。

回族等流动人口的不同年龄群体的社会交往也各有特点。调查表明,年龄越大越与家人、亲戚、老乡交往越多,而与本地朋友和工作伙伴交往越少。杭州和宁波是 365 份调查问卷表明(见表 3.3),46 岁以上主要交往对象为家人、亲戚和老乡的占 80%,而本地朋友只有 3.3%,工作伙伴为交往对象的几乎没有。18 岁以下以及 18—30 岁的交往对象除了家人、亲戚、老乡之外,交往的本地朋友和工作伙伴更多一些,范围也更广。18 岁以下交往的本地朋友是 11.5%、工作伙伴是 38.5%;18—30 岁年龄组交往的本地朋友是 7.3%、工作伙伴是 20.4%。因此,回族等流动人口交往对象,随着年龄的减小而由血缘群体、亲缘群体、地缘群体向业缘和本地群体扩展,这有利于他们逐步融入城市社会。

表 3.3　　　　　回族等流动人口年龄与主要交往对象关系

交往对象占比(%) 年龄段	家人和亲戚	老乡	宗教教友	本地朋友	工作伙伴
18 岁以下	50	57.7	7.7	11.5	38.5
18—30 岁	56	73.3	20.4	7.3	20.4
31—45 岁	66.9	73.7	21.2	8.5	9.3
46 岁以上	80	80	16.7	3.3	0

---

① MBY,男,42 岁,回族,小学文化程度,甘肃张家川人,拉面馆经营者。

三　困难求助对象以熟人为主

　　回族等流动人口来到城市，脱离了原来农村自给自足、日出而作、日落而息的生活，从熟人社会迈入陌生人社会，难免会遇到这样那样的困难，那么向谁求助是对其社会熟悉程度和信任的表现。传统的中国社会注重于血缘、亲缘、地缘关系的友情帮助，在现代化的城市又有什么表现呢？2009年的一项关于上海农民工的调查数据表明，46.4%的农民工有困难首先求助于老乡和家人，而只有2.1%的人会找上海的朋友帮忙。有六成的农民工虽然身在上海，但仍乐意与老乡打交道；只有9.8%的人乐意与本地居民交往。[①] 贵阳调查表明，69.48%的人求助家人或者亲戚，5.7%的人求助老乡。[②] 昆山调查也差不多，如果缺少资金，一般找帮助的对象68%的集中在老乡和朋友，23.6%的人找父母。[③]

表3.4　　　　　　　　回族等流动人口困难求助对象

困难求助对象	家人和亲戚	老乡	本民族朋友	宗教教友	清真寺阿訇	本地朋友	民委等政府部门	自己解决	其他
占比（%）	41.4	35.2	12.4	5.4	14.6	1.4	6.3	22.6	1.1

　　回族等流动人口在进入城市之前，其人际交往的对象往往是家人、亲戚、老乡等这类熟人，在进入城市后，面对陌生的异质性环

[①] 陆康强：《特大城市外来农民工的生存状态与融合倾向——基于上海抽样调查的观察和分析》，《财政研究》2010年第5期。

[②] 李春霞、陈霏、黄匡时：《融入筑城：中国西部流动人口社会融合研究》，九州出版社2013年版，第165页。

[③] 张肖敏：《流动人口的城市融入——昆山市玉山镇调查》，中国人口出版社2006年版，第133页。

境，由于生活习惯、宗教信仰、文化等方面的差异，同时出于对熟人的信任，他们的交往对象不可避免地集中在与老家相同的熟人关系中，这也决定了其在遇到困难时，必然求助于这类初级社会关系群体。"人们认同于那些最像他们自己的人，那些被认为有着共同的民族属性、宗教信仰和传统以及传说的共同祖先和共同历史的人。"[①] 问卷调查显示（见表3.4），求助于"家人和亲戚""老乡"的分别占41.4%和35.2%，也就是说，有很多人选择的是血缘和地缘关系；其次才是"清真寺阿訇"和"本民族朋友"，分别占14.6%和12.4%；"教友"占5.4%，"本地朋友"占1.4%；求助于政府部门的，仅占6.3%。所以回族等流动人口在生活中的困难还是以非正式的社会支持为主，未脱离传统社会支持的特征。值得注意的是，仍有二成多的流动人口不求助于任何人，靠自己解决。说明在社会支持方面，支撑回族等流动人口在他乡生存的社会网络，与其他流动人口一样，主要还是同乡、亲友、熟人，[②] 回族等流动人口社会关系融入程度并不高。

> 访谈：平时生活中有了什么困难，一般都是找自己人，我家亲戚在武汉的很多，像我一个舅舅还有一个姑妈家都在武汉开拉面馆，有事情一般都找他们。另外我和民委的那些也很熟，遇到自己不能解决的问题，也找他们帮忙，比如说我小孩读书，当时报不上名，后来就是找民委给帮忙解决的。[③]

遇到纠纷时，回族等流动人口是如何求助社会关系的呢？调查

[①] ［美］塞缪尔·亨廷顿：《谁是美国人？——美国国民性面临的挑战》，程克雄译，新华出版社2010年版，第11页。

[②] 张展新、侯亚非：《城市社区中的流动人口——北京等6城市调查》，社会科学文献出版社2009年版，第212页。

[③] MHF，男，36岁，回族，小学文化程度，青海湟中人，拉面馆经营者。

问卷说明（见表3.5），流动人口一般首选是小纠纷自己能解决的自己解决，占44.6%；较难解决的会走出家庭圈子，寻求清真寺和阿訇及亲朋好友帮助解决，分别占21.5%和20.2%；对大的纠纷，许多人选择经过法律途径解决，占31.9%，说明流动人口的法律意识在提高，对纠纷解决的法治理念在增强。也有不少人选择找民委等政府部门帮助解决，占20.9%，对正式社会支持还是认可的。通过其他方式的占1.3%。这也是与现代社会接轨、逐渐融入社会的象征。

表3.5　　　　　　　　回族等流动人口纠纷求助对象

求助对象	自己解决	寻求法律途径解决	找清真寺阿訇帮忙解决	找民委等政府部门帮忙解决	找伊斯兰教协会帮忙解决	找亲朋好友帮忙解决	其他
占比（%）	44.6	31.9	21.5	20.9	8.9	20.2	1.3

四　民族关系

民族关系是社会关系的一部分，它与其他社会关系不同之处就在于其民族性，其中与当地的居民关系、平时交往的民族以及对民族之间的通婚特别是与非回族等民族的通婚态度，是检验回族等流动人口社会关系融入程度的重要方面。

1. 与当地居民关系良好

回族等流动人口与城市居民的关系，既是一般的邻居关系，但由于民族身份以及文化与汉族的差异性，又表现为民族关系。所以，居民关系和民族关系既是流动人口融入社会的外在条件，也在一定程度上是融入社会的结果。四个城市调查表明（见表3.6），回族等流动人口认为与附近居民"非常好"和"比较好"的占

64.9%，认为"一般"的占28%，认为"不好"的仅仅占2.3%。总体上看，回族等流动人口主观上认为与当地居民相处和谐，在居民关系上融入程度较高。

表3.6　　　　　　　　回族等流动人口与当地居民关系

与附近居民的关系	非常好	比较好	一般	不好	说不清
占比（%）	23.7	41.2	28	2.3	4.8

根据班藤的"种族和民族关系理性选择之理论"，竞争是塑造种族以及民族关系最重要的过程。这个理论认为族群之间的边界的发展过程和结果取决于族群之间的性质，不同族群之间的成员在新情况下相遇时，假如竞争是在以成员个体之间来进行的话，则族群之间的边界就会消失；假如竞争是在以族群集体之间进行的话，那么族群之间的边界就会加强。[①] 马克思认为："各民族之间的相互关系取决于每一个民族的生产力、分工和内部交往的发展程度。"[②] 众多回族等流动人口从事的行业与城市其他民族从事行业不存在多大的竞争和冲突，而且还有互补性。同时，作为少数民族流动人口大军的一员，回族等流动人口在中东部地区城市从事经营、生活，分散在城市各个地方，因此，回族等流动人与当地居民关系更多的是表现为个体之间的关系，有问题也是个人之间的冲突，民族边界在表面上并不明显。如在回族等流动人口进城初期，与汉族居民以及客人时常发生生活习俗方面的误解与冲突，有的客人外带食品进入拉面馆，有的客人在拉面馆饮酒、抽烟不听劝阻，等等。而民族群体性冲突并不多。即使个体之间的冲突也越来越少。调查中许多流

[①] Michael Bantton, *Racial and Ethnic Competition*, Cambridge: Cambridge University Press, 1983. 转引自丁宏主编《回族、东乡族、撒拉族、保安族民族关系研究》，中央民族大学出版社2006年版，第430页。

[②] 《马克思恩格斯选集》第1卷，人民出版社1995年版，第68页。

动人口反映，现在绝大多数客人都能尊重清真饮食习俗，与周边邻居也能和睦相处，特别是与其他民族经营户，由于经营内容不存在竞争，很少因生意原因发生冲突的。下面的访谈就是回族等流动人口与租户之间的矛盾冲突。

访谈：我租的这个房子有一个配套的公寓，但是公寓没有装修，里面有一个蚁窝，经常爬出来白蚁，完全不能住人。我没有办法啊，我又自己出钱装修了一下，装修的钱房东又不给报销。我把发票开好了，给他看，人家说什么也不给报，这我就没有办法了，只能自己出钱了。还有我们拉面馆的厨房里面的下水道，下面是一个化粪池，经常有东西漫出来，给房东打电话，他也不管，也是我自己维修的。房东说他不出钱，要出我们自己出钱维修。你们一定要把这个拍下来，发票我都给你们看，全部都在这里，你看这是9238元，这是维修的，一千多块，希望你们能帮忙反映一下啊。[1]

笔者在对一家拉面馆的调查过程中，拉面馆老板（女）与隔壁邻居商店的本地老板（女）之间以及与送煤气的工人等人之间的互动与交往似乎更能说明回族等流动人口与本地人之间的关系。

课题组在去这家拉面馆调查时，有煤气工人来送煤气，拉面馆女老板对送煤气的工人很热情。我们问那个煤气工人，这家人怎么样，他说："挺好的，我每次来送煤气他们都很客气，让人觉得心里也舒坦。"拉面馆门口有冰柜卖水饮料，有人来买了三瓶水，这位"顾客"似乎与拉面馆老板很熟，看起来应

---

[1] YSED，回族，女，68岁，青海化隆人，陈氏牛肉面馆经营者。

该是附近的店主，她也是很热情，说"先不着急给钱，再说"，这位"熟客"倒是不好意思了起来："这开张生意怎么能不给钱呢，再说别处都卖两块，你这已经很便宜了。"我们聊到一半的时候，讲到房租问题，她叫来了隔壁的店主（女，汉族，武汉人），她说他们关系也相处得非常好。问店主和这家回族关系怎么样，她说："他们还是很好交往的，人都很好，因为他们性子直，虽然我是汉族，但是我更喜欢和他们这些人交往。他们这些有信仰的人还是好一点，有什么说什么，也没什么心眼儿。而且他们做的这些吃的也干净，不坑人，像他们用的油这些的，都是在超市买的好油，从来不用地沟油，所以我还喜欢在她这个店吃饭，更干净，吃得也放心。大家都是邻居，远亲不如近邻嘛，平时大家有个什么事，也都互相照应，比如像他们这个信仰伊斯兰教，每天都要做礼拜，他们很虔诚的，有时候我都经常被他们抓来'做壮丁'，他们在里面做礼拜的时候我就帮他们看看店什么的。"

但是，我们也应该看到，这种关系好，仅仅是没有冲突罢了。而没有冲突的原因在于回族等流动人口与当地居民之间交往不多、不深，且不存在大的利益冲突。

2. 族际交往不足

回族等流动人口在城市与其他民族的交往与互动反映了他们的社会关系网络建构状况。与回族等流动人口交往中的社会关系相一致，其族际交往显然会有所限制。

根据调查（见表3.7），在日常交往对象的民族选择上，绝大部分的流动人口选择"本民族"的，占75%；选择"其他多数人信仰伊斯兰教的民族"的占17%；选择"汉族"的占6.3%；选择"其他少数民族"的仅占1.7%。由此可见，回族等流动人口平时以族内交往为主，交往的内卷化特征非常明显。如在"主麻日"礼拜前后，聚集在一起交谈的基本上是本民族的，族际界限非常分明。即使族内交往也以相同的地域群体交往最多和频繁，如青海化隆县之间回族交往多，但与甘肃省张家川回族自治县的回族不怎么交往，并且还有一定竞争和矛盾乃至冲突；同一地域之间的民族又以亲缘、血缘关系交往最多。除了族内交往之外，撒拉族、东乡族、回族之间也有一定的交往，但并不频繁。特别是维吾尔族与其他多数人信仰伊斯兰教的民族，由于心理及语言障碍，交往更少。第三是多数人信仰伊斯兰教的少数民族流动人口与汉族等民族的交往。由于回族等流动人口生活在以汉族为主的大城市，在日常生活交往中难免不与汉族打交道，但也仅限于邻里之间或业务上、工作上的往来，主动的交往、交流很少，即使有程度也不深。

表 3.7　　　　　　回族等流动人口平时交往最多的民族

民族	本民族	其他多数人信仰伊斯兰教的民族	汉族	其他少数民族
占比（%）	75	17	6.3	1.7

　　访谈：（主要交往对象）肯定是我们民族（撒拉族）的啊，也有些老家的回族，其他（民族）的基本没有来往，我们信仰伊斯兰教，而且我们吃饭啊生活习惯啊和其他的（民族）也都不一样，他们也不和我们来往。[1]

可见，回族等流动人口的族际交往仍然以本民族以及本民族中的地缘为主，这与他们流动人口的宗教文化背景有着密切的关系。

---

[1] MNR，男，41岁，撒拉族，小学文化程度，青海循化人，拉面馆经营者。

3. 对族际通婚持保留态度

对族际通婚的态度是衡量回族等流动人口未来在城市拓展社会关系进程的一个重要方面。由于宗教信仰和生活习俗的差异，历史上多数人信仰伊斯兰教的少数民族与其他之间的通婚有许多限制，尤其在传统的西北多数人信仰伊斯兰教的少数民族聚居区更是如此。传统的多数人信仰伊斯兰教的少数民族婚姻都实行严格的教内婚，强调以双方都是本民族为前提，但在本民族男性娶愿意皈依伊斯兰教的其他女性为妻的也很多。回族等流动人口进入城市后，随着社会环境的变化以及与其他民族的接触增多，对与其他民族之间通婚态度如何呢？上海市民族通婚调查显示，无论户籍或流动人口中，维吾尔族反对的比例最高，包括20%的户籍者和29.5%的流动者。此外，回族户籍人口反对族际婚的比例仅3.9%，而回族流动人口反对族际婚的比例却高达25.8%。[1]

根据对四个城市回族等流动人口调查问卷统计，"赞同"族际通婚的仅占9.8%，"反对"的有27.8%，但57.2%的人赞同在入教情况下可以通婚，并且他们特别强调非回族等女子嫁入回族等家中必须"随教"，大多熟人不赞成非回族等民族男子娶回族等民族女子，担心将来宗教信仰和生活习俗丧失。"无所谓"的只有5.2%。另据对以户籍为主的武汉市回族等少数民族关于民族通婚方面的调查，66.67%的人认可和比较认可民族通婚，显然，户籍回族等认同度高于流动人口。[2] 所以总体上回族等流动人口对与非回族等之间通婚是不赞同的。

---

[1] 郑敏、高向东：《上海市民族关系现状分析》，《中南民族大学学报》2006年第5期。

[2] 李吉和：《改革开放以来武汉市少数民族思想观念变迁的调查与思考》，《中南民族大学学报》2010年第2期。

表 3.8　　　　　　　回族等流动人口对族际通婚态度

态度	赞成	反对	入教的情况下赞成	无所谓
占比（%）	9.8	27.8	57.2	5.2

访谈：（回族等与非回族等结婚）那不行的，也不是完全不行，我们回族的小伙子可以找你们汉族的姑娘，但是她必须要入教。她要是不入教，那肯定是不行的。但是我们回族的姑娘那是绝对不能找汉族的小伙子的。我们有宗教，姑娘嫁给汉族嫁出去了，她这个教门就没有了，那是肯定不行的。①

访谈：（回民和汉民结婚）在老家那是不行的，不过我现在也能接受了，他（她）只要结婚以后能随我们的（宗教和生活习惯），都还是能接受的。但是我们老家几乎没有回民和汉民结婚的，我们是回族自治县嘛，回民很多，都是回民和回民结婚的。好像就只有一家，他那个小伙子一直在外面打工，就娶了个汉族的姑娘，但是他们也一直都在外面，都没在家的。现在我觉得我都能接受了，只要能遵守我们的生活习惯，都是可以的。②

另外，在对武汉市 150 位维吾尔族流动人口有效问卷调查统计中，在跟其他民族通婚的问题上，有 64.7% 的人选择不愿意跟其他民族的人通婚，只有 35.3% 的人选择愿意跟其他民族的人通婚，但前提条件是对方也必须信仰伊斯兰教或者要先信伊斯兰教然后再结婚，所以维吾尔族选择族际通婚时，最先考虑的是大多

---

① JHN，女，50 岁，回族，不识字，青海化隆人，拉面馆经营者。
② MBY，男，42 岁，回族，小学文化程度，甘肃张家川人，拉面馆经营者。

数人信仰斯兰教的民族，比如乌孜别克族、哈萨克族、柯尔克孜族、回族等。①

那么汉族对回族等流动人口通婚又是怎样的态度呢？问卷调查表明，"赞成"的占23%；而29%的表示"反对"，反对的主要原因担心因宗教信仰、生活习惯等差异，影响婚后生活；48%的受访者表示在这个问题上会"视情况而定"，只要条件好、符合心愿，不管是不是本民族都会接受。总的来看，大多数汉族居民对与回族等民族通婚并不反对。

表 3.9　　　　　　汉族对与回族等流动人口通婚态度

态度	赞成	反对	视情况而定
占比（%）	23	29	48

五　回族等流动人口社会关系与融入

通过问卷调查和访谈，回族等流动人口在输入地的社会关系网络仍然以家人、亲属、老乡等同质性群体和非正式社会关系支持为主。同时，在特殊情况下也会求助于正式的社会关系支持网络。回族等流动人口进入城市以后，原有的关系网络还留在原来的流出地，而带入城市里的以亲友老乡为主的熟人关系网络的规模大大缩减。在进城之初，这种强关系网络能够为他们提供一定的经济和生活上的帮助，并提供心理上的慰藉。但是随着在城市生活时间的增加，这种关系网络所提供的支持的局限性也就凸显出来了。而且他们长期在城市生活，不可避免地要和城市中的其他群体建立一定的

---

① 哈尼克孜·吐拉克：《维吾尔族流动人口内地城市融入研究——基于武汉市的调查》，《中南民族大学学报》2014年第3期。

联系。"对于一个想融入一个现存群体之中的新成员来说,要求在他和群体的其他人之间形成社会吸引的纽带。一个群体对一个人的吸引力激起他成为成员的愿望,但只有当他证明了自己对群体的其他成员具有吸引力时,他才能实现这种愿望并获得社会承认。"① 因此,为了更好地适应城市生活,他们不得不将自己的社会交往范围向本地人等异质性较强的社会关系网络扩展,以便获得更多的潜在的社会资本。特别与在城市居住时间较短的回族等流动人口相比,居住时间较长的流动人口的社会资本更多一些。

大量的研究表明,良好的社会关系支持网被认为有益于个人幸福和身体、心理健康的。② 在社会层面上,社会支持网作为社会保障体系的有益补充有助于减轻人们对社会的不满,缓冲个人与社会的冲突,从而有利于社会的稳定。③ 因此,社会支持所发挥的作用对于农民工而言具有重大的意义,作为农民工群体组成部分的城市回族等流动人口亦是如此。当前由于体制、制度原因,流动人口在融入城市的过程中还很少使用制度性资源,即正式的社会支持,主要是靠社会网络和社会资本这种传统的非制度性的社会支持,因此这种非正式的社会支持作为社会融入的一种重要的策略,成为流动人口社会融合的主要手段和途径。具体来说,这种促进作用体现在以下几个方面。

第一,提供就业支持。一方面,回族等流动人口社会网络中的强关系能够为他们的就业创业提供可以信任的信息。根据前文的分析,在获得职业的途径上,亲缘、地缘、族缘等传统人际关系渠道仍然是主要途径便是有力的证据。这种以血缘、地缘关系为基础的

---

① [美]彼得·M. 布劳:《社会生活中的交换与权力》,李国武译,商务印书馆2013年版,第77页。
② 李树苗、杨绪松、悦中山、靳小怡:《农民工社会支持网络的现状及其影响因素研究》,《西安交通大学学报》2007年第1期。
③ 贺寨平:《国外社会支持网研究综述》,《国外社会科学》2001年第1期。

社会网络不仅为他们提供了就业信息，而且这种由强关系所带来的高度信任感也降低了寻找工作的时间，大大节约了就业的成本。在调查中发现，大多数回族等流动人口在外出前都会进行前期的准备，找好联系人，联系好要去的地方，而他们联系的对象便是自己的亲友和老乡，或是通过电话或是通过先来者在每年因节日和其他事宜回老家时交流信息，向先来者咨询基本情况及相关事项。说明他们首次外出谋生或谋事并非人们所说的盲目行动，而是利用了相关关系基础上有目的的行动。[1] 另一方面，一些流动人口开店以后，相关证照的办理也在很大程度上依靠自己的亲友老乡等社会关系。餐饮行业的经营需要办理相关的证照，要办理什么证照，在哪里办，怎么办，等等，这都是他们要面临的问题。对初来乍到的流动人口而言，由于之前没有从事过相关行业，也没有和政府相关部门打交道的经历，这些问题便成了摆在他们面前的难题。因此，一些拉面馆在营业中并没有办理相关证照，"不知道在哪里办"是其中的原因之一。面对这一问题，找有经验的亲友老乡帮忙便是他们解决问题的主要途径。

访谈：我以前在老乡的拉面馆干过，知道开店要哪些东西（证照），但是毕竟我没有自己办过，而且以前是在别的地方嘛，到武汉来以后我自己开店，就不知道去哪里办这些，就算知道要去哪个单位办，但是武汉太大了，我们又不熟，也找不到，还得找那些早就来的对武汉比较熟的熟人帮忙。[2]

第二，提供生活帮助和心理慰藉。回族等流动人口在进入城市

---

[1] 拉毛才让：《试论少数民族流动人口的构成、分布特点及动因》，《攀登》2005年第5期。

[2] MNR，男，41岁，撒拉族，小学文化程度，青海循化人，拉面馆经营者。

之前，人际交往的选择往往来源于世世代代所熟悉的乡土社会的初级社会关系。在进入城市后，面对陌生环境的冲击、生活上的手足无措和心理上的孤独失落，必然要寻求一定的社会支持来应对这种冲击，解决生活中的困难以及找到心理的归属，进而帮助自己适应并融入城市社会生活。而家人、亲戚、老乡等这些他们所熟悉的，并且靠得住、信得过的强关系就成为他们的首选，他们选择同质性群体的实质也是选择信任从而获得社会支持。不但在找工作时能得到他们的帮助，而且在生活中遇到麻烦或困难时，也是首先求助于这些强关系。这表明，家人、亲戚、老乡等同质性群体是回族等流动人口之间互惠互利的主要群体，也是他们在城市中获得社会支持、提供生活帮助和心理慰藉的主要源泉，在一定程度上有助于他们减弱对城市社会生活的疏离感和陌生感，构成他们在择业、生活、心理上的强有力的社会支持网络，能够帮助他们快速、顺利地适应并融入城市生活。

>访谈：刚到武汉的时候一个人也不认识，我们又不识字，他们武汉人说武汉话也听不懂，他们也听不懂我说话，还好有个老乡，给了我很多帮助。像店里办营业执照这些的，我也不知道在哪里办，还是他带我去的。孩子上学也不知道附近哪里有学校，也不知道在哪里给孩子报名，还是我另外一个老乡给我说的地方，后来才找到学校给孩子报了名。如果有了什么麻烦，还是找我们老乡解决，我们和当地人语言不通，找政府我说话他听不懂，他说话我也听不懂，根本没用的。[①]

当然，随着流动人口在城市中居留时间的延长，建立在地缘和

[①] ZMHM，男，36岁，回族，小学文化程度，青海化隆人，拉面馆经营者。

血缘基础之上的原初社会资本不仅会阻碍农民工与城市人的交往和接触，还会阻碍农民工对城市社会的认同和归属感，[①]造成外来民工与城市居民的"社会距离"逐渐增大。[②]对于回族等流动人口而言，这种阻碍限制作用主要体现在以下两个方面。

第一，加剧行业竞争。由于回族等流动人口的社会交往大都是以亲缘、地缘为主，他们的择业信息也都来自自己的亲友、老乡，而且先来到城市的流动人口经营清真餐饮业并取得了一定的经济效益，这也对后来者产生了一定的"示范效应"，同时前者在经营过程中所积累的经验也给后来者提供了一定的便利。因此，后来者纷纷效仿，造成流动人口职业具有复制性和同质性的特点。另外，由于流动人口文化程度普遍较低，流出前大都从事农业和养殖业，劳动技能单一，因此，他们在城市所从事的职业主要集中在清真餐饮行业，带有浓厚的复制性、高度的同质性、单一性等特点，很少涉猎城市其他行业工作。这种职业的单一性、同质性也造成同民族同行业之间的激烈竞争。虽然他们在行业内部约定 500 米甚至 300 米之内不准开第二家拉面馆，暂时减少行业之间的纠纷，但是依旧不能从根本上避免拉面馆如雨后春笋般增加所带来的竞争压力，更有甚者会导致因为利益关系发生的冲突。

> 访谈：原来武汉的拉面馆是很少的，像 1996 年我们刚来的时候总共可能还不到 20 家，我们刚来找吃饭的地方都找不到，走好远穿几个巷子都找不到一家清真餐馆，那现在简直是多如牛毛了，估计有上千家了吧，一个巷子里就能有几家，虽然我们规定 500 米之内不能开第二家，但是还是感觉竞争

[①] 牛喜霞、谢建社：《农村流动人口的阶层化与城市融入问题探讨》，《浙江学刊》2007 年第 6 期。

[②] 郭星华、储卉娟：《从乡村到都市：融入与隔离——关于民工与城市居民社会距离的实证研究》，《江海学刊》2004 年第 3 期。

激烈啊，你做不好，店里的服务、卫生啊什么的搞不好，他（顾客）选择也多了，他可能就去别人家吃了，生意不如以前好做了。①

访谈：和他们（青海开拉面馆的同行）之间有过冲突，他们欺行霸市，说什么500米之内不许开第二家，凭什么啊，还不都是他们青海人自己定的规矩，又没有法律规定要这样，凭什么要求我们。（发生了冲突如何解决的？）那就打架嘛，两边（甘肃人和青海人）打，也打110报警，警察来了也没办法啊，还是让我们自己解决，要伤人了就给对方赔点钱。最后还是开了（店），毕竟我们找一家合适的店面也不容易啊。（有没有竞争压力？）那就公平竞争啊，他们（顾客）觉得哪家好就在哪家吃，喜欢吃哪家就在哪家吃，你不能说为了都让去你家吃就不让我开啊。②

由于开店造成利益上的冲突，这一问题在与清真寺阿訇的访谈中也得到了印证。"（拉面馆）内部之间有发生冲突纠纷的，主要就是利益问题，他要在这开店，周围的不让开。他们规定了500米之内不开第二家，但是还是有因为开店原因发生冲突事件的。再一个就是地域歧视，青海人看不起甘肃人，甘肃人也看不起青海人，主要也还是开店（问题）上的。"2013年11月在宁波清真寺调查时，正赶上两家清真面馆因开设问题发生纠纷，找阿訇调解。原来开设的一家不让新开设的开张，结果新开设的一家店主一时想不开，就喝农药自尽，幸亏抢救及时未酿成大祸。

第二，加剧了社会距离和心理疏离感。雷开春的研究表明，城市新移民总体网络密度越高，表明他们对家乡的人和事有更多

---

① MHF，男，36岁，回族，小学文化程度，青海湟中人，拉面馆经营者。
② MPL，男，26岁，东乡族，小学文化程度，甘肃临夏人，拉面馆经营者。

的留念，会更多地关注迁入地的不如人意之处，对迁入地社会的总体满意度会显著降低，会更多地将自己视为外地人，即身份融合程度会降低。[1] 当前回族等流动人口的主要交往互动对象是老乡、亲友等传统的强关系，而与本地城市和其他民族的交往较少，这就造成城市居民由于缺乏与他们的沟通和了解，从而对其造成误解和偏见。这种偏见和歧视不仅仅会影响到城市民族关系，而且将使流动人口陷入孤立无援的境地。这种群体隔离加之制度上的组织隔离等因素共同交织，造成他们的自愿性隔离倾向更加明显，形成交往和认同的"内卷化"，进而加深了他们的边缘处境，使其融入城市社会也变得更加困难。对此，有研究者指出，许多城市居民由于民族偏见的影响，而对流动少数民族缺乏理解和同情，使流动少数民族尤其是体质特征明显的少数民族，在从事自己的职业之外，很难真正融入城市生活中，在城市中常觉得孤独和无靠。[2] 在调查过程中发现，城市居民对回族等流动人口之所以会有歧视和偏见，主要是因为对他们缺乏了解，如果双方能加深沟通和交往互动，了解彼此的生活和风俗习惯，这种歧视和偏见也将会消除。

  访谈：我们与周围这些人的关系都挺好的，就是我们刚来的时候，他们对我们确实有些看法，但后来相处久了，相互了解了，也就没有觉得他们看不起我们。刚开始的时候不了解，他们不知道我们的习俗，就觉得我们很奇怪，夏天那么热还要穿长衣，包头巾，对我们也有点看法，我们就给他们解释。我们封斋的时候晚上做饭，他们就说我们，说大半夜的做什么

---

[1] 雷开春：《城市新移民社会资本的理性转换》，《社会》2011 年第 1 期。
[2] 王奎正、朱朝晖：《湖南杂散居区城市民族关系影响因素探析》，《中南民族大学学报》2005 年第 2 期。

饭,吵着他们睡觉了,那我们就给他们说清楚,后来知道了,他们也了解了我们的这些习惯,也就觉得没什么了,关系也都还可以。①

---

① MHH,女,34 岁,撒拉族,不识字,青海循化人,拉面馆经营者。

第 四 章

制度融入

　　制度因素也是回族等流动人口能否适应、融入城市社会很重要的外在条件。"制度融合是指对流动人口社会融合产生持续影响力的政策、制度等客观的社会因素。合理的社会体制和制度，或者恰当的体制制度引导机制有利于促进社会融合，制度隔离则制约社会融合的顺利实现，强化了社会隔离。"[①] 在制度融入指标设计中，有的主要从社会政策是否兼顾其利益，有无政治参与的良好环境，社区服务能否惠及他们，以及其子女就学问题能否得以解决等重要指标出发，考察其制度融入的真实情况。[②]《中国流动人口发展报告2014》则从政策上研究流动人口的融入问题，认为政策指标着重判断国家和地区的公共政策与社会服务是否具备包容接纳的基本精神，是否具有正向的、促进融合的趋势，是否兼顾推进融合的各项要素，是否关注推进融合的可能性与执行力。并提出了流动人口市民化政策指标体系，涵盖劳动就业、社会保障、子女教育、卫计服务、社区接纳、入籍资格6个维度，每个维度下辖18个二级

　　[①] 宋国恺：《农民工体制改革——以自雇佣的个体农民工城市社会融合为视角》，社会科学文献出版社2014年版，第96页。

　　[②] 张军、王邦虎：《新生代农民工城市融入的文化资本支持》，《安徽农业大学学报》2013年第2期。

指标。[①]

本书的制度融入主要从输出、输入地对回族等流动人口的制度支持、社会保障、子女教育制度等方面来进行分析。

一 输出地政府对回族等流动人口的制度支持加大

政府拥有众多的社会资源,因此,输出地政府能够为回族等流动人口提供什么样的政策支持,是他们在输入地适应、融入城市社会的重要因素。在回族等流动人口的重要输出地的西北诸省区,出于发展经济、脱贫致富的需要,当地政府对包括回族等流动人口在内的外出务工人员的支持力度在逐步加大。

1. 提供贷款支持,奠定务工的基础。由于历史、自然条件、社会原因,回族等流动人口重要输出地的西北地区经济发展相对滞后,农牧民收入低,流动人口外出普遍存在资金短缺问题。根据四个城市回族等流动人口问卷调查,42%的调查对象外出前的收入在750元以下,还有18.3%没有收入。此外,收入在751—2000元的共占22%,2001—3000元的有10.8%,3001—6000元和收入在6001元以上的分别各占3.4%和2.2%,收入在10000元以上的寥寥无几。基于这种贫困状况,如果单靠回族等流动人口自身力量,即使有能力走出乡村,也无法在城市立足创业发展,因此,输出地政府资金贷款方面的支持必不可少。各地政府千方百计筹措资金,为流动人口提供一定的经济支持。如甘肃省张家川回族自治县曾为1998户餐饮经营者发放担保贷款9362万元,其中1732户群众利用

[①] 国家卫生和计划生育委员会流动人口司:《中国流动人口发展报告2014》,中国人口出版社2014年版,第40—41页。

贷款创办清真餐饮店 1700 家。①青海化隆回族自治县从 2007 年到 2012 年，县财政先后贴息近 732 万元，争取省、地融资平台担保贷款 7100 多万元，为 2300 多户急需资金支持的群众发放"拉面经济"担保贷款近 1 亿多元，从而有效解决了外出人员因缺乏资金而无法外出发展"拉面经济"的实际问题。②

2. 展开技术培训，拓宽就业门路。除了资金支持，进行职业技术培训，使流动人口掌握一门以上技术，对其未来发展尤为重要。回族等有善于经商的传统，有吃苦耐劳的精神，只要有一定的技术专长，就能够在城市立足发展。在这方面，除了个人层面的师徒传承、家庭传承之外，还需要政府组织专门的技术培训。由于流动人口受教育程度较低，太高的技术培训也不切合实际。基于四个城市调查问卷统计，在回族等流动人口中，不识字或识字很少的人达 26.2%，小学、初中文化程度占多数，有 60.9%，高中或中专以上的只有 8.4%，大专以上的 4.5%。基于这种教育基础，输出地政府结合流动人口有从事拉面、烧烤等餐饮业的特点，进行集中培训，取得了良好的效果。如甘肃张家川回族自治县免费开展"伊香拉面师"劳务品牌技能培训，共举办培训班 1200 期，免费培训 1.2 万人，为 5000 余人发放了职业技能等级证书。通过培训而掌握拉面技术的人员，年收入在 5 万元以上，独自创办餐饮店的年收入在 10 万元以上。③

3. 设立外派机构，为外出流动人口提供帮助。回族等流动人口进入中东部地区城市如何尽快适应城市社会和文化环境，更好更快地在城市立足发展，需要输出地政府将服务延伸到输入地，主动与城市政府有关部门对接沟通，在城市适应与融入上再送一程。为

---

① 窦亚龙：《张家川清真餐饮业遍地开"花"》，《甘肃日报》2013 年 12 月 5 日。
② 根据 2014 年 8 月化隆县就业局汇报资料。
③ 窦亚龙：《张家川清真餐饮业遍地开"花"》，《甘肃日报》2013 年 12 月 5 日。

了维护在外地流动人口的权益、协调纠纷、反馈信息等,青海省化隆回族自治县选派了88名干部在全国52个大中城市设立了办事处,为流动人口提供了一个由政府牵头、全体群众自愿参与的沟通平台,通过与输入地政府的协调,维护流动人口的权益,推动流动人口在城市更好地生存、发展,逐渐适应、融入城市。青海省化隆回族自治县在江苏省8个城市设立办事处,处理纠纷300多起,维护合法权益70多起,挽回经济损失30多万元。①

二 输入地政府的制度支持

为少数民族流动人口的服务与管理是输入地城市民族工作重要内容,各城市对此十分重视,着重从就业、文化生活需求、子女入学等方面提供大力支持和帮助,为流动人口在城市生存、适应和融入城市社会提供了一定的保障。

1. 开展宣传教育咨询服务。回族等流动人口大多来自边远地区,受教育程度不高,城乡文化差异大,对城市管理的法律法规意识淡薄,加上流动的盲目性,存在的语言障碍,他们对城市社会不适应现象表现得尤为突出,因此,一定的入城教育引导和咨询服务是必需的。如武汉市免费赠送5万册汉、维语两种文字的《武汉少数民族流动人员服务手册》,宣传武汉市情、少数民族权益保障和城市管理等政策法规。从2007年开始,武汉市在少数民族流动人口中开展"融入武汉民族大家庭,适应城市法制化管理"主题教育活动,民族、工商、城管、公安等部门经常以座谈、约谈、访谈、发放宣传资料等形式向少数民族流动人口宣传城市管理的政策法规。佛山市禅城区编印了《办理营业执照简明

---

① 龚坚:《外来穆斯林的城市适应状况——来自厦门市外来少数民族城市适应的调查报告》,《青海民族研究》2007年第2期。

指南》，图文并茂、简明扼要告知如何办理工商营业执照、卫生许可证、税务登记、消防安全检查手续等，解决了外来少数民族群众由于文化水平低、想办证却又不知道如何办的问题，深受回族等群众的欢迎。

2. 为回族等流动人口提供贴身贴心服务。为外来少数民族提供服务是城市政府职能所在，像众多流动人口大多从事具有民族特色的经营活动，更需要当地城市有关部门提供优惠政策，使他们能够在城市生活下去，促进城市民族关系和谐，保持社会稳定。广东省东莞等市的民族宗教事务部门协调有关部门帮助少数民族群众办理证照，各镇街工商、卫生等部门还开通回族等办证绿色通道，帮助他们填表，减免办证费用，使1000多家拉面店非常便利地领到了证照。武汉市城管委在炭烧烤整治工作中，充分考虑新疆籍烧烤人员的生存实际，在取缔炭烧烤的专项整治中，采取无偿置换炭烤炉、定摊点数量、定摊点位置、鼓励进店经营等多种人性化措施，赢得了多数新疆籍务工人员的支持。

3. 保障回族等流动人口合法权益。回族等流动人口文化习俗与宗教信仰与输入地存在较大差异，而城市对此的应对功能缺失，如在所谓的流动人口"入口、入寺、入土"等方面，面对蜂拥而至的流动人口，城市社会显然准备不足。因此，本着尊重差异、包容多样的服务理念，城市需要完善健全这方面的服务功能。武汉市商务局在全市设立100多个清真食品网点，较好地解决了流动人口的"入口"问题。市回民公墓在回族等流动人口亡人的安葬方面提供优质服务，对困难群众减免有关费用，解决好"入土"问题。市卫生、工商、旅游、交委等部门也制定政策，降低流动人口办理证照的门槛，减免相关费用，要求宾馆、饭店不得拒绝少数民族流动人口入住，出租车不得拒载少数民族流动人口。武汉市还划拨8000多万元资金，改扩建4座清真寺，保证了少数民族流动人口中信仰伊斯兰教群众的宗教生活。常年聘请维吾尔语翻译，为有需求的少数民族流动人口免费提供服务。例如，从新疆到武汉谋生的维吾尔族毛拉等人，因语言障碍，在申领驾驶证过程中遇到交通法规考试困难，市民宗委及时出面协调市交管局，帮助提供翻译，较好地解决了语言不通的问题。为了解决回族等流动人口的礼拜场所问题，东莞市民宗局工作人员先后跑了很多部门，设立了临时礼拜点。按回族等的习俗，人归真（回族等对死亡的称谓）后要土葬。出于尊重回族等风俗的考虑，东莞市民宗局联合卫生、防疫部门，为回族等运遗体返乡开设了便利条件。但是，还是有些回族等没能力把遗体运回老家，同时，由于条件限制，东莞实在协调不出土地建设回民公墓。于是，东莞就与肇庆市协商，允许把在东莞归真的回族等安葬到肇庆的回民公墓。[1] 2010年，新疆博乐市的维吾尔族青年木合买提来到义乌，女儿到了上幼儿园的年龄时，木合买提担心找不到有清真饮食的幼儿园。正在他焦虑时，他打听到时光民族幼儿园专门接纳回族等孩子上学，是义乌市民宗局为了解决外来少数民族子女就学问题而特意扶持开办的。幼儿园不仅有清真餐厅，还根据孩子的特点开设了各类课程，解除了木合买提的后顾之忧。[2] 2002年，一名新疆维吾尔族青年想在武汉市开办"丝绸之路新疆餐厅"，武汉市民宗委积极协调工商、卫生、消防等部门特事特办，上门服务，仅用三天时间就办好了所有手续。[3]

4. 流出地与流入地对接，共同促进流动人口融入。自2007年以来，武汉市分别与少数民族流动人口的主要流出地新疆和田、喀什、阿克苏，青海海东、西宁，甘肃，四川甘孜、阿坝等地签订了

---

[1] 雷辉、徐林：《一碗拉面：城市民族工作之匙》，《南方日报》2009年12月17日。
[2] 王珍、辛永刚：《以"三进"为抓手，搭建流动人口服务管理新平台》，《中国民族报》2013年10月22日。
[3] 武汉市民族宗教委员会：《坚持以人为本 突出服务职能 积极做好少数民族流动人员工作》，内部资料，2007年9月。

《共同做好到武汉经商务工少数民族人员服务和管理工作的合作协议》，探索跨地域协同共管机制，建立了"信息互通、定期互访、干部互派、共同开展宣传教育活动、共同推动经贸合作、共同维护社会稳定"的"三互三共同"联系平台，得到当地党委、政府的积极响应。2014年，设立"新疆少数民族人员服务管理湖北（武汉）工作站"，由新疆派出维吾尔族干部挂职武汉市民族宗教事务委员会，协助服务新疆籍少数民族群众。

5. 对输入地城市民族工作满意度较高。由于输入地城市政府尽力为流动人口服务，博得了大多数人的认同。调查表明（见表4.1），回族等流动人口对城市民族工作"非常满意"的占21.1%，"比较满意"的占47.5%，"满意"的占8.3%，满意率达76.9%。在当地访谈中也深深感受到流动人口普遍对地方政府依法服务管理的认可。

表4.1　　　　回族等流动人口对当地民族工作的满意度　　　（单位:%）

满意度	非常满意	比较满意	满意	不太满意	非常不满意
	21.1	47.5	8.3	21.4	1.7

当然，也有23.1%左右群众对民族工作不够满意，主要是有的流动人口初来乍到，找不到工作，尤其是合适的经营场所难寻，并且各城市对开设餐饮饭馆有所限制，如在居民区、大街、露天不能开设餐馆和烧烤，引起部分群众的不理解。同时还存在部分市政管理人员粗暴执法等问题。但总体上看，回族等流动人口对城市民族工作满意度是比较高的。另外，还要注意这种满意度有可能是暂时的，因为现在许多城市对少数民族流动人口存在不敢管的情况，污染环境的烧烤已被禁止，但有部分流动人口对禁令仍置之不理，城管也只能睁一只眼闭一只眼；拉面馆在居民楼下开设屡见不鲜，证

件不全经营者比比皆是。据我们调查询问掌握的情况，绝大多数拉面馆没有纳税，每月仅仅缴些卫生费，有的甚至卫生费也拒而不缴纳。所以每月开支主要是房租、水电费、卫生费等，收入不薄。但是，如果严格按照城市管理条例，势必与流动人口经营方式和定式思维发生冲突，许多人难以经营下去。因为如果禁止在大街上用煤炭烧烤、禁止在房租相对便宜的居民区楼下开设餐饮，再加上办理其他证件要齐全，按照纳税，很多群众则无法经营下去，与城市社会纠纷增多，满意度下降。但是，从长远看，回族等流动人口要想融入城市必须遵从城市管理规则，这样才能被城市所接纳。2014年的中央民族工作会议提出，要"引导流入城市少数民族群众自觉遵守国家法律和城市管理规定，让城市更好接纳少数民族群众，让少数民族更好融入城市"[①]。这是回族等流动人口城市融入中必须注意的问题。

三 输入地城市教育制度支持力度不够

在社会均等化服务方面，回族等流动人口与所有流动人口面临同样的共性问题，但由于其民族生活习俗和文化教育基础薄弱，首要解决的是子女在输入地接受教育问题。子女入学教育之所以成为回族等流动人口最关心的问题，主要在于现在举家迁移越来越多，但由于城乡二元体制制约，没有当地城市户籍的回族等流动人口子女面临求学困难。住房、看病就医问题对其融入有一定影响，但并不十分迫切。至于其他问题如宗教生活问题、交流沟通问题、户籍问题，目前看还不至于影响到他们在城市的生存和发展。2014年9月召开的中央民族工作会议提出："要紧扣民生，抓发展。重点抓

---

① 《中央民族工作会议暨国务院第六次全国民族团结进步表彰大会在北京举行》，《光明日报》2014年9月30日。

好就业和教育。"①

现在城市少数民族流动人口十分重视子女教育。通过对长株潭调查显示，56.37%的少数民族流动人口其学龄子女全部上学，38.18%的学龄子女部分上学，只有5.45%的学龄子女全部辍学。②回族等流动人口子女教育问题是他们面临的重要问题。在流入地就学问题解决得好，可以解除后顾之忧，安心工作，增强对城市社会的认同。

根据杭州、宁波、武汉三城市（广州缺失）314份有子女上学的问卷调查统计（见表4.2），回族等流动人口适龄子女就学情况，21.6%未上学，30.1%子女无奈被送回老家上学，成为留守儿童，其他子女有学上，但只有33.2%子女就读于公办学校，能与城市户籍居民孩子享受同等的义务教育，其他在民族学校、农民工学校和私立学校就读。

表4.2　　　　　　　回族等流动人口子女就学情况

子女上学情况	没有上学	就读于当地公办学校	就读于当地回民学校	就读于当地农民工学校	就读于当地私立学校	在老家上学
占比（%）	21.6	33.2	3.6	2.8	8.7	30.1

孩子到了上学年龄还没有入学，原因是什么？是回族等流动人口不重视教育吗？调查表明，这些大多来自西北地区的回族等流动人口很重视教育，特别是经过多年城市生活、工作的洗礼、磨炼，认识到了没有知识对自身发展带来的限制。不能入学主要是社会教育制度层面的限制（见表4.3）。

---

① 《中央民族工作会议暨国务院第六次全国民族团结进步表彰大会在北京举行》，《光明日报》2014年9月30日。
② 田代武、张克勤、朱朝晖、吴国华：《城市少数民族流动人口现状调查——以长株潭两型社会试验区为例》，《民族论坛》2011年第9期。

表 4.3　　　　　　　　回族等流动人口子女未上学原因

没有上学原因	学费太高无钱支付	学校离家太远	读书没什么用	学校不接收外来人口	留在店里帮忙	孩子自己不愿意上学	要去学习宗教知识或者阿语	其他
占比（%）	24	12.6	3.2	49.3	3.3	4.8	6.4	1.4

一是当地学校不愿接受流动人口特别是具有特殊文化习俗的回族等子女。49.3%的人选择"学校不接收外来人口"，特别是他们在语言、学习环境、学习基础、饮食等方面比城市居民孩子甚至比汉族流动人口子女有弱势。尽管国家有政策规定可以在当地入学，如《武汉市少数民族流动人口服务指南》中指出："按照国家规定，外地来武汉居住的孩子有在武汉接受义务教育的权利，而且与武汉本地的孩子享受同等待遇，不收取借读费。你可以办好就业证明和相关证明材料向所住地区教育局提出申请，教育局会安排你的娃娃到指定的学校去读书，不收取借读费。如果你不去指定的学校，自己选择其他的学校，那就要收取借读费。"说明武汉市政府对于少数民族流动人口子女的入学问题能够提供相关的条件，保证了流动人口子女在武汉能够接受教育的权利，也为流动人口成功融入武汉提供了保障。尽管国家有规定，但是有的学校不执行、不落实，有的城市以父母从业证件齐全方可入学为条件，使回族等流动人口没有关系很难进入具有优质教育资源的学校就读。

访谈：娃娃上学报名不好报啊，我觉得他们就是认为我们是外来人，欺负我们就不给报。之前去一个学校给报名，他说他们名额已经满了，不能再报了，又找一个学校，他们说他们的报名已经截止了，今年不再报了。后来我想就才开学几天嘛，找他们校长说说看能不能报，毕竟我们少数民族国家是有照顾的呀，但是后来去就连校门都进不去了，没办法了，今年只能让娃娃等一年了，看明年早点去报名能不能报上。①

二是经济上的负担较重，最为突出的就是所谓"赞助费"。选择"学费太高无钱支付"，造成入学困难的占24%。我国实行九年制义务教育，在此期间是免费的教育，但是在不少城市的流动人口子女要接受教育，需承担数万元的所谓赞助费，这是一般常年在外打拼的流动人口无法承担的。13.04%的少数民族流动人口表示，因为户籍限制，在长株潭没有学校接收其子女就学。有80%的少数民族流动人口子女辍学是因经济上负担不起。对于为什么没有选择让子女在城市就学，57.97%的人表示是因为经济上负担不起。② 据2012年8月对南方某市回族等流动人口的调查，非本市户籍子女在公办学校上学一律收取赞助费，且赞助金额较大，由前几年的3万元涨到了5万元，一般家庭难以承受。即便能有幸进入当地学校，他们也会因为自己借读生或插班生的身份感到低人一等，容易造成孩子心理阴影，对孩子的学习不利。所以，对于正规的公立学校，低收入的流动人口打工者普遍反映"上不起"，而民办私立"贵族"学校对流动人口来说，更是高不可攀。许多人没有办法，最后只有选择"地下黑校"了，教育质量很难保障。

三是就学不便。选择"学校离家太远"的占12.6%。许多流动人口子女不能就近入学，有的托关系才能找到公办学校，但能否就近找到有关系的学校，则很难说。这主要涉及回族等具有清真习俗流动人口子女的问题。在东部地区幼儿园和学校，缺少清真食堂很普遍。有清真饮食习惯的少数民族流动人口子女，因为幼儿园和

---

① HJF，男，60岁，撒拉族，初中文化程度，青海化隆人，拉面馆经营者。
② 田代武、张克勤、朱朝晖、吴国华：《城市少数民族流动人口现状调查——以长株潭两型社会试验区为例》，《民族论坛》2011年第9期。

学校没有清真餐，不得不中午送饭到学校给孩子吃，这无形中又增加了回族等流动人口的交通和时间成本，影响了工作。因此，许多人要么选择不让子女上幼儿园或辍学，要么把子女送回老家上学，增加了管理成本和风险。① 大部分回族等流动人口的孩子都在老家上学，这一比例高达30.1%。这就造成了父母与子女分离，家庭离散，这部分孩子成为留守儿童，对孩子的成长和学习极为不利。

其他问题如"读书没有什么用""孩子自己不愿意学""留在店里帮忙""学习宗教知识"，有这些想法的非常少或没有，说明回族等流动人口是十分重视子女教育的。而正是城乡二元体制分离，给他们顺利接受教育造成了困难。

良好的教育有利于流动人口认知、融入当地社会。如在法国凡是接受过几年教育的温州人，比其他没有接受过同样教育的温州人，不但对法国有更多的了解，而且更容易拓宽经济活动范围和门路，至少更容易与法国当地人进行交流。② 教育对温州人在法国的融入和跨社会建构来说，具有不可忽视的功能。③

四　社会保障掣肘

当前社会保障与公共服务的差异性是户籍制度城乡差异、地域分割的主要内核，享受社会保障和社会福利是流动人口能享受与城市居民同等待遇的重要标志。社会保障是一把保护伞，对流动人口也不例外。有它的庇护，流动人口会倍感安全，更愿意在流入地长期工作，而不是反复地在城市之间游走，在流入地和流出地之间漂泊。"流动人口与本地市民之间最主要的差异集中表现为社会保障

---

① 田代武、张克勤、朱朝晖、吴国华：《城市少数民族流动人口现状调查——以长株潭两型社会试验区为例》，《民族论坛》2011年第9期。
② 王春光：《巴黎的温州人》，江西人民出版社2000年版，第221—222页。
③ 同上书，第228页。

福利和其他公共资源的获得。作为社会经济发展的'安全网''稳定器',流动人口在流入地能否享受基本的社会保障福利既是经济融入的重要指标,也是促进或阻碍其行为适应和身份认同等其他社会融入维度的关键要素。同时还映射出在社会资源再分配过程中,公平、公正原则的状况。"① 由社会保障织就的这种"安全网",能够为流动人口在流入地城市提供最低的生活保障,帮助他们规避经济市场、社会风险或自己生命历程中面临的各种重大风险,并能够帮助他们克服制度壁垒带来的障碍,在劳动力就业市场及其他社会经济生活领域中享有相对公平的待遇,使流动人口能免除最基本的威胁,并最终推动社会公平与社会和谐,促进流动人口顺利地融入流入地城市的社会经济生活中。因此,流动人口社会保障的享有程度对于流动人口顺利、成功地融入城市社会有着不可小觑的积极意义。但是,作为城市社会中的"弱势群体",流动人口的社会保障却处于受损状态。对于以农民工为主体的农村户籍流动人口而言,其在城市或异地就业,既不能享受当地的社会保障权益,也不能为自己积聚相应的社会保障基金,从而客观上是以放弃社会保障权益为代价,在为城市创造财富的同时获取有限的生活收益。②

虽然绝大部分城市都高度重视流动人口的社会保障问题,并按照国家的法律法规和政策要求,基于各自的特点,致力找到合理的、有效的保障模式,但现有制度依旧存在诸多相互关联的问题。一是针对流动人口的社会保障制度的缺位现象十分突出;二是即便制度存在,落实起来也相当困难,政策的执行力度较低,执行范围较小;三是便携性差,转移支付困难;四是城乡归属不明;五是由于没有全国统一的制度安排和指导原则,社会保障制度呈现出地区分割、城乡分割、人群分割的特点,且农民工的保障制度与现行其

---

① 杨菊花:《中国流动人口经济融入》,社会科学文献出版社 2013 年版,第 334—335 页。
② 郑功成:《中国流动人口的社会保障问题》,《理论视野》2007 年第 6 期。

他制度衔接困难,这些都影响到流动人口社会保障资源的获得,[①]再加上流动性较强,故流动人口的总体保障水平依旧低下。2012年,农民工养老保险、医疗保险、失业保险、生育保险的参与率分别为14.3%、16.9%、8.4%、6.1%,而同期城镇人口的参与率分别为42.75%、75.36%、21.39%、21.68%,差距很大,前者与后者的比值分别为33.45%、22.43%、39.27%、28.14%。[②] 2014年农民工"五险一金"的参保率分别为:工伤保险26.2%、医疗保险17.6%、养老保险16.7%、失业保险10.5%、生育保险7.8%、住房公积金5.5%,外出农民工和本地农民工"五险一金"的参保率均有提高。外出农民工在工伤、医疗、住房公积金方面的参保率高于本地农民工,在养老、失业和生育方面的参保率低于本地农民工。[③]

少数民族流动人口社会保障程度较低。2011年,19.5%的少数民族流动人口在现居住地至少参加了一项社会保险,未参加任何保险的比例达到68.9%。[④] 对珠三角和长三角的调查表明,少数民族流动人口的养老保险购买比例为32.79%,比汉族流动人口低12.78个百分点;在医疗保险上,少数民族流动人口的购买比例是42.72%,比汉族流动人口低7.68个百分点;在工伤保险上,少数民族流动人口的购买比例是45.95%,比汉族流动人口低6.04个百分点;在失业保险上,少数民族流动人口的购买比例是13.59%,比汉族流动人口低14.24个百分点;在生育保险上,少数民族流动人口的购买比例是12.94%,比汉族流动人口低12.46个百分点。

[①] 肖严华:《中国社会保障制度的多重分割及对人口流动的影响》,《江淮论坛》2007年第5期。

[②] 魏后凯、苏红键、李凤桃:《农民工市民化现状报告》,《中国新闻周刊》2014年第9期。

[③] 国家统计局:《2014年全国农民工监测调查报告》,http://www.stats.gov.cn/tjsj/zxfb/201504/t20150429_797821.html,2015年4月29日。

[④] 国家人口和计划生育委员会流动人口服务管理司:《中国流动人口发展报告2012》,中国人口出版社2012年版,第60页。

民族差异对流动人口的养老、医疗、失业和生育保险购买率有显著影响，少数民族流动人口低于汉族流动人口。[①] 对北京市少数民族流动人口的调查显示，40.38%的被调查者参加了养老保险，23.40%的被调查者享有失业保险，57.69%的被调查者享有医疗保险，享有工伤保险和生育保险的被调查者分别占34.09%和19.15%，而享有住房补贴的仅占被调查者的12.5%。[②]

从四城市回族等流动人口参加社会保险情况看（见表4.4），高达92.3%的人没有参加社会保险。从调查中了解到，回族等流动人口的养老、医疗保险基本上都有，但主要是在流出地老家办理的，这样，即使参加了医疗保险，但按规定住院治病必须在流出地，非常不便。失业保险、工伤保险、生育保险，回族等流动人口缺少这种意识，有的甚至没有听说过，因此办理的很少。回族等流动人口不能参加社会保险，除了宣传原因之外，主要还是经济收入低，没有多余的钱用于购买保险。另外，思想观念跟不上，也是重要原因。所以，从参加社会保险方面看，回族等流动人口参与率极低，社会保障制度层面上的融入程度不高。

表4.4　　　　　　回族等流动人口参加社会保险情况　　　　　　（单位:%）

参加社会保险	是	否
	7.7	92.3

五　证照办理及劳动合同签订率低

能否依法依规办理营业执照和卫生许可证，是回族等流动人口

[①] 孟祥远、吴炜:《少数民族流动人口的权益保护——基于珠三角和长三角的问卷调查》，《特区经济》2012年第12期。

[②] 马胜春:《中国城市少数民族流动人口的生活适应性研究》，中国财政经济出版社2012年版，第175页。

适应城市管理、融入城市社会的一个重要体现。本课题调查问卷显示（见表4.5），需要办理营业证执照和卫生许可证的自主经营者中，两证都有的占71.8%，都没有的占16.5%，其余是只有一证。但这仅仅是经营者自己的回答，其实，据观察，都没有办理卫生许可证或者将别人的许可证复印件挂在墙上的也不在少数。但在有的城市，由于拉面经营者自身原因，如操作间及经营面积达不到要求，卫生、环保、消防设施达不到标准，办理证照困难较大，准入门槛较高，仅上海市就有80%的拉面馆无证照经营。[1] 至于依法纳税，除了个别规模较大经营者外，很少有依法纳税的。

表 4.5　　　　　　　　回族等流动人口证照办理情况　　　　　（单位:%）

营业执照和卫生许可证办理情况	都有	有营业执照但无卫生许可证	有卫生许可证但无营业执照	都没有
	71.8	7.3	4.4	16.5

劳动合同签订情况。就全国来看，2014年与雇主或单位签订了劳动合同的农民工比重为38%。[2] 据对北京市少数民族流动人口是否签订了书面劳动合同的调查显示，只有11.32%的被调查者与用人单位签订了长期劳动合同，20.75%的被调查者与用人单位签订了短期劳动合同，另有5.66%的被调查者与用人单位签订了以完成一定工作任务为期限的劳动合同，而高达62.26%的被调查者并未与用人单位签订劳动合同。[3] 全国少数民族流动人口三分之一以上未签订劳动合同，其中，签订有固定期限的劳动合同的比例为

---

[1] 根据2014年8月化隆县就业局汇报材料。
[2] 国家统计局：《2014年全国农民工监测调查报告》，http://www.stats.gov.cn/tjsj/zxfb/201504/t20150429_797821.html，2015年4月29日。
[3] 马胜春：《中国城市少数民族流动人口的生活适应性研究》，中国财政经济出版社2012年版，第181—182页。

43.6%，比汉族低 8.3 个百分点；签订无固定期限的劳合同的比例为 14.4%，比汉族高 3 个百分点；而未签订劳动合同比例高达 35.9%，高于汉族 5.5 个百分点。[①]

四城市回族等流动人口调查表明（见表 4.6），签订劳动合同的仅 6%，没有签订的高达 94%。这是因为，一方面大多数的拉面馆都是家庭经营，一家人或与亲戚共同经营的比例较大；另一方面，即便要招雇工也是从老家带来的或经老乡朋友介绍的"熟人"，因此"都是自己人和熟人，不用签合同"是许多人的共识。虽然有研究表明，劳动合同的签订与否对流动人口的融入会产生影响，但是对于回族等流动人口而言，由于内部雇员和雇主的特殊关系，劳动合同对其社会融入的影响并不明显。

表 4.6　　　　　回族等流动人口签订劳动合同情况

签订劳动合同	是	否
占比（%）	6	94

六　对当地的治安状况满意度

城市的文明尤其是精神文明建设和社会治安好坏，是外来回族等流动人口在城市生存、发展直至融入的重要社会环境。

调查表明（见表 4.7），对当地社会治安"非常满意"的 13.9%，"比较满意"的 37.2%，"满意"的 44.5%，满意率达到 95.6%；"不满意"的仅占 4.4%。说明中东部地区城市社会稳定，在这里经营、工作、生活安全感很强，而安全的需要是回族等流动

---

① 国家人口和计划生育委员会流动人口服务管理司：《中国流动人口发展报告 2012》，中国人口出版社 2012 年版，第 59 页。

人口适应、融入的重要条件。

表4.7　　　　　　　　回族等流动人口对当地治安状况满意度

满意程度	非常满意	比较满意	满意	不太满意	非常不满意
占比（%）	13.9	37.2	44.5	2.9	1.5

虽然整体上回族等流动人口对武汉市治安状况表示满意，但是我们在调查访谈中也有部分流动回族等表示遇到过治安问题。

  访谈：（社会治安）有时候还是不太好，像我们这里5月31日的晚上，我们店子里面就来了一帮子不明不白的人，大概有10个人，就来把我们这个店子砸了。（为什么呢?）不知道啊，你说现在这个社会治安就是这个治安。你说好端端的他就冲进来我把的这个店子砸了，然后砸了很快地就跑了，整个过程也就20秒。不过说起来这个大的治安环境还是好的，但是隐藏在这个表面下的东西你就不知道了。①

---

① HGF，男，47岁，回族，青海湟中人，武汉拉面馆经营者。

第 五 章

文化融入

  文化本身就是人们对自然界适应的结果和产物。少数民族流动人口进入城市，从民族文化学的角度看，代表两种不同的文化的相遇。少数民族流动人口更多是代表着农业的、乡村的传统文化，而城市社会代表着工业的、城市的现代文化，同时，双方还代表着各自不同的民族的文化，而少数民族的城市适应过程，就是不同的文化持续接触的过程。[①] 回族等流动人口每个个体都是该民族或该地域文化的载体，他们进入一个全新的陌生的文化环境以后必然面临着一定的文化冲击与文化震惊，在缓解这种文化冲击和文化震惊的过程中，他们会逐渐丢失或失去部分原有文化的文化信息和符号，从而对自己的文化进行调适，最终形成流入地文化与其自身原有文化并存、互尊、互容的形态。在这个文化调适的过程中包括两个方面：一是回族等流动人口对自身文化的保持；二是对流入地城市文化的认可和接纳。需要指出的是，如果回族等流动人口在语言、风俗习惯、办事习惯以及思想观念等方面表现出对城市的认可和接纳，无疑有助于他们尽快地将自己整合于流入地城市的社会结构和

[①] 马旭：《少数民族流动人口城市适应研究——以武汉市为例》，博士学位论文，中央民族大学，2007年。

文化生活中，但是，文化上的接纳并不一定表明行为上遵从。① 因此，我们不能将文化上的认可和接纳与回族等流动人口在城市的行为适应与心理融入完全等同。然而，文化上的认可必然会加速回族等流动人口对流入地城市各方面的适应，加速他们社会融入的进程。

本书将回族等流动人口的文化融入要素限制在对流入城市的国家通用语言或当地方言的掌握、风俗习惯、办事习惯等的认同程度以及思想观念变化上；同时考虑到回族等流动人口大多深受伊斯兰教的影响，因此，宗教信仰的调适应是文化融入的重要内容。

一 国家通用语言或方言的认同与应用

语言是人们进行交流沟通的工具，也是民族的主要特征之一。对于流动人口而言，语言能力和语言实践既反映流动人口与当地居民沟通的能力和手段，也反映他们保留家乡文化的意愿。② 流动人口在多大程度上愿意使用当地方言，在私人场合是用当地语言或是本地的方言，可以反映回族等流动人口对城市文化的接受程度。对于回族等流动人口而言，他们进入城市后，使用国家通用语言和使用本地方言的能力决定着他们与本地居民之间的沟通能力，也是其经济方式嵌入城市社会后，拓展社会关系的必要条件。如果回族等流动人口与当地人在语言交流沟通方面存在障碍，不会说甚至听不懂当地方言，尤其是不能流利地使用通用语言，则就无法与当地人进行有效沟通交流，影响他们对当地文化的了解，有可能在交往交流过程中出现误解、隔阂甚至冲突，影响他们在城市的适应及融

---

① 杨菊华：《从隔离、选择融入到融合：流动人口社会融入问题的理论思考》，《人口研究》2009年第1期。
② 同上。

入；如果他们能流利地使用通用语言，则有利于他们与当地居民之间的交流沟通，从而有利于了解本地文化，更容易融入城市社会；如果他们能学会并愿意使用当地方言与本地居民进行交流，那么他们在城市的融入度则更高；如果他们已经掌握了良好的语言沟通能力，但是在与家人、亲友及老乡等人交流时仍然使用家乡方言，则说明他们既部分地接纳了当地文化又保持了原有文化，这是实现城市融入最理想的结果，因为融入城市并不是要完全放弃本民族的文化包括本民族的语言或方言。

1. 多数人能用不标准的通用语言交流

我国绝大多数少数民族都有自己的民族语言，有的民族还拥有本民族的文字。但有的民族由于形成的特殊过程，在发展中借用了其他民族的语言和文字。维吾尔族、撒拉族、东乡族、保安族、哈萨克族等有自己的民族语言，但回族借用汉语、汉字作为交流工具。撒拉族、东乡族、保安族等流动人口由于在聚居区与回族、汉族交流历史悠久，对国家通用语言掌握较好。所以，对他们来说，在城市语言交流障碍并不大，有障碍也是方言问题。但对维吾尔族等民族来说，进入陌生的以汉族文化为主流的中东部地区城市社会，面临的适应、融入的最大障碍就是语言不通问题。特别是对来自新疆偏远地区的聚居的维吾尔族来说，很多人在家乡很少接受汉语训练，那么到了城市语言交流就存在较大得困难。由于本研究的对象大多是回族（见表5.1），所以，有89.7%回答能用普通话交流，笔者在访谈中也感受到了这一点。

表5.1　　　　　　　　回族等流动人口普通话使用情况

是否能流利地使用普通话与他人交流	是	否
占比（%）	89.7	10.3

访谈：（我的普通话）现在好多了，刚开始的时候普通话说不好的，老家一直都是说土话的，又没说过普通话，来以后才慢慢学的。刚开始还说得不太好，人家来吃面的时候有些人就问你们这有什么好吃的介绍一下，我就说哪些哪些，有些就不太听得懂，我就拿菜单指给他看，给钱的时候也是，我说17，他只给14，我说少了，他还说你不是说的就是14吗，我说我说的就是17。我觉得我说的是对的啊，不知道是他们故意装听不懂还是我说的不标准呢。反正发生这些就很麻烦嘛，后来也是在外面时间长了，自己就慢慢适应了，慢慢也能说得好了，你看我现在说你也都听懂嘛。我老婆她就不太会说，你要问她，她有些听不懂，也不太会说。①

但也有部分人通用语言掌握不好或不愿意学习。

访谈：我这个标准话（普通话）不会说，你看我现在都是老家的土话，我能听懂你说的，但是我自己说不来，年纪大了学不会，再说也不需要学。在店里面来人都是我女儿女婿他们招呼的，有时候他们忙不过来了我就去招呼一下，然后人家也听不懂我说什么，我就叫他们（女儿、女婿）去招呼了。（不会说普通话会不会给您的生活带来不方便？）不出去就没事，在店里都是自己家人一起的，都说的老家的土话，但是出去了还是有些不方便，其他人他们听不懂我们老家的土话，标准话我也不会说，还是有些不方便，但是也没有办法，老了学不会啊。②

---

① MNR，男，41岁，撒拉族，小学文化程度，青海循化人，拉面馆经营者。
② HJF，男，60岁，撒拉族，初中文化程度，青海化隆人，拉面馆经营者。

2. 对当地城市方言掌握不够

回族等流动人口对流入地城市方言的掌握及使用情况直接反映了在城市的文化融入程度。如果他们对流入地方言的掌握程度较好，并能使用流入地方言，则说明他们在流入地城市的文化融入较好，反之则说明他们的城市融入不完全。不能用通用语言交流的大多是维吾尔族和进城经营不久的人。问卷调查表明（见表5.2），有57.1%的人既听不懂也不会说当地方言，但还是有一些在城市工作时间长、与当地人交流多的回族等流动人口能听懂而不会说当地方言，占23.0%；表示"只会一点简单的话"的占14.0%；"用当地方言交流没有问题"的仅占5.9%，这部分人主要是进城较早，与当地人交流广泛，甚至有的已在当地娶妻生子，耳濡目染，自然掌握了一定的地方方言。

表5.2　　　　　　　　回族等流动人口方言使用情况　　　　　　（单位:%）

方言使用情况	用当地方言交流没有问题	只会一点简单的话	只能听懂，不会说	听不懂，也不会说
	5.9	14.0	23.0	57.1

访谈：武汉话会说啊，和他们武汉人交流都没问题的。我来武汉时间也长了，9年多快10年了，也有很多武汉的朋友，平时和他们在一起的时候，他们都说武汉话的嘛，时间长了听多了自己也慢慢就会了。其实也没有刻意地去学，这个东西嘛，你长期在这个环境中，周围人说得多了，你听得也多了，就慢慢地也能说了。现在我平时也不戴帽子，出去和别人说武汉话，别人都还以为我就是武汉人呢。那在家和家里人还有老乡这些的还是说老家的话，武汉话就是和武汉人在一起的时候说，店里来吃饭的人，有时候和他们说普通话，有时候也说武

汉话。①

所以从语言交流角度看，回族等流动人口不懂当地方言人数多，说明其在方言掌握使用程度上融入度不高。语言交流障碍势必给其他方面的社会融入带来影响。

那么他们有无进一步学习当地方言的愿望呢？问卷调查表明（见表5.3），有74.2%的人没有学习当地方言的愿望，原因是什么？在访谈中得知，一是大多数人认为方言难学，与来自大西北的地方方言差距太大，学起来有困难；二是缺少学习交流的机会，对经营餐馆者来说，整天忙于经营活动，与当地没有交流的机会，与顾客的交流也是借助于简单的普通话；三是认为学了也没有什么大的用，在几十平方米的餐馆里，不懂当地方言对经营没有什么影响，并且很多人认为又不准备在当地长久居留，今天在这里，说不定明天就又到其他城市了，不可能到一个地方就花费时间学习当地方言，"过客"心理特征明显。

表5.3　　　　　　　　回族等流动人口学习当地方言意愿

是否愿意学习当地方言	是	否
占比（%）	25.8	74.2

访谈：不想学（武汉方言），没必要，学了干吗呢？我们（家人、老乡）之间都是说我们的方言，在外面对别人就说普通话就行了，我觉得没必要学武汉话，又不在这里长待，像我们做拉面的，不固定的，说不定哪天这里生意不好了，我们就去其他地方了，你说学来干吗呢。②

---

① MHF，男，36岁，回族，小学文化程度，青海湟中人，拉面馆经营者。
② HJF，男，60岁，撒拉族，初中文化程度，青海化隆人，拉面馆经营者。

当然，也有25.8%的回族等流动人口愿意学习当地方言。这部分人主要是年轻人，学习的目的是为了交流方便和减少当地人的歧视。

> 访谈：还是想学（武汉方言）的，你像我们出去我现在都不戴（白）帽帽了，戴着出去别人老是看你，有些还离得远远的，好像我要怎么样一样，所以我都不戴了。假如我学会了武汉话，出去又不戴帽帽，说话说的也是武汉话，那别人就不知道我（的身份和民族），他就也不会用怪异的眼神看我了。而且学了武汉话买东西买菜什么的也好和别人讲价，有些他一听你是外地人，很容易宰你的。①

3. 内部交流多用家乡方言或民族语言

不言而喻，回族等流动人口在家乡时主要使用家乡方言，而进入城市后，为了适应城市的生活和环境，他们必须对自己原有的语言交流方式和语言习惯进行调适，因此他们到城市后在日常生活工作中，特别是对外交流时主要使用普通话，有些也能掌握并使用本地方言。但"亲不亲，家乡音"，在城市的少数民族流动者群体中，普遍存在双语现象，就是与外界交流使用普通话，而在群体内部仍使用民族语言或家乡方言。② 回族等流动人口在异地他乡与家人、亲戚、老乡交流时，有92.9%的人用家乡方言，用普通话交流的只有2.8%，更不要说用当地方言了。

> 访谈：和家里人、老乡在一起的时候还是说我们老家的话

---

① MT，男，23岁，回族，小学文化程度，甘肃张家川人，拉面馆经营者。
② 马旭：《少数民族流动人口城市适应研究——以武汉市为例》，博士学位论文，中央民族大学，2007年。

的，普通话就是和别人说的时候，你说青海话他听不懂啊，但是老家的人都是说的青海话，那要是在一起说普通话那很别扭的，有些人还会说你，说哎哟你出去两年了不起了，青海话都不会说了，怎么怎么的，就听了不舒服嘛。但是和别人就要说普通话了，要不是他听不懂，比如说来店里吃饭的人，我问他吃什么的时候就用普通话问，完了我跟厨房说的时候就是我们青海话了。①

表 5.4　　　　　回族等流动人口内部交流语言使用情况　　　　（单位:%）

与家人及老乡交流时用语	家乡方言	普通话	都有
	92.9	2.8	4.3

通过调查和访谈，回族等流动人口在语言使用上将交流对象明显地区分为内部群体和外部群体。当与家人、老乡等内部群体交流时使用家乡方言，而与顾客等外部群体交流时则使用普通话或当地方言。另外，由于特殊的宗教信仰，他们在与内部群体交流时也会夹杂一些宗教习惯用语，如他们在日常生活中或在清真寺遇到老乡等"同质群体"时，往往会主动道"色俩目"（问候语，"你好"的意思），增加彼此的亲近感。因此，回族等流动人口在城市中语言的使用是老家方言、宗教语言、普通话甚至当地方言相互夹杂、相互交错使用的。通常，农村的方言被认为是传统型元素，普通话是现代性元素，而农民工既说原语言，又表示想学说普通话，这在一定程度上体现了农民工既具有传统性又具有现代性。② 如果将老家方言和宗教语言概括为原生语言，将普通话和当地方言概括为习

---

① ZMHM：男，36 岁，回族，小学文化程度，青海化隆人，拉面馆经营者。
② 罗遐:《流动与定居——定居农民工城市适应研究》，社会科学文献出版社 2011 年版，第 160 页。

得语言的话，则回族等流动人口在内部群体交流时使用原生语言，而与外部群体交流时则使用习得语言。

二 对当地风俗习惯的认知程度

如果一个人或群体移入一个陌生的社会并且经过长期的磨合适应后，要长久继续融入这个可以信任和依赖的城市，他或他们就会不遗余力用各种方法渗入城市社会方方面面，以便知己知彼，从社会获取更多的资源。但要想入乡随俗，必须首先对当地风俗习惯有所了解，感知当地民情民俗，自觉走进"他者"世界，这是从"熟人社会"步入"陌生社会"的一个环节，是衡量其融入或要融入的一个选项。

回族等流动人口在传统聚居地的自然环境、社会文化环境与流入地城市存在较大差异，民族的风俗习惯与城市也不一样。这种差异不仅表现在饮食、服饰、婚丧嫁娶、节庆等外显的生活习俗方面，也体现在内在的传统价值观和行为规范。尤其是大部分回族等群众由于特殊的宗教信仰，其饮食、服饰、婚丧嫁娶等习惯都被深深地烙上了民族宗教文化的印记，且都有严格规定。回族等流动人口进入城市后，面对社会环境及文化环境的变化，社会交往对象的多元化，不可避免地要接触到本地的风俗习惯，他们是否了解并能在多大程度上认可和接受流入地城市风俗习惯，对他们的社会适应及融入都有很大的影响。

对四城市回族等流动人口的问卷调查表明（见表5.5），对当地城市风俗习惯"基本了解一些"的有20.9%，"了解很多"的占4.1%，而有近一半（49.9%）选择的是"拒绝了解当地风俗习惯"，有25.1%虽"不了解，但是还是希望能了解"。

表 5.5　　　　　　回族等流动人口对当地风俗习惯了解程度

是否了解本地的风俗习惯	不了解，也不想了解	不了解，但是还是希望能了解	基本了解一些	了解很多
占比（%）	49.9	25.1	20.9	4.1

进一步的访谈发现，回族等流动人口的宗教信仰对认知当地城市风俗习惯有着不容忽视的影响。由于伊斯兰教对回族等的行为和风俗习惯等有一系列的规定和约束，因此他们的风俗习惯与城市汉族居民存在很大差别，而风俗习惯的差异越大，在社会融入的过程中面临的困难和问题也就越多。

> 访谈：（对武汉本地的婚丧嫁娶的风俗习惯）不了解，平时要是有时候他们要请我们了，我们也就是去凑个热闹，去看一下。（有没有参加过这类的事情？）上次我们楼下有个老太太家（有人）过世了，也请了我们去，当时我就和我姐夫去了，他们就要放那个鞭炮嘛，我就说我们少数民族不弄这个的，然后我们就给他们家里人说了一下，说我们到了，来过了，然后我们就走了。毕竟（风俗习惯）都不一样，而且我们也不能在他们那吃饭，所以跟他们说一下我们来过了，就行了就走了。因为我们也认识几年了，相互都熟悉，他们也知道我们的这些（宗教信仰和禁忌），所以也能理解。而且听说城里面的汉族去世了以后都是要火化的，那我们那里是绝对不允许的，我们规定是必须要土葬的，这就有很大的不同，所以我们也不参与他们的这些。①

一般来说，人们在一个环境中居住生活得时间越长，他们对该

---

① MBY，男，42岁，回族，小学文化程度，甘肃张家川人，拉面馆经营者。

地区的社会环境和风俗习惯耳濡目染也就较多,相对来说也就更为熟悉。那么对于回族等流动人口而言,他们在当地的居住时间长短,对他们了解本地的风俗习惯是不是有影响呢?

通过对杭州、宁波362份调查问卷(见表5.6)来了解居住时间与对本地风俗了解程度的关系。从表中可以看出,居住时间较短的回族等流动人口对本地风俗习惯的了解程度要低于在当地居住时间较长的流动人口,特别是对本地的风俗习惯表示"不了解,也不想了解"的调查对象中,居住时间在半年以下的占52%,半年至1年的占58.2%,而居住时间在2—3年、4—8年和9年及以上的比例较低,分别为50%、45.5%和33.1%;而对本地风俗习惯"了解很多"的被调查者比例则随着在当地居住时间的增长而增加,居住时间在9年及以上的人对本地的风俗习惯表示"了解很多"的比例为3%,居住时间在4—8年的为2.3%,而居住时间在2—3年的为2.4%,其他则"完全不了解","基本了解一些"的也是随着居住时间增长而增加,分别为21%、13.5%、15.8%、25%、48.5%,特别是居住9年以上的回族等流动人口对当地风俗习惯了解最多。可见,回族等流动人口在当地居住时间的长短与他们对本地风俗习惯的了解程度呈一定的正相关关系,即居住时间越长,对本地风俗习惯的了解也就越多。

表5.6　回族等流动人口居住时间与对当地风俗习惯了解的关系

了解程度 \ 居住时间 占比(%)	半年以下	半年至1年	2—3年	4—8年	9年及以上
不了解,也不想了解	52	58.2	50	45.5	33.1
不了解,但是还是希望能了解	27	28.3	31.8	27.2	15.4
基本了解一些	21	13.5	15.8	25	48.5
了解很多	0	0	2.4	2.3	3

那么，当地汉族对回族等流动人口是否应该了解当地风俗习惯看法如何呢？对武汉、杭州汉族的168份问卷调查统计说明（表5.7），68.9%的汉族居民认为"应该，要入乡随俗"，18.9%认为"应该，可以增强了解"，二者占87.8%；只有4.1%、8.2%认为"不应该，没必要学习"和"不应该，保持本民族传统文化"。说明当地居民渴望外来回族等流动人口了解当地风俗习惯，以便减少冲突，和谐相处。

表5.7　　汉族对回族等流动人口了解当地风俗习惯的看法

应不应该了解本地的风俗习惯	应该，要入乡随俗	应该，可以增强了解	不应该，没必要学习	不应该，保持本民族传统文化
占比（%）	68.9	18.9	4.1	8.2

表5.8说明，绝大多数城市居民认为外来回族等流动人口应该了解当地风俗习惯，但在了解、适应过程中是否需要改变自己的风俗习惯呢？问卷调查表明（表5.8），认为"有必要"的占54.9%，认为"没有必要"的占45.1%。这说明，当地城市居民对回族等流动人口的民族文化了解程度有限，有相当一部分人认为作为外来回族等要在这里生存、发展，不仅要"随俗"，而且还要入俗。

表5.8　　汉族对回族等流动人口风俗习惯改变的看法

有无必要改变本民族风俗习惯	有必要	没有必要
占比（%）	54.9	45.1

表5.9　　汉族对回族等流动人口文化了解的意愿

是否愿意了解	不愿意	愿意但没有机会	已经了解
占比（%）	78.7	16.4	4.9

表 5.9 说明，汉族不愿意了解回族等流动人口文化的占 78.7%，只有 16.4% 的人愿意了解，但没有机会，真正已经了解的只有 4.9%。这在一定程度上表明，中东部地区城市中的汉族对少数民族的文化了解、学习的主动性还不强。

三 办事习惯的遵从与调适

俗话说"入乡随俗"，外来移民要想在异文化环境中生存并发展，务必洞察当地谋事之道、交往之术，所谓"在什么山上唱什么歌"，即为其寓意。如果仍固守乡土为人处世传统模式，势必为当地文化所排拒，更难以融入社会。

法国社会学家布迪厄认为，共同场域形塑共同习惯，共同习惯形塑共同场域。他将场域定义为"在不同的位置之间的客观关系构成的一个网络，或一个构造"[1]。虽然场域制约个体的惯习，但是对于新移民者而言，他们更多依赖自己原有的生活经验来进行判断，同时借助原住地的各类资本来适应新场域。对于新移民而言，惯习与新场域不契合，惯习遭遇到陌生的场域时，移民主体依然会无意志地按自身的惯习解读和构建陌生的场域，并提供相应的策略，以致使主体言行表现得不合时宜。[2]

回族等流动人口虽然居住在现代化的大城市，但其工作、生活交往、交流范围囿于亲缘、乡缘以及有限的族缘等"熟人社会"，更多依赖彼此之间的信任关系，故而比较频繁的交往办事无疑以家乡传统规则为主，如借钱不打借条、工作不签合同等。

---

[1] 包亚明主编：《文化资本与社会炼金术：布尔迪厄访谈录》，包亚明译，上海人民出版社 1997 年版，第 142 页。

[2] 姜磊、苏长枫、戴烽：《从场域—惯习理论看移民研究》，《理论前沿》2009 年 8 月下。

调查问卷统计说明（见表 5.10），有 56.4% 还是按家乡习惯处理相关事务。

表 5.10　　　　　　　回族等流动人口现在办事习惯

现在的办事习惯	遵循老家的办事习惯	遵循当地的办事习惯	看具体情况
占比（%）	56.4	8.5	35.1

访谈：遇到事情还是按我们老家的办事习惯走，以前老家怎么做的现在还是怎么做。他们（武汉本地）的办事习惯是什么我们也不知道，但是他们这边（武汉本地）的人感觉要贼（精明）一些，心眼也多，说话什么的也油（圆滑）得很，我们和他们不一样，我们还是老实了，太实在了，有时候就很容易吃亏。不过也无所谓了，毕竟和他们打交道的也少，我们出来就只是为了挣钱嘛，其他的也管不了，老老实实做我们的生意就好了。[1]

只有在与"陌生社会"交往时，由于现代社会某些诚信的缺失，回族等流动人口也潜移默化深受现代规则影响，在做人处事等方面遵从当地习俗，但也是少数，仅占 8.5%；也有 35.1% 的人则比较灵活，会视情况而定。无疑后两部分人是适应较强的人群，他们必会成为将来融入城市的先导力量。

不同年龄段回族等流动人口其办事习惯是否有差异呢？通过杭州、宁波回族等流动人口交叉表来作进一步的分析。从问卷统计数据来看（见表 5.11），年龄越大，越倾向于遵循老家办事习惯，其中 18 岁以下的占 50%，46 岁以上的占 73.3%，

---

[1] MPL，男，26 岁，东乡族，小学文化程度，甘肃临夏人，拉面馆经营者。

相差 23.3 个百分点；年龄越小，越倾向于按照当地习俗办事，其中 18 岁以下的占 15.4%，46 岁以上的仅占 3.3%，相差 13.1 个百分点。"看具体情况"而定的也一样。所以，年龄与遵循办事习惯有相关性，即越年轻，越趋于遵从当地办事习惯，并且在办事过程中更灵活。这与年轻人受教育程度高、见识多、工作需要有关。

表 5.11　　　　　回族等流动人口年龄段与办事习惯关系　　　（单位：%）

年龄段	遵循老家	遵循当地	看具体情况
18 岁以下	50.0	15.4	34.6
19—30 岁	62.6	5.3	32.1
31—45 岁	59.1	9.6	31.3
46 岁以上	73.3	3.3	23.3
平均	61.5	7.3	31.3

四　思想观念的变化

回族等流动人口尽管其从事的职业专业化程度较高，日常交往圈子比较小，但也不可避免深受现代城市生产、生活方式和其他民族文化的冲击和影响，在许多方面发生了变化。观念的改变是最难的，但对回族等流动人口适应、融入城市社会也是最为重要的。回族等流动人口通过接受不同程度、不同途径的培训教育，务工人员遵纪守法、诚信经营的理念明显增强，服务更趋于规范。

调查问卷说明（见表 5.12），认为思想观念有转变的占 72%，也就是说，平均有三分之二的人认为比流动前有了变化。

表 5.12　　　　　回族等流动人口思想观念变化情况

外出前在老家时相比，您觉得您现在是否有变化	是	否
占比（%）	72	28

访谈：要说变化，那思想观念上肯定有变化啊。以前在老家的时候见识少，认识的人也就是那么多，平时交往的人也就是那些，人感觉就像是"井底之蛙"一样。但是出来了以后，特别是时间长了就不一样了。像武汉也是大城市了，城市的感觉跟老家的农村感觉完全不一样，在这里见得多了，听得多了，对自己也有影响，就是见多识广嘛。观念肯定是比老家的时候要好一些嘛，比如说对孩子的教育，老家的一些人对教育不是那么重视的，特别是女孩子，认为长大以后都是别人家的，没必要读书，而且早早就给嫁出去了。但是你出来了你就发现没文化还是不行，小孩必须得让他们上学，而且现在看新闻，女孩子有出息的也很多啊，所以不能重男轻女啊。[1]

回族等流动人口的思想观念变化，主要体现在经济观念或经营理念的改变、消费观念的更新、教育观念的转变和生活方式的现代性等方面（见表 5.13）。

表 5.13　　　　　回族等流动人口思想观念变化表现

变化表现	经济观念或经营理念	消费观念	教育观念	穿着服饰	为人处世方式	其他
占比（%）	33.7	25.6	46.9	9.3	18.4	0.4

1. 教育观念

排在第一位的是教育观念变迁（见表 5.14）。认为教育观念发

---

[1]　MBY，男，42岁，回族，小学文化程度，甘肃张家川人，拉面馆经营者。

生变化的占 46.9%，也就是说有一半回族等流动人口认为，通过在城市磨炼，教育观念发生了转变。目前，进入城市的回族等流动人口受教育程度普遍不高，很多人仅仅是小学文化程度，甚至是未上过学的。原因主要在于回族等流动人口流出地经济社会发展相对较为落后，很多人往往是很小的时候就辍学在家，帮助干一些农活，成为家庭的劳动力；同时，当地群众本身对教育的重视程度也不高。但是，他们进入城市以后，对文化教育的认识和态度发生了很大的变化。许多人千方百计将孩子带到教育资源比较好的城市就读，以便获取良好的教育。如青海省海东市从事拉面经济在外务工人员子女在当地入学人数就达到 5563 人。[1]

表 5.14　　　　　　　　回族等流动人口教育思想观念变化

对子女上学的期望	不用上学，读书没有什么用	上学不上学无所谓	上完小学或初中能识字就行	到技术学校学点技术	上大学	上大学以后能上研究生
占比（%）	0.7	3.5	10.0	2.8	59.9	23.1

回族等流动人口对后代教育的期望是教育观念变化的反映。流动人口一代、二代都从事的是技术要求简单、工作时间长而且不稳定的工作，在这个层面上很难实现横向或纵向的社会流动，特别是向上的社会流动更是天方夜谭。那么他们艰难的经历和缺少文化带来的苦恼，会促使他们把未来的期望寄托于后代身上。而这种期望唯有通过教育途径来实现，其中能接受高等以上教育是必备条件。调查显示，回族等流动人口希望后代接受大学以上教育的占 59.9%，对子女教育期望值很高。教育观念的转变，已经不满足于接受基础教育了。认为"上大学以后能上研究生"的占 23.1%，"不用上学，读书没有什么用"的仅占 0.7%。

---

[1] 海东市政府《关于赴省外调研拉面经济发展情况的报告》，2014 年 8 月。

在进一步的深入访谈中了解到，很多回族等流动人口也都表示"上学、学文化很重要"，体现出他们对下一代教育的重视，并且在访谈中也经常会听到"希望孩子能考上好的大学，将来找一份好的工作，不要走我的老路"，"再不要像我们吃了没有文化的亏，只能干这种辛苦活"等类似的朴素、真实的诉求。对于子女由于一些原因不能上学读书，他们往往是无奈的，并仍然积极寻找机会尽力使他们能上学接受教育。

> 访谈：我对孩子的期望还是很高的，像我自己没什么文化，就只能是开拉面馆。你说干这个虽然也能挣点钱吧，但是这都是辛苦钱啊。起早贪黑的，真是不容易。我们在这里挣钱也都是为了孩子们嘛，你说我们能花多少呢，赚点钱供孩子们上学。两个孩子现在都跟着过来了，这里的教学质量肯定比我们老家好多了，老师教得肯定也比老家好。再说老家没人管也不行，爷爷奶奶管不住，那学习肯定是上不去的。在这里虽然上学的花费肯定是比老家高，但是只要他们能好好学，都无所谓，我们努力挣钱供嘛。学文化很重要，在孩子上学上花再多钱都是应该的。希望他们能好好学习，将来考上高中，再考个好一点的大学。有文化的和没文化的到底不一样，你像我们没文化就只能做苦力，那些有文化的就能坐办公室，那多清闲，他们要是能上大学，将来找一份好的工作，就再也不会像我们这样辛苦了，也就有出息了。①

> 访谈：我没上过学，不识字的，但是我有一个观念，那就是我的孩子必须要好好读书，我们再辛苦也都愿意，要不然没文化，到时候就又走我们的老路了。赚的都是辛苦钱，希望他

---

① MNR，男，41岁，撒拉族，小学文化程度，青海循化人，拉面馆经营者。

们好好上学，学好文化了将来就不要再受我们这样的罪了，到时候工作肯定比我们好，那我们也就放心了。①

从上面的调查和访谈可以管窥回族等流动人口对子女教育的重视程度和对子女上学的期望值之大。说明他们传统的教育观念有了一定的转变，即希望子女能好好读书，上高中、上大学，从而拥有美好的前途。

因此，随着回族等流动人口教育观念的转变，他们的下一代在人力资本方面必然会高于他们自己，且在将来将会具备更多的现代化所需要的素质和能力。

2. 经济观念或经营理念改变

回族等流动人口进入中东部地区城市的主要目的是增加经济收入。但经济收入的增加与否以及增加多少，与其经营理念能否适应现代城市社会生产经营模式是有关联的。调查问卷表明，认为经济或经营观念有所改变的有33.7%，主要体现在经营内容能入乡随俗，不断调整经营策略，满足不同地区、不同层次顾客需求，如经营的拉面品种多，既有拉面也有炒菜；既要适合北方人，也要适合南方人的口味。

访谈：出来做生意，你必须要满足顾客的要求，比如说这边人吃米饭的多，我们就做炒饭、盖饭这类的，他要说不要香菜、葱，你就不能放。还有一些人拿酒来我们这里喝，我们是不能卖酒的，也不能提供喝酒的场所，那你就要好好跟他说，你不能一上去就和人家吵。有些都是老顾客，你要跟他吵了，和他有矛盾了，他出去跟周围的人一说，说我们这店里怎么怎

---

① GXM，女，39岁，回族，不识字，青海化隆人，拉面馆经营者。

么的，不要再去他家吃了，那来吃饭的人肯定就少了，就不合算了。①

访谈：现在武汉的拉面馆很多了，我们这往前走那个路口转过去就有一家，而且其他卖面啊粉啊的也很多，像武汉的热干面、牛肉面、牛肉粉、桂林米粉这些的，所以除了回族的，其他的选择很多，给我们的竞争也很大，所以就要想办法吸引顾客来你这吃。我去年给这个店门口拉面的那个地方做了一个透明的操作间，就是你看那个门口玻璃的那里，这样做一方面把外面路上的灰尘这些的就挡住了，另一方面他来吃面的时候也能看到我们拉面师傅的操作，你也知道我们回族的东西本来也很干净的，这样做就是让他们能看到我们的东西干净，他们吃得也放心。②

特别是许多回族等流动人口在外积累一定资金后，又回到家乡创业，回馈家乡。如化隆县回乡创业的企业达到24家，吸纳就业300人，年实现经营性收入3亿元，产生利润1亿元，务工人员年收入达0.3亿元。③

3. 消费观念转变

消费观念是人们对待其可支配收入的指导思想和态度以及对商品价值追求的取向，是消费者主体在进行或准备进行消费活动时对消费对象、消费行为方式、消费过程、消费趋势的总体认识评价与价值判断。④ 四个城市调查问卷说明，认为到城市后，消费观念有变化的占25.6%。从前文可以看出，回族等流动人口更愿意将资金

---

① MNR，男，41岁，撒拉族，小学文化程度，青海循化人，拉面馆经营者。
② ZMHM，男，36岁，回族，小学文化程度，青海化隆人，拉面馆经营者。
③ 根据2014年8月化隆县就业局汇报材料整理。
④ 沈幼华、沈建华：《上海市高职院校大学生体育消费现状调查分析》，《商场现代化》2008年第33期。

投资在经营领域和子女教育方面，前者可以不断扩大经营规模，后者是为未来子女前途投资。

4. 其他观念的改变

在人际交往方面，有18.4%的人还遵循传统方式。但在穿着服饰方面思想观念变化大的还是"90后"的年轻人。男子穿现代流行时尚服装，女子描眉涂妆的也有，但非常少。绝大多数回族等流动人口仍恪守传统，男戴号帽，女着披巾。

五　宗教信仰与生活习俗的调适

回族等流动人口中，多数人信仰伊斯兰教。伊斯兰教对于他们而言，既是一种信仰，也是一种生活方式。在信仰上，除了要求基本的"五功"外，还要将伊斯兰的价值观念贯穿于生活的始终。因此，伊斯兰教与许多回族等流动人口的日常生活是密不可分的，是他们日常生活中不可或缺的重要部分。他们从宗教文化氛围浓厚的民族聚居区来到宗教文化氛围淡薄、以汉族为主的城市后，社会环境发生了巨大的变化，他们的宗教生活是否适应环境的变化，如何适应以及在适应过程中发生了哪些变化，这是考察其城市融入过程中的主要内容。但需要指出的是，这里所说的宗教生活调适是指回族等流动人口进入城市以后，面对高"异质性"的城市社会环境，为了能够顺利地在城市生存和发展而对涉及宗教信仰的各个方面所进行的调适。"适应"不是宗教的信仰体系这一核心观念的变化，而只是在信仰表达的外在形式或者与国家方针有共享边界的宗教伦理和道德资源等方面的适应。[1] 构成回族等流动人口宗教生活的主

---

[1] 周传斌、杨文笔：《城市化进程中少数民族的宗教适应机制探讨——以中国都市回族伊斯兰教为例》，《西北第二民族学院学报》2008年第2期。

要因素包括宗教场所、宗教活动及其社会支持网络等。[①]

1. 日常宗教生活

回族等流动人口进入城市后，由于大的社会环境发生变化，且受自身工作条件的限制，其原本正常的、有规律的宗教生活必然会受到一些影响，这里主要从礼拜和封斋这两项基本的宗教功课变化来说明。

（1）流动后礼拜次数大大减少。"礼功"也称"拜功"，是穆斯林向安拉表示归顺、感恩、赞颂、祈求、忏悔的一种宗教仪式，是伊斯兰教五项宗教功课中的一项。按照伊斯兰教的规定，穆斯林每日必须面朝麦加克尔白做五次礼拜，即晨礼、晌礼、晡礼、昏礼、宵礼。除每日五次礼拜外，每周要举行一次星期五聚礼（主麻拜），每年开斋节和古尔邦节要参加集体会礼。我国的回族、撒拉族、维吾尔族等10个多数人信仰伊斯兰教的少数民族主要分布在西北地区。在传统社区，他们世世代代聚居在一起，共同生活、生产，享有相似的伊斯兰教文化，对宗教信仰非常虔诚。而清真寺是一个社区进行宗教活动的中心，主要的功能是供教徒聚会做礼拜。而是否能经常去清真寺做礼拜也说明对伊斯兰教的信仰程度。从调查情况看（见表5.15），大多数流动人口在流动以前每天或每周去清真寺礼拜，每天去的60.5%，每周去的17.0%，女性一般不去清真寺礼拜，可以在家做礼拜。

回族等流动人口离开原来的生活环境而进入异质性较高的城市以后，面对宗教社会环境和自身生活的变化，其宗教礼拜情况是否会发生变化呢？

[①] 谈天：《论流动穆斯林的宗教生活与城市社会适应：以东部沿海城市为例》，载国家民委民族问题研究中心、中央民族大学宗教研究所《宗教与民族》第七辑，宗教文化出版社2012年版。

表 5.15　　　　　回族等流动人口在流出地的宗教生活情况

在老家时的宗教生活情况	每天去	每周去	每月去	特殊情况去	不去（女性）	不一定
占比（%）	60.5	17.0	0.9	2.1	13.5	6.0

　　进城以后，到清真寺礼拜的频次明显减少。由于白天要工作，加上城市清真寺在城市空间分布不合理，距离工作地方很远，不可能每天都去。一般主麻日去清真寺，但也只能是一部分人才能做到，在店里打工的员工放不下手中的工作，很少有时间去从事宗教活动。调查表明（见表 5.16），每天去清真寺的只有 22.6%，每周去的达到 48.3%。实际上，这是问卷调查数据，根据我们观察和访谈，能够保证每周主麻日去清真寺做礼拜也不是很多，只有那些在城市时间长、店里员工多的人才可以经常去。另外，从参加主麻日礼拜人数看，有相当一部分人没有参加活动。如杭州凤凰清真寺，主麻日参加礼拜人员有五六百人，但据清真寺阿訇估计，杭州有外来回族等 15000 人左右，也就是说，每周只有部分人在清真寺做一次礼拜，其他人只能在家里或店里做。

表 5.16　　　　　回族等流动人口在流入地的宗教生活情况

现在的宗教生活情况	每天去	每周去	每月去	特殊情况去	不去（女性）	不一定
占比（%）	22.6	48.3	0.5	5.6	14.7	8.3

　　所以，回族等流动人口进入城市后，他们原本有规律的、正常的宗教活动在某种程度上受到了很大的影响（见表 5.17）。有 79.4% 认为"比老家的时候减少"，19.0% 认为"没有什么差别"，只有 1.6% 认为"比老家的时候增加了"。

表 5.17　回族等流动人口在流出地与流入地的宗教生活情况比较

与在老家时相比, 您现在的宗教生活	比老家的时候减少	没有什么差别	比老家的时候 增加了
占比（%）	79.4	19.0	1.6

访谈：在老家的时候每天都去清真寺，每天五次礼拜也都做的；但是现在在武汉就没有去过清真寺了，我父亲去过，我就没有去过了，（每天五礼还做吗？）也没有做了，（为什么？）没时间啊，你想这店里一天一直都有人来吃饭的，根本没有空，我们出来就为了挣点钱，要是去做礼拜了生意肯定会受到影响。[1]

（2）宗教生活变化的影响因素。从调查的情况看（见表5.18），流动人口的宗教生活在流动前后存在着差别。而导致宗教生活差别的因素是多方面的。

表 5.18　回族等流动人口在流入地宗教生活减少的原因

原因	工作太忙没有时间	清真寺太远不方便	清真寺管理设施不方便	缺少宗教朋友	缺乏宗教生活氛围	被人歧视	其他
占比（%）	66.4	34.0	0.7	3.8	5.5	0.9	3.9

第一，回族等流动人口的工作性质使他们没有过多时间去做礼拜。回族等流动人口在流动之前大都从事农业生产，劳动的时间和劳动强度都是个人可以自由支配的，而且劳动的地点就在附近，去清真寺也很方便。但是进入城市后，回族等流动人口由于大多从事餐饮服务业，工作时间与礼拜时间有时会冲突，如中午的晌礼时

---

[1] MT，男，23岁，回族，小学文化程度，甘肃张家川人，拉面馆经营者。

间，正好是顾客来吃饭的高峰期，是各拉面馆生意繁忙、工作时间最紧张的时候，不可能停下手里的工作而去做礼拜。回族等流动人口来城市的主要目的是挣钱、增加自己的经济收入。如果因为宗教生活影响做生意，也就违背了他们来城市的初衷。另外，由于拉面馆工作时间很长，基本都超过了12个小时，工作劳动强度很大，难得有休息的时间，而礼拜之前都要进行"小净"，但是高强度的繁忙工作导致他们没有时间也没有条件来完成每天的宗教生活。认为宗教生活减少的原因中，因"工作太忙，没有时间"的占66.4%，说明工作原因对宗教生活的影响之大。可见，回族等流动人口宗教生活的减少是由于他们的生活所迫，是无奈之举。因此，有的回族等流动人口不能按时完成每天的五次礼拜，只能选择在主麻日参加聚礼，以弥补平时礼拜的不足。

访谈：以前每天都去清真寺的，每个村子都有清真寺，很方便的，现在也就是周五主麻的时候来，有时候都还来不了，生意忙的时候就顾不上了，像现在生意淡了有空了就来做主麻。以前老家的时候基本上一天五礼，现在要做生意没那么多时间了，就有空的时候自己念《古兰经》，背诵《古兰经》的一些内容，算是补上吧。封斋基本上都在家里（老家）封斋，就回（老）家去了，没有在外面封斋过。现在的宗教生活比老家少多了，很少很少了，有时候顾不上的时候就基本上很少了，就是在外面了要做生意首先要生活啊，身不由己，也是没办法啊。①

第二，由于去清真寺距离较远，使很多流动人口去清真寺礼拜

---

① MSD，男，28岁，回族，不识字，青海化隆人，拉面馆经营者。

不方便。有34%认为宗教生活减少的原因是宗教场所太远。根据他们流动人口介绍，在他们的流出地——西北回族等聚居的农村地区，基本上每个村子都有清真寺，他们去清真寺的距离一般为5—10分钟的路程，很多都是在家门口，每天去清真寺做五次礼拜非常方便，前后礼拜的时间都不超过20分钟。但是到城市以后，城市面积很大，但是清真寺很少。很多回族等流动人口从自己的拉面馆到清真寺的距离都在半个小时以上的车程，有些甚至要一两个小时。这样他们就没有办法坚持去清真寺每天完成五次礼拜，甚至很多人在周五参加主麻拜都很不方便。因此，很多人只能在家里或拉面馆内完成每天的礼拜功课，而在拉面馆内往往又因为客观条件的限制和时间的局限而使礼拜功课的完成受到很大的影响。如在武汉市，清真寺只有4座。根据武汉市起义门清真寺W阿訇讲述："来这里（起义门清真寺）的很多，主要是西北来开拉面馆的，这部分人都很虔诚，再就是学校的学生，我们这个清真寺比较小，有时候人太多了根本装不下，特别是开斋的时候，来做礼拜的在门口一直到外面的巷子里都有。"

根据调查（见表5.19），对清真寺的分布表示"非常合理""比较合理""合理""不太合理"的流动人口分别占调查样本的10.9%、31.6%、27.3%、11.4%，此外还有18.8%表示"不知道"。说明大部分流动人口（69.8%）认为清真寺分布合理，而另一小部分的流动人表示清真寺分布不合理，主要原因是"清真寺太少，离店太远，去礼拜很不方便"。如广州市现有清真寺仅4座，分别位于光塔路56号的怀圣清真寺、位于解放北路901号的先贤古墓、位于天成路濠畔街378号的濠畔清真寺以及位于越华路小东营1号的小东营清真寺。据统计，这4座清真寺的大殿可使用面积分别为428.6平方米、85.2平方米、381.4平方米、115.8平方米，也就是说广州市所有回族等可用于礼拜的殿面积只有1011平方米。

浙江杭州、宁波较少，目前各有一座，杭州正在新建另一座，显然不足。这样就出现一个值得关注的问题即私人礼拜地点的出现，给宗教场所管理带来新挑战。

表5.19　　　回族等流动人口对清真寺在流入地空间布局看法

看法	非常合理	比较合理	合理	不太合理	不知道
占比（%）	10.9	31.6	27.3	11.4	18.8

如果将城市清真寺与老家的清真寺相比（见表5.20），19.8%的流动人口认为"比老家的好"，27.5%认为两者"差不多"，认为"不如老家的好"的占40.2%，还有12.5%表示"说不清"。可见，虽然回族等流动人口对清真寺的设施、管理等评价整体较高，对清真寺比较满意，但是认为老家清真寺比城市清真寺好的仍然比例较高，这说明他们对老家清真寺的认同与归属感高于对城市的清真寺。

表5.20　　　回族等流动人口对流出地与流入地清真寺的比较

与老家清真寺比较	比老家的好	差不多	不如老家的好	说不清
占比（%）	19.8	27.5	40.2	12.5

第三，由于缺乏宗教生活氛围而对宗教生活产生限制。一个个体是生活在社会中的个体，他在社会环境中的社会活动并不是孤立的。个体的社会活动既是环境和社会结构的产物，也是一定场域的产物。回族等流动人口的流出地是回族等的聚居区，民族、宗教文化氛围浓厚，他们在这样的环境中从事宗教活动，周围的人也不会觉得有不妥。但是在城市，伊斯兰教文化便显得与城市社会有较大的差异，甚至会遭受他人异样的眼光和不理解。另外，在流出地大

家可以一起去做礼拜,并互相交流宗教信仰和功课中的感受,互相帮助解决宗教功课中的问题等。但是进入城市后,原本聚居的居住格局被打破,流动人口散居在城市中,这种居住格局也不利于他们互相交流宗教信仰和功课中的感受和体会,必然会影响到他们的宗教功课的完成。因此,社会环境、宗教氛围的变化在一定程度上限制了回族等流动人口宗教功课的完成。

2. 清真食品

清真食品是指按照我国回族、维吾尔族、哈萨克族等少数民族的饮食习惯,屠宰、加工、制作的符合清真要求的饮食、副食品、食品。清真是回族等饮食习俗的核心,伊斯兰教义下的饮食禁忌是其具体表现。以《古兰经》和《圣训》为依据形成的伊斯兰教的有关饮食规定,主张回族等饮食以清洁卫生、防病保健为原则,提倡有益于身心健康的动物等食品,但强调猪肉、血液、自死物及酒类为"禁忌"品。因此,穆斯林不吃猪肉、自死物、血液,不喝酒。这些饮食禁忌构成了回族等饮食文化中的显著特点,这一点与汉族及其他民族的饮食文化形成鲜明的对比。

来自西北的回族等流动人口在老家的时候都能严格遵守这种饮食禁忌,那么他们来到城市后,其饮食习俗是否会发生变化呢?在这些回族等流动人口经营的拉面馆往往都会在最醒目的地方标明"清真"字样,并特别注明"谢绝外食"。此外,拉面行业的流动人口不仅不饮酒,拉面馆也不出售酒,这是行业内必须遵守的规矩,一旦某个拉面馆卖酒就会在大家心目中没有了地位,而且还禁止顾客在店内饮酒。

回族等流动人口在饮食上有特殊的需求,清真食品供应能不能满足需求,主要体现在出售点的多少、品种的多寡、食品生产许可否等方面。由于中东部地区城市世居回族等人口过去相对较少,因此过去对清真食品的生产与供应不够重视，特别是近年来大量回族等流动人口进入城市，而城市在这方面又准备不足，因此在清真食品方面存在问题比较多。主要是城市清真食品供应网点较少，而且清真食品企业规模小、档次低、经济实力弱，造成清真牛羊肉价格偏高，还存在一定的清真食品"不清真"的现象。如武汉市有10家大型清真餐馆中，1家歇业，8家是北京东来顺餐馆连锁店，以火锅为主，生意低迷，仅有两三家经营效益相对较好。3家清真肉食企业中，1家歇业，2家屠宰业中一家是国有老企业改制为民营企业，勉强维持经营；另一家承担政府供应职能，但供应数量也有限。除几家规模比较大的企业外，多数企业是小门小户的经营，规模小、档次低、工业化程度低。虽然国家有规定有条件的超市要设立清真食品专柜，但由于购买人数有限，真正坚持开设下去的很少。调查说明（见表5.21），认为清真食品方便易购的仅9.4%，"比较少，且品种单一"的占17.6%，"太少，生活不便"的占65.5%，认为"价格昂贵"的占1.4%，"一些清真食品并不清真"占6.1%。我们在调查中也发现，清真餐馆和平时所需牛羊肉都从清真寺旁回族等经营的牛羊肉铺购买，并且一般是打一个电话，就送上门来。宁波后湖清真寺旁边就由一户兰州回族等经营牛羊肉，很纯正，深得回族等信任。杭州、宁波经营牛羊肉有3家左右，并且他们本身也是流动人口。同时"主麻日"清真寺附近也成为清真食品的交易市场。

表5.21　　回族等流动人口对流入地清真食品供应情况的看法

清真食品供应情况	方便易购，品种丰富	比较少，且品种单一	太少，生活不便	价格昂贵	一些清真食品并不清真
占比（%）	9.4	17.6	65.5	1.4	6.1

访谈：（在武汉）清真的东西特别少，像我们平时的话吃饭就在自己店里面，出去的话吃饭基本上也都在拉面馆，再就是周五去清真寺主麻的时候有些在清真寺门口卖一些饼子啊什么的，可以买一些回来吃，其他的都不敢吃的。其他清真的东西很少，像上次我回家的时候在火车上要买方便面嘛，哎呀转了好多超市啊，很多都没有卖的，最后好不容易在一家商店买到了，真是不好买。还有一些虽然打着清真的牌子，但是我觉得很多都是假的，还是不敢买，我们店里用的牛肉都是从老家那边运过来的，虽然贵一点，但是心里踏实啊。①

3. 宗教信仰与文化融入

宗教具有社会控制、社会整合以及促进个体社会化和进行心理调适的社会功能。对于回族等而言，伊斯兰教的思想与伊斯兰传统文化等是密切相关的，伊斯兰教的信仰与他们的生活息息相关，渗透其生活、文化、心理等各个方面，有其特定的功能与作用。具体到回族等流动人口而言，特有的宗教信仰和宗教生活习惯既是他们重要的社会资本，为他们提供有力的社会支持和心理慰藉，有利于他们在城市实现城市融入的最终目标，但是与流入地截然不同的生活习惯和文化也不利于其与当地群众的社会融合，在某种程度上对其社会融入有一定的阻碍作用。

第一，提供社会支持。少数民族人口迁移后会自发形成本族人相对聚居的小社区，使本族的生活习惯、宗教生活得以保持，生活上便于互助，也较易于集体争取自身合法权益。② 对于大多数回族

---

① MNR，男，41岁，撒拉族，小学文化程度，青海循化人，拉面馆经营者。
② 马戎：《民族社会学——社会学的族群关系研究》，北京大学出版社2004年版，第38—39页。

等流动人口而言，宗教生活不仅仅是强化宗教信仰、凝聚民族内聚力、加强民族认同、固化民族文化的纽带，而且也是他们在城市里互相帮助、解决困难、提供心理慰藉的桥梁。回族等流动人口对伊斯兰教的认同和归属是形成族缘社会关系资本的基础。通过对宗教信仰的认同和归属，使回族等流动人口形成了一定的凝聚力和团结力，这在他们适应并融入城市中发挥了重要的作用。

第二，进行心理调适。根据美国心理学家马斯洛的需要层次理论，生存需要是人类最基本的需要。但在生存需要的基础上，人们还需要更高层次的爱和归属的需要。回族等流动人口在进入城市以后，由于环境的变化、社交网络的缩减，生活、文化等方面的冲突，必然遭受一定的文化震惊和心理的陌生与失落感。而伊斯兰教对回族等而言不仅仅是宗教信仰体系，更是一种社会价值观念。回族等流动人口以《古兰经》和"圣训"为思想准绳，在生存和发展的过程中协调各种社会关系、实现心理寄托，从而形成了关于家庭、从业、社交等方面的一系列的道德规范和伦理准则。这些规范和准则是回族等的重要精神支柱，可以为流动人口提供安全感和心理慰藉，使之消除心理上的焦虑和恐惧。因此，可以说流动人口进入城市后，"宗教活动甚至比在老家时更能发挥缓解生存压力、充当交际媒介以及凝结乡情和民族感情的作用"[①]。

第三，社会交往功能。回族等流动人口从原来的松散自由的乡村熟人社会来到充满紧张感与压力的陌生社会，原来的人际关系逐渐疏远甚至淡薄，而与本地居民的交往又处于断裂状态，这就使他们的不安全感和无归属感逐渐凸显。而组织性较高的宗教通过一定的宗教仪式、宗教功课、生活方式等，能够将原本松散、断裂的人际交往关系重新黏合起来，在一定程度上消除了回族等流动人口心

[①] 杨圣敏、王汉生：《北京"新疆村"的变迁——北京"新疆村"调查之一》，《西北民族研究》2008 年第 2 期。

理上的不适感，有利于增进人际和谐。对于回族等流动人口而言，宗教信仰是他们在家庭之外，在经济型工作关系之外，能够与他人进行非功利性交往的一个重要途径。

但是，宗教信仰也对回族等流动人口的城市融入产生矛盾。

第一，宗教信仰与经营的矛盾。回族等流动人口流入城市的主要目的是挣钱、提高自己的经济收入，但是伊斯兰教除了强调思想上的信仰外，还确定了一系列的宗教功课和礼仪，对于以谋生为主要目的的流动人口而言，过多严格的宗教生活会使他们处于两难的境地：如果要一心一意从事经济活动，以提高自己的经济收入，则必须对宗教功课等有所放松甚至放弃；如果要严格完成宗教功课，则必然会对自己的经营工作产生影响，就必须减少经济活动，从而经济收入也会随之减少。这必然给流动人口心理上带来困惑和矛盾。

第二，造成社会认同的"内卷化"。"内卷化"最初是由美国的人类学家登威泽提出，[①] 1963年美国人类学家格尔兹在《农业的内卷化：印度尼西亚生态变迁的过程》一书中，提出了"农业内卷化"，借以描述印度尼西亚爪哇地区农业生产过程中所出现的一种生态稳定性、内向性、人口快速增长、高密度的耕作过程。回族等流动人口在城市融入过程中，由于特殊的宗教信仰及一系列的生活习惯和文化，导致其与本族群群体的交往和互动密切频繁，而缺乏与族外群体的交往和互动，造成族群认同的"内卷化"和社会交往的"内卷化"，成为影响其社会融入的障碍因素。

第三，加大与本地居民的社会距离。作为一种意识形态，宗教通过"使个人接受宗教价值及有关的人的本质命运的教理，帮助个

[①] 刘世定、邱泽奇：《内卷化概念辨析》，《社会学研究》2004年第5期；黎明泽：《浅论城市融入过程中的社会认同"内卷化"——以沿海城市少数民族流动人口为例》，《广州社会主义学院学报》2010年第4期。

人理解'我是谁',进而使具有同一信仰的人们集结成某种宗教群体,达到群体认同"[1]。这种认同仅仅发生在回族等群体之中,造成他们对本群体的强烈认同而对外群体造成排斥。回族等流动人口由于特殊的宗教信仰,容易将自己与城市居民进一步区分开来,彼此之间形成隔阂,最终无法真正实现在心理层面的适应与融入。

---

[1] 戴康生、彭耀:《宗教社会学》,社会科学文献出版社2007年版,第140页。

第六章

心理融入

回族等流动人口城市融入最关键最重要的一环，也是整个城市融入过程中最后的一环，便是身份认同与心理归属。格雷夫斯认为，心理融合是指"个体通过与其他文化群体的实际接触所导致的心理与行为上的变化"[1]。国内学者借鉴欧盟社会融合指标和移民整合指数，提出了一套农民工城市融合度的评价指标体系。在这个体系中，将心理和文化融合作为城市融合的主要维度之一。包括身份认同、文化适应和城市评价，并且指出心理和文化融合属于主观评价指标。[2]

心理层面的融入属于精神范畴，反映的是回族等流动人口渗透城市生活的深度。只有实现了心理层面的融入，才能说明流动人口完全融入了城市生活。可以说，心理层面的融入是城市融入的最终标志和根本体现。国外关于西方社会移民的研究发现，移民特别是跨国和跨民族的第一代移民，要放弃自己原有的国籍和民族身份，转而认同自己为新的国家或新的民族的一分子是非常困难的，这种身份认同和心理归属的转变过程远远超过了其经济层面和社会行为

---

[1] Graves T. D., Psychological Acculturatiaon in a Triethnic Community, *South Western Journal of Anthropology*, 1967, 23: 337–350.

[2] 黄匡时：《流动人口"社会融合度"指标体系构建》，《福建行政学院学报》2010年第5期。

层面的融入，甚至有的移民终身都无法实现对迁入地社会的身份认同和心理归属。当前我国流动人口的生活状态被学者称为"流而不迁"，形成与流入地户籍人口相对应的两类人群：常驻的"外来人"和候鸟式的"迁徙人"。① 这种状态恰恰反映了流动人口并没有能很好地融入流入地城市社会，长期的迁徙颠簸正是流动人口内心缺乏归属感的表现。与此同时，这种状态又阻碍了他们融入城市社会的进程。作为流动人口一部分的回族等流动人口的状况亦是如此。因此，只有建立了对城市社会的认同和归属感，真心情愿在流入地城市打拼和长期定居生活，回族等流动人口才有可能将自己视为城市社会的一分子，实现城市融入的终极目标。

对回族等流动人口的心理层面的融入状况，主要从社会认同、歧视与偏见、社会距离、居留意愿与未来打算几个方面来研究。

一 社会认同

泰菲尔将社会认同定义为："个体认识到他（或她）属于特定的社会群体，同时也认识到作为群体成员带给他的情感和价值意义。"② 特纳认为，个体通过社会分类把群体分为内群体和外群体，并通过自我归类将自己归于某一群体。③ 社会认同对于流动人口的社会融入具有重要的意义。一方面，流动人口在城市生活、工作并与城市居民在交往互动的过程中，必然会感知到城乡的差别以及自己与城市居民之间的差距。基于这些差别及差距，他们会对自己的身份和情感归属等产生认知，进而产生身份认同和对城市的认同与

---

① 杨菊华：《从隔离、选择融入到融合：流动人口社会融入问题的理论思考》，《人口研究》2009年第1期。
② 转引自张莹瑞、佐斌《社会认同理论及其发展》，《心理科学进展》2006年第3期。
③ 郭星华、邢朝国：《社会认同的内在二维图式——以北京市农民工的社会认同研究为例》，《江苏社会科学》2009年第4期。

归属。另一方面,如果流动人口特别是乡—城流动人口对城市社会产生认同,他们对城市的情感和归属也就相对较高,也就更有利于他们的城市融入。因此,社会认同不仅仅是流动人口城市融入的测量指标,也对城市融入具有重要影响。在此,通过调查问卷和访谈,从身份认同和城市认同两个方面来探讨中东部地区城市回族等流动人口的认同问题。

1. 身份认同

回族等流动人口进入城市后,面对新的环境,在某些场域中他们便会在无意识中判定自己关于"我是谁"的角色属性,进而对自己在现实中的自我身份角色进行判断和感知,即"我的身份是农村人还是城里人,还是农民工或是外地人"。北京市调查表明,流动人口认为是城里人的占19.6%,外乡人的占55.7%,农民工的占13.5%,农村人的占11.3%。[1] 对昆山市的流动人口调查中,51.7%的人认为自己是农村人,20.7%的人认为自己是城里人,另有27.6%的人说不清楚。[2] 全国调查表明,52.7%的流动人口认为自己是外地人,44.9%的受访者认为自己是本地人。[3] 由此可见,尽管在外来人口中,有一部分人在现居住地已经居住了较长的时间,有了稳定的工作和生活,基本实现了经济上的融入,但是,他们并没有完全认同"本地人"的身份,还没有真正从心理上实现城市融入。

对回族等流动人口调查问卷表明(见表6.1),41.3%的认为自己是农村人,8%的认为自己是农民工,40.6%的认为自己是外来人口,只有10.1%的认为是城市人。由此可见,调查问卷中的绝

---

[1] 沈千帆主编:《北京市流动人口的社会融入研究》,北京大学出版社2011年版,第134页。

[2] 张肖敏:《流动人口的城市融入——昆山市玉山镇调查》,中国人口出版社2006年版,第144页。

[3] 李培林等:《当代中国城市化及其影响》,社会科学文献出版社2013年版,第45页。

大多数回族等流动人口并未认知自己的城市居民身份，城市也没有从社会均等化方面接纳流动人口，何况是文化、从业差异很大的回族等流动人口。通过进一步的访谈也发现，虽然有些流动人口在城市生活经营已经多年，在很多方面都已经适应了城市生活，但是他们自己仍然感觉与城市格格不入。他们也都有这样一种观念，即"我们就只是来城市挣钱的农村人，不管在城市待多久，那也和城里人不一样，最后还是要回农村去的，始终还是农村人"。另一个变化是，虽然他们大都来自农村，但是他们对"农民工"的身份认同较低，只有8.0%，许多人感觉"我们比他们（农民工）好一些吧，收入可能比他们高一点"，"我们和他们（不一样），工作不一样，虽然都辛苦，都挣的辛苦钱，但是我们有自己的店面，也还能算是老板吧，他们就是打工的，像那些在工地上打工的那些，比我们辛苦多了"。

表6.1　　　　　　　　回族等流动人口对现在身份的认同

现在的身份	城里人	农村人	农民工	外来人口
占比（%）	10.1	41.3	8.0	40.6

访谈：那肯定还是农村人，我们不可能是城里人。因为本来我们就是从农村来的，我们的根在老家农村，来城里就是没办法了来挣钱的，挣上钱了就回去了，不可能一直在这里，而且他们这里的生活习惯什么的和我们完全都不一样，我们有我们自己的教门，在这里都没有。反正和城里人不一样的，再怎么也是农村人。[1]

---

[1] GXM，女，39岁，回族，不识字，青海化隆人，拉面馆经营者。

下面以杭州、宁波两城市 357 份问卷为样本,来分析不同年龄段的回族等流动人口对自我身份的认同关系(见表 6.2)。

表 6.2　　　　回族等流动人口年龄段与身份认同关系

年龄段(岁) \ 身份认同占比(%)	城里人	农村人	农民工	外来人口
18 以下	11.1	44.4	3.7	40.8
19—30	7.5	32.6	9.1	50.8
31—45	9.7	24.8	10.6	54.9
46 以上	13.3	36.7	13.3	36.7
平均	9.0	31.4	9.5	50.1

从表 6.2 可以看出,不论是哪个年龄段的回族等流动人口,将自己定位"农村人"的比例都很高,除了 31—45 岁年龄段是 24.8% 之外,其他皆在 30% 以上,尤其是 18 岁以下更高,有 44.4%。而认为自己是"城市人"的比例却很低。具体来看,18 岁及以下的回族等流动人口中,认为自己是"城市人"的只有 11.1%,另外有 3.7% 的认为自己是"农民工",40.8% 的认为自己是"外来人";即使是 19—30 岁的新生代农民工,其身份认同城里人比例仍很低,只有 7.5%,而把自己认同为外来人口(50.8%)、农村人(32.6%)和农民工(9.1%)的比例很高;31—45 岁年龄段,应该是在城市居住时间长的群体,对城市生活了解较深,属于较早进入城市的流动人口,但其身份认同甚至低于 18 岁以下的人,仅有 9.7%,但对农村身份认同略低于其他年龄段,只有 24.8%,但仍然有一半以上(54.9%)的人认为是外来人口。46 岁以上年龄段的人城市身份认同也不高(13.3%),仍然认为自己是农村人和外来人口(36.7%),这个年龄段的人曾经有在农村

生活的经历，有相当一部分是后来随儿女进城帮忙的，他们对家乡有更深的感情和依恋，很难改变自己的身份认同，也不愿意改变。

从问卷数据分析，回族等流动人口年龄与其身份认同差异不大。城市身份认同较低，外来人口和农村人认同较高。因此，仅仅从这方面看，身份认同对其融入城市是很大的心理障碍。

2. 城市认同

如果要融入一个地方，必须从心理上有高度的认知、认同；如果要接受一种生活方式，也必须从心理上认同。回族等流动人口长期在城市生活发展，他们对城市是否认同，是否对城市产生归属感，是否关注城市发展等，不仅体现了他们对城市生活融入的意愿，也影响着他们城市融入的进程。如果他们对城市生活及城市居民的评价较高，且能积极关注城市新闻等，则说明他们喜欢城市的生活，希望被城市认同和接纳，有着强烈的适应城市生活并融入城市社会的意愿；如果他们对城市的评价和认同不高，则说明他们对城市生活是排斥的，融入城市的意愿也不强烈。

（1）绝大多数人喜欢城市生活。城市是人类文明发展的标志之一，城市生活比传统的农业生产方式基础上的乡村生活更为缤纷多彩，更具吸引力。对于来自西北地区的多数人信仰伊斯兰教的回族等群众来说，进城之初不可避免面临文化震撼与冲击，但是经过一段适应之后，他们面对与农村差异巨大的城市生活——富足的物质生活、安全的生活空间、优美的环境、便利的生活条件、良好的教育环境等，他们对城市生活的评价会直接影响到他们对城市的认同和归属心理。如果喜欢城市生活，那么他们则更愿意在城市长期居住，并且对于留居城市的意愿也会更强烈；相反，如果不喜欢城市生活，那么他们便不会对城市产生认同和归属，也不愿在城市留居。

调查问卷表明（见表 6.3），对城市生活"非常喜欢"的占

10.1%,"比较喜欢"的占 27.0%,"喜欢"的占 43.4%,对城市的喜欢率在 80.5%,也就是说绝大多数回族等流动人口是能够接受城市生活的,在心理深处有强烈的融入意愿。"不太喜欢"的占 15.3%,"非常不喜欢"的占 1.8%,"说不清"的占 2.4%。

表 6.3　　　　　　　回族等流动人口对城市生活的评价

喜欢程度	非常喜欢	比较喜欢	喜欢	不太喜欢	非常不喜欢	说不清
占比（%）	10.1	27.0	43.4	15.3	1.8	2.4

在进一步的访谈中,很多人对城市生活也表示了认可,认为城市"生活环境很好""买东西方便""孩子的教育好"等,虽然城市生活也有一些"不好"的地方,如"宗教生活不方便""消费高"等,但是这些"城市生活的缺点"并不足以影响他们对城市生活的较高评价。

访谈:我觉得城市生活挺好的,比在老家好多了,能见世面,出来见识比在老家多,眼界大开,吃的穿的也好,这里的人穿得也时尚。而且能接触到不一样的东西,在到城里以后不用再像我爸他们那样面朝黄土背朝天地在地里干活了,现在干这个（做拉面）虽然也比较累,但是能挣到钱,也值了。而且整个感觉好得多,人素质也高,好玩的地方也多,不像在农村没什么玩的,就是我们没什么时间出去玩。总之挺喜欢城市生活的,不想再回老家去种地了。[①]

（2）对当地居民素质评价比较高。流动人口对当地人评价如

---

① ZXL,男,20 岁,回族,青海化隆人,拉面馆经营者。

何、喜不喜欢当地人,是流动人口能否在此地长期居留下来并且融入的一个重要心理因素。回族等流动人口进入城市以后,不可避免地要与城市居民发生互动,他们对城市居民的评价和认可也会影响他们对城市的认同和归属。

调查问卷表明(见表6.4),由于城市居民整体素质比较高,包容性强,所以回族等流动人口中有57.1%"喜欢"当地人,有32.2%的流动人口由于与当地人接触少,了解不够,谈不上喜欢不喜欢。只有10.7%表示"不喜欢"。总的来看,喜欢城市人的比较多。

表6.4　　　　　　　回族等流动人口对当地居民的评价

对当地人的评价	喜欢	不喜欢	没有什么接触,不了解
占比(%)	57.1	10.7	32.2

访谈:武汉人我觉得还可以,比较喜欢吧,因为他们比我们有文化。你没有文化,他们有文化,有学问的人你就要向他们学习。(学习什么呢?)各方面都要学习吧,你比如说办事的技巧,怎么把这个店开得更好这些的,我觉得他们有学问的人的办法肯定比我们多。[1]

访谈:(武汉人)整体还可以,素质也高,但是也有个别人素质太差了,张口闭口就是脏话,听着多难听啊。有些就是些小事,就吵得不可开交,没必要嘛。再一个就是他们心眼多,比我们要精明一些,当然这也不是什么坏事,我们就是太老实了,这方面可能还得跟他们学习呢。[2]

---

[1]　ZMHM,男,36岁,回族,小学文化程度,青海化隆人,拉面馆经营者。
[2]　MT,男,23岁,回族,小学文化程度,甘肃张家川人,拉面馆经营者。

（3）自我感觉当地人能接纳流动人口。城市居民对来自异地他乡的回族等流动人口有什么看法，是否愿意接纳他们成为城市的一员，是否有主观上潜在的排斥，主要表现在当地人是否愿意与回族等流动人口的交往上。贵阳调查表明，65.46%的流动人口认为，在日常交往中，感觉当地人尊重自己或很尊重自己，31.6%的流动人口认为感觉当地人对自己的态度一般，只有3%的流动人口认为，在日常交往中，感觉当地人对自己不尊重或者很不尊重。[①] 对回族等流动人口调查问卷表明（见表6.5），感觉本地人"非常愿意"与回族等流动人口交往的有9.2%，"比较愿意"的有23.0%，"愿意"的有34.6%，即有66.8%的回族等流动人口认为本地人愿意与他们交往，这与当地居民较高的文化素养、包容精神以及近些年来回族等流动人口守法经营有密切的联系。当然也不能忽视的是，仍有16.5%的本地居民根本不愿意或不太愿意与回族等流动人口交往，这可能跟部分当地人对外地人或对少数民族的标签化印象以及彼此之间交往封闭、了解不多有关。还有16.7%对当地人的态度说不清。人与人之间、群体与群体之间是否交往意愿，在于双方的需要以及利益有关。

表6.5　　　　　回族等流动人口与当地居民的交往感觉

交往感觉	非常愿意	比较愿意	愿意	不太愿意	根本不愿意	说不清
占比（%）	9.2	23.0	34.6	15.2	1.3	16.7

（4）汉族对回族等流动人口交往意愿不强。33%的汉族表示不愿意与回族等流动人口交往，主要是对回族等流动人口了解不多，有的还存在一定的偏见；30%的表示愿意交往；有37%的人接触不

[①] 李春霞、陈霏、黄匡时：《融入筑城：中国西部流动人口社会融合研究》，九州出版社2013年版，第164页。

多或者没有打过交道，所以说不清楚。总之，由于各方面原因，城市汉族居民对回族等流动人口交往意愿不强烈，需要从各个方面促进回族等流动人口与当地汉族居民之间的交往交流，以增进彼此之间的相互了解、理解和包容。

表6.6　　　　　　　　汉族对回族等流动人口的交往意愿

交往意愿	愿意	不愿意	说不清
占比（%）	30	33	37

（5）结交本地人的朋友人数不多。流动人口从传统的乡村社会进入异质性很高的城市社会并立足生活，最初依赖血缘、乡缘关系是必然的。但在城市长期生存、生活下去，势必整合当地社会资源，从圈内关系走向圈外关系，这样才有助于适应并融入城市社会。是否有当地朋友以及拥有的朋友多少，能够反映出回族等流动人口在当地重构社会关系的程度。

从调查问卷情况看（见表6.7），19.7%的回族等流动人口在当地有1—5个本地朋友，10.1%的有6—10个朋友，拥有11个以上朋友的只有11.3%。可以说，回族等流动人口拥有当地朋友的人数有限，交往的范围狭窄。其中有29.7%的人"没有，也不想交当地朋友"，重要原因不外乎地域与民族文化差异以及所从事职业有关。有的人认为，无须广交当地朋友，有困难和问题仰仗家乡亲朋好友足矣。但不可否认的是，有29.2%的流动人口虽然没有当地朋友，但又很想交往，只是苦于没有机会，尤其是工作中交往的机会很少。说明有相当一部分回族等流动人口有与当地人交往的意愿，认为"远亲不如近邻，多个朋友多条路"，这对于经营餐饮业者来说，更是如此。如果有交往的平台和机会，他们与当地人互动的心理还是强烈的。

表 6.7　　　　　　　回族等流动人口结交当地朋友数

结交当地朋友（人）	1—5	6—10	11 及以上	没有，也不想交当地朋友	没有，但想交当地朋友，但是没机会
占比（%）	19.7	10.1	11.3	29.7	29.2

（6）对子女与本地孩子交往持赞同态度。回族等流动人口与当地人有强烈的交往愿望，但因为从业局限性以及文化差异、语言障碍，交往并不顺利。一般来说，交往是城市融入的重要条件。第一代流动人口交往有所限制，第二代流动人口交往增多，那么回族等流动人口能否真正融入城市，希望寄托在第三代人身上。因此，回族等流动人口对自己的孩子与当地孩子交往的态度如何，对后代实现城市融入很重要。

调查表明（见表 6.8），回族等流动人口对自己的孩子与当地城市孩子的交往行为，有 15.8% 的表示"非常赞同"，64.1% 的表示"赞同"，即有 79.9% 是赞同的；而反对者寥寥无几。他们对孩子交往的赞同，实际上代表着对后代融入未来城市社会的向往。

表 6.8　　　　回族等流动人口对孩子与当地城市孩子的交往态度

交往态度	非常赞同	赞同	反对	坚决反对	无所谓，随便孩子
占比（%）	15.8	64.1	3	0.4	16.7

访谈：那绝对赞成（孩子与本地孩子交往）。我们是外地人，他们本地的孩子从小就在武汉长大，对武汉熟，孩子们多与他们交往更容易熟悉环境，慢慢熟悉了对孩子的成长也有好处，就不孤单了嘛，性格什么的也要开朗一些。像我们在这里开店，周围也没有一起玩的朋友，本来交往的也就是那些同

学，那些同学也基本上都是武汉本地人，他们关系都还挺好的，像丫头她有时候还带同学来家里，都挺好的，我们也挺支持他们交往，希望他们能成好朋友。①

当地汉族对自己的子女与回族等流动人口交往态度是否有差别呢？

表 6.9 统计表明，城市汉族对自己孩子与回族等流动人口孩子交往意愿不强，赞同的只有 23.8%，远远低于回族等流动人口的 79.9%，并且有 31.8% 表示反对。对此，政府要从顶层设计上，为民族之间交往交流、为各民族孩子之间相互了解提供必要的制度设计，为他们逐步融入城市提供必要的条件。

表 6.9　　汉族对自己孩子与回族等流动人口孩子的交往态度

交往态度	赞同	反对	无所谓，随便孩子
占比（%）	23.8	31.8	44.4

（7）对当地新闻有所关注。对当地城市认同的内容之一就是是否关心当地发展，以及所在城市发生的大事。如果流动人口只是关注自身经营活动，对当地新闻充耳不闻，表明他们还没有把自己作为城市的一员，而只是一个客居者、旁观者，没有长期在城市居住、生活的打算，这样就根本谈不上未来的融入问题。

问卷调查统计说明（见表 6.10），多半回族等流动人口对当地新闻是关注的。其中"非常关注"的占 14.4%，"比较关注"的占 20.8%，"关注"的占 19.1%，合计 54.3%。根据调查，凡关注当地新闻者，都是进入城市较早、文化程度较高者，来得早、居住时

---

① MRH，女，40岁，回族，小学文化程度，青海湟中人，拉面馆经营者。

间长，对城市有较深的感情，并且城市发生的事也与自己生活、经营活动息息相关，如治安情况、物价问题等。

表6.10　　　　　回族等流动人口对当地新闻关注情况

关注情况	非常关注	比较关注	关注	不太关注	从不关注	只关注与自己有关或对自己有利的
占比（%）	14.4	20.8	19.1	22.2	21.4	2.1

访谈：其实我还比较喜欢看新闻的，也想了解一下这两天又发生了什么事，又有什么新政策啊什么的，你不看新闻就感觉人很封闭，就不了解外面的世界。但是我们这个条件实在是有限，没电视看，那就没办法（了解）了，只能是有时候有顾客来吃饭了，他们买的报纸看完了不要了，我就闲下来的时候翻着看一看，还好我还认识一些字，要不就真成睁眼瞎了。[①]

也有不少不怎么关注当地新闻的，其中"不太关注"的有22.2%，"从不关注"的占21.4%，合计有43.6%的人不关心当地新闻，另有2.1%的人"只关注与自己有关或对自己有利的"新闻。

访谈：不关注（武汉新闻），那是这里的，和我没有关系，我也不知道。平时有时候晚上的时候，播新闻的时候老板他们有时候就把电视调到新闻上看一看，我也不看，不感兴趣，我就边上休息去了，我要看电视从来不看新闻，就是看看电视剧什么的。[②]

[①] MNR，男，41岁，撒拉族，小学文化程度，青海循化人，拉面馆经营者。
[②] MHM，女，19岁，撒拉族，小学文化程度，青海循化人，拉面馆员工。

（8）闲聊时很少谈论当地发生的事。与关注当地新闻度相关的就是对当地所发生的事的谈论情况。调查问卷表明（见表6.11），"经常谈到"的只有16.9%，也就是说非常关心当地发生事情的比例非常低；42.0%的回族等流动人口会"偶尔谈到"；有41.1%的人"从来不谈"。出现这种情况的原因，与所调查回族等流动人口从事职业即以餐饮业、烧烤业为主，或早起晚收，或早起晚归，缺少闲聊的时间，即使闲聊，话题也大多是与自己有关的事。在访谈中感受到，他们文化水平较低，很多人无法阅读报纸，也没有时间通过现代媒体——电视、广播、网络来获取当地的新闻，并以此作为谈论的话题。如最近普遍关注的城市雾霾环境污染、交通堵塞等热点问题，他们很少谈起。他们更多关心与其生活、经营活动息息相关的物价、房租问题。

表6.11　　　　　　回族等流动人口对当地发生事情关注度

闲聊时是否谈论当地发生的事	经常谈到	偶尔谈到	从来不谈
占比（%）	16.9	42.0	41.1

（9）社会认同二重性及影响因素。社会认同在多数情形下是复杂、多维的，某种意义上又是矛盾、背离的，并且这种相互矛盾与背离的社会认同又可能在同一个体身上存在，从而形成社会认同的二重性。有学者对农民工的社会认同进行了因子分析，分析结果表明，就认同度的绝对值而言，农民工对农村的认同度稍大于对城市的认同度，这说明相比城市而言，农民工更倾向于认同农村，且农民工城市认同和农村认同的权重大致是相当的，也就是说他们既对农村表示认同，也对城市表示认同，即农民工的社会认同具有二重

性的特征。① 回族等流动人口的社会认同与其他流动群体如农民工的社会认同一样，具有二重性特征，即既认同城市，又对农村及农村人的身份表示认同。

调查结果显示，超过一半的回族等流动人口将自己定位为农村人。即便很多人已经在城市生活、工作了很多年，但是对于自己的身份仍然界定为农村人，"可以一直在城里挣钱，但是终归是要回去的，因为根在农村老家呢"。另外，回族等流动人口的主要交往对象还是以家人、老乡等同质性群体为主，他们也更愿意和这些农村人来往，因为"有共同语言，能说到一块"，而与城市居民则"没有什么好说的"，"他们也看不起我们"，"所以一般很少和他们交往"。可见，回族等流动人口对农村、农村人是认同的，也有着比较强烈的乡土认同。

当然，回族等流动人口的乡土认同仅仅是其社会认同的一个方面，除此之外，社会认同还包括城市认同。

首先，回族等流动人口对城市具有一定的认同感。大部分的流动人口表示喜欢城市生活，"城市生活挺好，吃的穿的也好""教育也好""可以玩的也多"等，都说明他们对城市的评价较高，能认同城市生活。

其次，在对当地的印象和评价方面，除了表示不了解的以外，大部分的回族等流动人口都表示喜欢当地人，"有文化，素质高"是他们对城市人的整体评价。

再次，他们赞同自己的子女与本地孩子交往也说明他们认同城市。这些对城市生活及城市居民的评价都说明了回族等流动人口对城市的认同，然而他们却对城市的新闻及城市发生的事情并不是太感兴趣，"和我们没什么关系"是他们普遍的心态，可见回族等流

---

① 郭星华、李飞：《漂泊与寻根：农民工社会认同的二重性》，《人口研究》2009 年第 6 期。

动人口一方面认同城市生活，另一方面对城市的发展和现状又不那么关注，可以说回族等流动人口在城市认同方面本身就具有二重性。

从整个社会认同的现状来看，回族等流动人口对"农民身份"的表达并不意味着"农民身份"的实践，他们在城市中会在消费、服饰、生活习惯及思想观念等方面发生一定的变化，这种变化和实践往往就是他们"去农民化"这一符号的具体行动。而且他们在将自我身份认同为农村人的同时又对城市表现出一定的认同，可以说，他们对乡土的认同和对城市的认同是结合在一起的，表现出社会认同的二重性特征。

影响回族等流动人口社会认同的因素除了相关制度限制，社会交往对回族等流动人口的社会认同具有一定的影响。回族等流动人口在日常生活中，主要与老乡、家人等同质群体交往比较频繁，而与本地城市居民的交往则较少。由于长期与老家人这类同质群体交往与互动，更加重了回族等流动人口对自己的乡土认同的情感。而在与城市居民的交往互动过程中，他们可以接触学习到更多的现代理念和生活方式，无形中便会消解他们的乡土性的习惯和意识，加深其城市认同的程度。这种城市认同和乡土认同的并存便构成了回族等流动人口社会认同的二重性。

最后，乡土社会的"社会记忆"或"惯习"对回族等流动人口影响深厚，从而在无形中指导着他们的认知与行动。回族等流动人口在进入城市以前长期生活在农村，过去农村生活的经历形成了流动人口一些固有的"惯习"，另外他们具有的"农民意识"更多是从祖辈、父辈那里传承下来的，是对"乡土意识""家族意识"的一种集体意识的继承。因此，当他们进入原本属于他人的场域（城市）时，他们对自身作为城市"局外人"的身份有着较普遍的认同；同时，对自己是"农民"或"农村人"的身份也便认为是理所当然的。

二 民族偏见

由于历史上遗留下来的旧思想、旧观念的影响，在城市的极少数人中不同程度地存在一定的民族偏见和歧视。所谓偏见是"以刻板印象的方式对人、物或环境作出的判断"[①]。歧视"是指由于某些人是某一群体或类属之成员而对他们施以不公平或不平等的待遇"[②]。回族等流动人口进入城市后，是否受到当地人的偏见与歧视，既反映了流入地是否接纳这些"外来人口"，也决定了其是否能更好地融入当地社会。如果他们在城市中受到其他群体的歧视，这不仅仅会影响到城市民族关系，而且将使回族等流动人口陷入孤立无援的境地，而且有可能导致他们对城市人的反感、排斥和对城市的疏远，在无形中便降低了他们对城市社会融入的积极性和主动性，进而使其融入城市社会也变得更加困难。

1. 偏见的表现。当地人对外来流动人口是否有偏见，对其融入社会城市影响不一般。这种歧视除了社会制度层面设计问题产生歧视外，如户籍制度背后潜在对非城镇户籍流动人口，这是所有流动人口面临的普遍问题。本书的研究更多的是来自社会民间的、个人的偏见，如地域偏见、身份偏见。

问卷调查说明（见表6.12），回族等流动人口有9.2%的人认为"经常有"偏见，"偶尔有"的占32.1%，感觉"基本没有"偏见的占40.5%，"从来没有"的占18.2%。这说明，城市文明程度在进步发展，包容精神增强。这是有利于包括回族等流动人口在内

---

① ［美］戴维·波普诺：《社会学》（第十版），李强等译，中国人民大学出版社1999年版，第305页。
② 同上书，第306页。

外来人口逐渐融入城市，构建多元的和谐城市社会的。但仍有相当一部分人感觉到偏见的存在。在进行深度访谈时，许多回族等流动人口都表示，由于自己的特征如衣饰特征明显，在公共场合易受到当地人的偏见甚至歧视，这种歧视主要体现在对他们"有意回避"和"人格侮辱"。

表 6.12　　　　回族等流动人口对当地民族偏见的感觉

当地是否有歧视	经常有	偶尔有	基本没有	从来没有
占比（%）	9.2	32.1	40.5	18.2

访谈：像商场、超市啊这些地方我一般都很少去，因为别人老是防着你，你心里肯定不舒服嘛。有一次我去家乐福超市，就是买了东西最后交钱的时候人比较多，就在那里排队，因为人很多就有点挤，我不小心把前面一个人碰了一下，她回头一看我，就瞪了我一眼，还把包转过去抱在怀里，还跟旁边的人小声说小心点，后面有个人像是小偷。那是人多我不小心，再说人多了你碰一下我或者我碰一下你这很正常嘛，你怎么就能说我是小偷呢，我当时很生气的。[①]

由此可见，这些偏见不仅伤害了回族等流动人口的情感，影响了回族等流动人口的社会交往与社会认同，而且刺激了部分流动人口再次违法犯罪。在中东部地区城市，汉族居民在与回族等流动人口活动交流中处于强势地位，对回族等流动人口的偏见影响着他们的融入。

虽然国家一直在强调民族平等、消除歧视，但是因为宗教信

---

① ZMHM，男，36岁，回族，小学文化程度，青海化隆人，拉面馆经营者。

仰、生活习惯以及户籍制度等方面的原因，仍有一定的民族偏见存在。通过对城市汉族居民调查，"经常有"的不多，只有2.2%，"偶尔有"的比较多，占38.7%，也有40.8%的认为"基本没有"，"从来没有"占18.3%。部分人中存在的偏见，主要缺少是缺乏交往、交流造成的。

表6.13　　　　汉族对回族等流动人口的民族偏见情况

当地是否有偏见	经常有	偶尔有	基本没有	从来没有
占比（%）	2.2	38.7	40.8	18.3

2. 偏见产生的原因

在当地人的偏见中，我们更关心的是民族身份与文化偏见。对外来人口特别是农村流动人口即农民工一定程度的偏见和歧视，在某些城市居民中是普遍存在的社会表征，回族等流动人口也不例外。

问卷调查说明（见表6.14），回族等流动人口认为当地人有民族偏见的有51.3%，总的来看，存在一定的民族偏见。对是否有农民身份的偏见，9.3%选择有，从中可以看出，对回族等流动人口农民身份偏见的微乎其微，低于民族偏见。那么农民、民族双重偏见是否存在？调查表明，29.4%的选择有，也就是说民族偏见和农民身份歧视是叠合的。至于职业偏见很低，只有4.5%。从以上问卷调查分析，回族等流动人口自认为民族偏见高于农民身份、现从事的职业和双重身份偏见。

表6.14　　　回族等流动人口对产生偏见原因的看法

偏见原因	民族身份	农民身份	民族、农民因素都有	职业原因	其他
占比（%）	51.3	9.3	29.4	4.5	5.5

对当地汉族调查表明（见表6.15），因民族身份产生偏见的占33.5%，民族、农民双重偏见的占32.0%，其他因素对偏见影响不大。

表6.15　　　　　　　汉族对回族等流动人口偏见的原因

偏见原因	民族身份	农民身份	民族、农民因素都有	职业原因	其他
占比（%）	33.5	11.5	32.0	12.8	10.2

历史上民族压迫与剥削长期存在，民族交往的不足，容易造成民族隔阂甚至不信任感，这是民族间歧视与偏见产生的历史原因。这些历史因素对现实民族关系的影响不容忽视。持有民族偏见思想的民族或群体，认为自己的文化比较优秀，并以自己的标准去判断其他文化。民族偏见在我国具体表现为大汉族主义或狭隘民族主义。许多人在观念中存在少数民族成员素质低，不是城市发展所需要的人才；而且认为少数民族各有特点，来自贫穷落后的民族地区，难以融入现代城市生活中，来到城市只会增加城市的负担。

城市居民会因为"民族原因"而对回族等流动人口产生偏见，一方面是由于回族等流动人口的生活习惯、文化和宗教信仰等都与城市居民完全不同，而他们在日常生活中与本地城市和其他民族交往较少，这就造成城市居民由于缺乏与他们的沟通和了解，从而对其造成误解和偏见；另一方面，由于个别回族等流动人口的一些社会失范行为和暴力导致人们对他们产生了刻板印象，并将这种刻板印象扩大化，甚至对他们"贴标签"，把个别人的不良现象当作民族的集体现象来看，影响了少数民族流动人口的形象和民族关系。"跨民族之间的交往通常是从所谓的'概念化印象'（stereotype）或'刻板印象'开始的。即刚刚开始接触时倾向于把他（她）归入某一个大类。"① 其实在许多地方存在的地域歧视如对河南人、湖北人等偏见也是如此。如近年来有极少数流动人口在城市繁华闹市区进行违法犯罪活动，因其外貌特征明显、语言服饰鲜明，容易使当地部分居民产生误解和偏见，进而对某一民族甚至整个群体产生误解和偏见，产生"污名化"，极大地损害了回族等流动人口的形象和声誉，使城市居民对整个群体产生排斥、歧视心理。

众所周知，西方国家同样存在民族或种族歧视与偏见。欧盟基本权益局的最新调查报告指出，罗姆人（也称茨冈人或吉普赛人）在就业、教育、居住和医疗保健四个核心领域的境况不能令人满意，他们仍在遭受歧视。②

针对社会上存在的民族偏见和歧视行为，国家民委、国家经贸委、公安部、国家旅游局、国家工商行政管理总局于2002年11月27日联合发出《关于纠正极少数宾馆饭店旅店拒绝少数民族人员入住行为的通知》，要求各地"对本地区各宾馆、饭店、旅店负责人和员工进行马克思主义民族观、党和国家的民族政策、法律法规及民族团结的宣传教育，同时采取有力措施，坚持纠正极少数宾馆、饭店、旅店拒绝少数民族人员或某地居民入住的行为。只要入住的人员具备有效身份证件，遵守有关规章制度，都要一视同仁，给予热情接待，并注意尊重少数民族风俗习惯和宗教信仰，尽可能提供生活方便，不能因其民族成分、居住地区的不同而区别对待"。尽管如此，这种偏见和歧视行为仍然存在。特别是2009年乌鲁木齐"7·5"事件发生后，不仅对新疆少数民族甚至对生活、工作在新疆的汉族也有偏见，拒绝他们乘车、入住宾馆。可见，民族偏见在许多人思想中是多么根深蒂固。在新疆进行暴力恐怖活动的只是极少数民族分裂主义分子、宗教极端分子和暴力恐怖分子，而绝大

---

① 张继焦：《城市中的人口迁移与跨民族交往》，《云南社会科学》2005年第1期。
② 方祥生：《"种族平等"在欧洲还是梦想》，《光明日报》2012年8月9日。

多数的各族群众是热爱党、拥护社会主义、维护国家统一和民族团结的。民族偏见和歧视行为不仅是违法的,更重要的是容易产生新的民族隔阂,不利于民族团结和社会稳定。

案例:阿孜古丽(女,40岁,餐饮公司管理人员,来自乌鲁木齐)。我在北京一个餐厅做管理工作。我以前在乌鲁木齐也开过一家餐厅,"7·5"时,我还让三名汉族人躲进我的餐厅,当时我的餐厅被砸了。暴恐事件让我们维吾尔族人的生活也受到很大影响。前两天我去天津,手机没电了,我找一个网吧上网充电。可管理员拿我的身份证在机器上刷了一下后,说不能给我开机。我问为什么?他说因为你是新疆来的。我心里真的很难受,当时就哭了。当然,我们单位的领导特别关心我,我的汉族朋友也非常关心我,其实好人还是多。

古丽(女,37岁,个体商人,来自乌鲁木齐)。很多新疆来的朋友到北京只能住在新疆办事处。上次从新疆来了一个朋友,在快捷酒店办入住后10分钟,就有警察来查他证件,问他为什么来北京等。我说每个人都要这样问吗?警察直接说不是,主要查维吾尔族人。[①]

广州市朱紫后街的拉面馆老板说:"有的顾客很不讲理,明明店里面写了不许抽烟、不许喝酒,却要照做。我们提醒他了,他还狡辩说'这不是酒,不信你来尝'。有一回情况比较严重,顾客带酒来喝,伙计阻止不让,双方就打了起来,最后还只有自己赔钱解决。"

回族等流动人口遭受的这种与偏见所带来的后果是,一方面,当地居民和群体对回族等流动人口产生集体排斥,进而不愿再去多

---

① 《12名维吾尔族人的北京故事》,《环球时报》2014年3月21日。

了解回族等流动人口群体，使本地居民对回族等流动人口的态度陷入"陌生—贴标签—污名化—排斥—隔离—更加陌生"的循环圈，造成回族等流动人口遭受其他群体的偏见，使他们处于边缘地位；另一方面，回族等流动人口由于本地居民的排斥隔离而形成自我隔离。回族等流动人口面临的被隔离与自我隔离，不仅使他们在城市中没有话语权，在居住、务工、生活的各个方面都处于边缘状态，基本权益得不到保障，而且难以与城市居民建立和谐稳定的社会交往圈，无法从城市居民那里获得社会支持，从而无法形成对城市社会的认同感和归属感。

三 社会距离

社会距离也是测量流动人口社会融入的一个重要指标。如果流动人口与城市居民之间有很大的差别，存在较深的隔阂，具有较大的距离，则不仅说明他们没有完全融入城市居民的生活圈，存在一定的社会隔离，而且这种社会距离也会影响到他们城市融入的实现和完成。有的学者将主观意义上的社会距离分解成向往程度、排斥预期和整体感觉三个层面，其中向往程度是指民工心理上渴望进入城市居民群体的程度，在一定程度上可以等同于心理认同程度；排斥预期是指民工所预期的，当他与城市居民发生社会交往时所可能感受到的歧视与排斥程度；整体感觉则是农民工对于自身与城市居民社会距离做出的概括性判断。[①] 对于回族等流动人口的社会距离，向往程度及排斥预期这两个层面已有论述，因此在这里仅对整体感觉这一层面的社会距离进行分析，即回族等流动人口对自己与本地人的社会差别及社会距离的概括性判断。

---

① 郭星华、储卉娟：《从乡村到都市：融入与隔离——关于民工与城市居民社会距离的实证研究》，《江海学刊》2004 年第 3 期。

1. 对社会差别的感受

"十里不同风、百里不同俗",不同地域的人们聚在一起必然存在文化差异,不同民族也是如此。有学者通过北京、广东、浙江、辽宁、河南、安徽、重庆、宁夏8省市外来务工人员的2198份有效问卷调查,77.7%的外来务工人员坦承自己与本地人之间存在差异,其中最普遍的差异来自住房(39%)、社会保障(27.2%)、子女教育(26.1%),以及医疗(23.9%)。[①]

许多回族等流动人口与以汉族为主的中东部地区城市居民乃至汉族流动人口存在文化差异是不言而喻的。但差别程度如何以及回族等流动人口如何看待这种差别,对了解回族等流动人口城市适应与融入有帮助。调查表明(见表6.16),回族等流动人口感觉与本地人差别很大,有85.1%的人感觉有差别;感觉没有差别的比例非常小,只有14.9%。

表6.16　　　　　　　回族等流动人口与当地人差别感

差别感	是	否
占比(%)	85.1	14.9

同样,当地汉族居民也感受到与回族等流动人口在文化等方面存在差别,调查问卷显示(表6.17),城市汉族居民认为有差别的达91.8%,认为没有差别的仅仅8.2%。

表6.17　　　　　　　汉族对回族等流动人口差别感

差别感	是	否
占比(%)	91.8	8.2

---

① 齐亚强、刘洁:《城市外来者渴求幸福家庭》,《瞭望》2014年第3期。

回族等流动人口感觉与当地人存在的差别中，差别大小是不一样的。问卷调查表明（表6.18），感觉经济收入水平差别大的比例最高，55.7%的回族等流动人口选择此项，说明经济收入水平是最直观的；其次是生活习惯，有55.3%；再次是民族文化差别，有51.9%的选择此项；最后是受教育情况，有22.3%的回族等流动人口认为自己与当地人在教育程度上差别大。其他如社会地位、价值观念和思维、职业、为人处世方式等也有一定比例，但并不显著。这充分说明，经济、文化、教育差异是影响回族等流动人口融入城市的主要因素。

表6.18　　　　　　回族等流动人口与当地人差别的原因

差别原因	社会地位	经济收入水平	价值观念和思维	生活习惯	教育程度	职业	民族	为人处世方式
占比（%）	15.2	55.7	13.1	55.3	22.3	7.7	51.9	5.7

访谈：和本地人肯定有差别啊，我们是外地人，而且又是农村来的，各方面和他们（本地人）都不一样，差别很多的。比如说，首先我们是少数民族，而且我们有我们自己的宗教，我们吃的和他们就不一样，我们是吃面的，他们吃米多一些，而且我们必须要吃清真的，他们（本地人）基本上都是汉族吧，就没这个限制嘛，所以他们也可以到我们这里来吃，也可以吃其他的，但是我们就不行。而且我们要做礼拜，要去清真寺参加主麻，这都是不一样的地方。再一个就是经济上吧，我觉得收入上还是有差别，他们有些可能挣的钱比我们多，不过也不一定，有些没工作的可能还不如我们呢，都一样，哪里都有有钱的和没钱的，你说是不是？但是他们那些上班拿工资的肯定比我们好，而且他们工作清闲一些，不像我们这么累，

真是挣的辛苦钱啊。(差别)还有很多的,你比如说这个文化程度,我们都是没怎么读过书的,他们比我们有文化吧,再有就是这个社会地位、思维方式、为人处世的都有吧。主要还是民族不同,生活习惯、收入不一样。①

2. 对社会距离的感受

回族等流动人口对自己与流入地社会距离的主观感受不仅是城市融入的测量内容,也对他们的社会融入有重要影响,如果他们主观上感觉社会距离较大,则他们实现社会融入的难度也会加大。

问卷调查表明(见表 6.19),回族等流动人口感觉与当地人"距离很大"的占 30%,"距离较小"的占 33.9%,"没有距离"的占 18.5%,"无所谓,都是一样的生活"的占 17.6%。从问卷统计数据看,回族等流动人口与当地居民社会距离并不大。但实际上,根据调查中观察到的情况,回族等流动人口与当地居民存在的差别和距离是显而易见的。只是绝大多数回族等流动人口从业的封闭性、交往的内敛性,使他们很少与当地居民发生联系和交往,如果有联系也就是浅层的互动,即顾客与经营者之间的互动。对于很多回族等流动人口来说,经营好自己的生意是最重要的,而对当地居民情况关心不多,也就感受不到存在的差距。

表 6.19　　　　　　　　回族等流动人口对社会距离的感受

感受	距离很大	距离较小	没有距离	无所谓,都是一样的生活
占比(%)	30	33.9	18.5	17.6

---

① ZXL:男,20 岁,回族,青海化隆人,拉面馆经营者。

在访谈中，回族等流动人口对社会距离的感知表现也有差异。

访谈：我觉得无所谓，大家都是在这里生活嘛，我们来这里挣钱也是为了生活，他们在这里不也是一样的生活嘛。而且我觉得我挣的钱也不比他们少，可能比他们有些人过得还好一些呢，现在只要有钱了，在哪过都一样的，都问题不大的。再一个就是关系嘛，我来武汉时间长了，这边也有些朋友，关系也都还可以，基本上有些事情他们也能帮忙，所以没觉得有什么，他们本地人还不是有些事情自己也搞不定的。[1]

访谈：（社会距离）肯定有的，只是我觉得还行，也不是很大，毕竟他们是城里人，我们是农村人，又是外来人，各方面的待遇也不一样。你就说这个房子吧，他们再怎么也在这里有房子有家，像我们哪里买得起，再说了即便有钱能在这里买房了，估计也不会在这里（买房子），因为你不是这里的人啊，买房的政策也不一样吧。[2]

四 居留意愿与未来打算

流动人口的留居意愿与未来打算也是测量城市融入状况的重要指标。如果他们没有打算长期在某地居住生活和发展，那么他们也不会努力寻求各种途径实现与该地环境的完美融合。许传新在研究新生代农民工时发现他们"落地未生根"，说明农民工在流入地并没有家的感觉，在心理上还难以融入城市。[3] 这种状态既反映了流

---

[1] MHF，男，36岁，回族，小学文化程度，青海湟中人，拉面馆经营者。
[2] MPL，男，26岁，东乡族，小学文化程度，甘肃临夏人，拉面馆经营者。
[3] 许传新：《落地未生根？——新生代农民工与尘世居民社会距离实证研究》，《人口与经济》2007年第5期。

动人口未能很好地融入城市社会，也阻碍了他们融入城市的进程。外在的迁徙和流动是流动人口内心无归属感的表现，他们只有真心愿意留在城市长期生活和打拼，才有可能融入城市社会，成为社会的一分子。

1. 居留意愿

流动人口是否愿意在城市居住和生活，是直接反映他们是否适应城市生活的重要指标。如果他们没有长期居住的意愿，就不会努力实现融入，适应也仅仅是为了暂时获得生存的保障。

随着家庭化迁移增多，全国流动人口中近一半人有在城市长期居留的意愿。人力资源和社会保障部劳动科学研究所课题组在北京、四川、广东、陕西、湖北和浙江的调查显示，愿意定居城镇的54.9%，不愿意定居城镇的24.2%，20.9%说不清楚，说明有一半人愿意定居城镇。[①] 2012年监测数据也表明，90%以上流动人口关心流入地的发展变化，融入当地社会愿望强烈，十分期待获得城市人的待遇和福利。[②] 比如，北京的外来务工人员计划长期居留的比例为50.93%，将来打算离开的比例为28.78%，另外还有20.29%的外来务工人员还在"去留"之间徘徊。[③] 贵阳的调查中，44.02%流动人口表示继续留在贵阳，48.15%表示看情况而定，只有7.83%表示不打算继续留在贵阳，也就是说大部分贵阳流动人口要根据发展情况而定。[④] 有学者对北京市流动人口

[①] 白天亮：《人社部劳科所调查显示：过半农民工很想当市民》，《人民日报》2013年4月12日。

[②] 国家卫生和计划生育委员会人口司：《中国流动人口发展报告2013》，中国人口出版社2013年版，第102页。

[③] 杨琳：《幸福家庭成就中国梦》，《瞭望》2014年第2期。

[④] 李春霞、陈霏、黄匡时：《融入筑城：中国西部流动人口社会融合研究》，九州出版社2013年版，第158—159页。

居留意愿调查，愿意在北京长期居住的占 50.4%，不愿意的占 49.6%。①

对四个城市回族等流动人口调查问卷说明（见表 6.20），愿意定居的回族等流动人口只有 21.9%，不愿意的占 78.1%。可见回族等流动人口过客心理比一般流动人口表现得更为突出。对回族等流动人口来说，他们尽管生活在不错的城市，但身上贴的是农民的标签；他们远离了农村，又得不到城市的认同，成为农村、城市的边缘群体。并且特有的民族身份和文化差异，缺少民族文化氛围，所以他们认为最终归宿还是家乡，城市只是挣钱的地方，缺少长期融入城市的打算。特别是由于经济能力不足，即使有的人想留在城市，但心有余而力不足，面对超高房价，只能望房兴叹。对中国人来说，没有固定的住所，漂移的心永远也不能安定下来。所以回族等流动人口的融入与否，与国家宏观政策息息相关，让他们与城市居民享受同城待遇，为他们提供保障房，免除后顾之忧，是促进融入必不可少的条件。

表 6.20　　　　　　　回族等流动人口定居意愿

定居意愿	是	否
占比（%）	21.9	78.1

进一步的分析发现，回族等流动人口的居留意愿在很大程度上受到其自身多个因素的影响，如年龄、婚姻状况、流动原因、居住时间、现收入状况等。

从不同年龄层次来看，以往研究表明，第二代农民工具有市民化意愿的占该群体的 63.6%，有一半多打算通过自己的努力在城市

---

① 沈千帆主编：《北京市流动人口的社会融入研究》，北京大学出版社 2011 年版，第 123 页。

生活,① 且年轻人转化成为城市人并在城市长期生活的意愿也更强,② 也就是说农民工的年龄越轻,他们越倾向于留城发展。但是根据对武汉市回族等流动人口样本的单独分析(见表6.21),回族等流动人口其年龄与留城意愿与其他农民工或流动人口并不同。从表中可以看出,除18岁及以下的被调查者以外,其他年龄段的被调查者,愿意在武汉定居的比例随着年龄的增长在不断增加,即回族等流动人口的年龄越大,他们越倾向于在武汉定居。这一结论似乎与以往研究的结论相悖,这主要是与从事拉面行业的回族等流动人口的特征有关。从事拉面行业的回族等流动人口与一般的流动人口和农民工不同,他们往往是举家外迁,且属于"自主创业",因此,年龄越大,他们既拥有稳定的、随之流迁的婚姻家庭,又拥有稳定的职业和收入。因此,家庭和职业收入的稳定性决定了从事拉面行业的回族等流动人口年龄越大越意愿在城市定居这一与一般流动人口和农民工不同的状况。

表6.21　　武汉市回族等流动人口年龄与定居意愿关系　　(单位:%)

年龄段(岁) 意愿	18及以下	19—21	22—31	32—41	42—51	52及以上
是	11.1	7.5	20.2	25	39.1	42.4
否	88.9	92.5	79.8	75	60.9	57.6

从婚姻家庭情况来看,武汉市调查问卷中,已婚者比未婚者更愿意在武汉定居发展。已婚者中有27.7%表示愿意在武汉定居,而未婚者中只有14.5%愿意在武汉定居。另外,子女与其同在武汉生活的流动人口比子女不在身边的更愿意在武汉定居。子女同在武汉

---

① 刘传江、程建林:《第二代农民工市民化:现状分析与进程测度》,《人口研究》2008年第5期。

② 任远:《城市流动人口的留居模式与社会融合》,上海三联书店2012年版,第92页。

的回族等流动人口中有30.9%的表示愿意在武汉定居，而子女不在武汉的仅为18.5%。可见，婚姻家庭也是影响回族等流动人口居留意愿的因素之一。

从流动原因来看，以"出来见世面"为流动目的的回族等流动人口，其定居意愿最为强烈，愿意在武汉定居的占60%；其次是"为了孩子考虑"而外出的占57.1%；位居第三的是"寻找发展机会"（53.2%）；而为了"挣钱"而外出的回族等流动人口，其愿意在武汉定居的比例最低（22.4%）。

从在武汉居住时间来看（见表6.22），居住时间越长，回族等流动人口愿意在武汉定居的意愿更强烈。说明随着居住时间的增长，回族等流动人口更能适应城市生活，从而也更愿意定居城市。

表6.22　　武汉市回族等流动人口居住时间与定居意愿关系　　（单位:%）

意愿 \ 居住时间（年）	0.5—1	2—3	4—8	9及以上	平均
是	9.5	15.2	36.4	43.9	25.8
否	90.5	84.8	63.6	56.1	73.4

我们再以杭州、宁波调查样本来分析文化程度与定居意愿之间的关系。一般来说，文化程度越高，拥有人力资本优势越大，越倾向定居当地。杭州、宁波356份问卷调查说明（见表6.23），文盲、小学、初中文化程度愿意定居的分别为25%、15.1%、21.5%，高中或中专为31.6%，大专和本科以上学历的达到66.7%和62.5%。说明文化程度与定居意愿呈正相关，文化程度越高，越愿意定居城市，越容易融入城市。

表 6.23　杭州、宁波回族等流动人口文化程度与定居意愿关系　（单位:%）

文化程度 意愿	文盲	小学	初中	高中或中专	大专	本科及以上	平均
是	25	15.1	21.5	31.6	66.7	62.5	37.1
否	75	84.9	78.5	68.4	33.3	37.5	62.9

2. 未来打算

四川省统计局发布的《2014年四川省进城务工人员现状调查报告》显示，有93.7%的进城务工人员习惯城市生活，但愿意落户城市的只有10.7%。[①] 刘毅对武汉市少数民族流动人口的调查结果显示，有33.3%的人认为"武汉是个暂时挣钱的地方，攒够了钱就回家"，有31.4%的人认为"要看发展，如果发展得好就留在武汉"，有15.7%的人表示"喜欢武汉，要尽可能留在武汉"，有7.8%的人觉得"武汉经济发展太慢，准备到其他大城市去"，还有11.8%的人觉得"说不清"。[②]

那么回族等流动人口对未来的期待是什么呢？调查问卷中（见表6.24），选择"等挣到钱就回老家去"的最多，占51.2%；选项"走一步看一步，视情况而定"位居第二，占19.5%；再次是愿意在当地定居的，选择"一直留在当地，并争取把户口迁来并定居"的占10.5%。总体来看，选择留在当地发展的回族等流动人口（包括"一直留在当地，并争取把户口迁到当地并定居"的和"一直留在当地，但不会迁户口定居"的）共占15.7%；而选择回老家的（包括"等挣到钱就回老家去"的、"老了再回老家"的和"尽快回老家去"的）占57.4%。

---

① 童大焕：《农民不愿进城落户的远虑和近忧》，《新华每日电讯报》2014年8月4日。
② 刘毅：《城市少数民族流动人口社会融入与社会管理创新》，《中央社会主义学院学报》2010年第3期。

表 6.24　　　　　　　回族等流动人口未来打算　　　　　（单位:%）

未来打算	
一直留在当地,并争取把户口迁来并定居	10.5
一直留在当地,但不会迁户口定居	5.2
在当地干一段时间去其他城市	2.5
等挣到钱就回老家去	51.2
老了再回老家	4.8
尽快回老家去	1.4
走一步看一步,视情况而定	19.5
没想过	4.9

从回族等流动人口的留居意愿和未来打算来看,他们在城市的归属感呈现出一种矛盾的心理状态,即虽然他们愿意在城市打拼,但是却难有定居的意愿,这就意味着大部分的回族等流动人口仅仅把城市当作挣钱的地方,视自己为城市的"过客",回老家是早晚的事。具体的访谈也证明了回族等流动人口愿意定居和不愿定居的原因。

对于愿意定居城市的回族等流动人口而言,"在城市生活好"是促使他们留在城市最主要,甚至可以说是唯一的原因。

> 访谈:如果可能的话,想在武汉定居,因为喜欢武汉,老家那里经济情况不好,在这里生活好一点,吃穿啊等方面都好一点,而且小孩的教育啊什么都比老家要好。[1]

而对于不愿意在城市定居的回族等流动人口而言,其不愿定居的原因各有不同,但大多集中在"宗教生活不方便""没钱""生意不好做""心理孤独"等方面,可以说宗教生活、经济生活和心

---

[1] ZSLH,男,45 岁,回族,小学文化程度,青海化隆人,拉面馆经营者。

理感受是影响他们居留意愿的主要因素。

> 访谈：不想在外面定居，还是要回老家去。因为我们回族是多数人信仰伊斯兰教的，在这边的话不方便，像饮食啊做礼拜啊的都不方便，在老家的话就方便多了。再一个老家的教门好，这里还是不行，特别是娃娃，小一辈如果长期在这里的话，就慢慢汉化了，他就不懂我们的宗教了。在老家教门气氛浓一些，从小接受教育，就是伊斯兰教的比这里多一些。这里宗教活动什么的都不方便，这样下去不行。我们还是要忠于自己的教门，不能让小一辈把这些丢了，回老家宗教浓厚一点，学习教义、做礼拜也方便点。①

> 访谈：不是想不想（定居）的问题，是能不能（定居）啊。要定居至少得有房吧，你没房怎么定居啊，这里的房价我们怎么可能买得起，根本买不起房的，只能是回老家嘛。②

广州市越秀区光孝路 75 号的拉面店马老板在访谈时说：自己的想法说不准，要看自己以后的成果，如果赚到了足够的钱，就在广州买房定居，把老婆、孩子都接过来；如果生意做不好，钱挣不够，就回老家生活，毕竟与当地人相处没那么容易。

---

① GXM，女，39 岁，回族，不识字，青海化隆人，拉面馆经营者。
② MT，男，23 岁，回族，小学文化程度，甘肃张家川人，拉面馆经营者。

结　　语

以上立足于回族等流动人口特点，通过对武汉、宁波、杭州、广州四个城市调查问卷统计，结合调查中的访谈和观察，从经济、社会关系、制度、文化、心理五个层面对中东部地区回族等流动人口城市融入状况进行了分析。现就回族等流动人口的总体融入状况以及如何推进其城市融入进程，作一简要总结。

一　回族等流动人口城市融入的总体评价

1. 回族等流动人口经济融入水平一般

回族等流动人口经济融入程度的衡量，由于个体差异性很大，难以用量化指标衡量整体情况。回族等流动人口不同的从业者在经济收入、居住条件、消费支出等方面存在差异。一般来说，可分为两个层次，即自主经营者以及一般的务工人员。融入程度参照群体是城市居民和其他民族流动人口群体。从调查情况看，自主经营者收入较高，相应地其居住条件、工作环境较好，消费支出较高，因此经济融入程度就比较高。但一般务工人员由于文化程度和语言限制，经济收入低于城市居民甚至其他流动人口，总体上经济融入程度较低。

当前城市回族等流动人口的经济收入水平与城市居民平均水

平存在一定差距，但差距并不大，甚至有的自主经营者的经济收入还很高。即使一般务工者，其收入明显高于其在流出前的收入，大部分人对自己的收入感到满意。可见，回族等流动人口在收入水平这一指标上，其融入程度也达到了城市居民一般水平。但同样是流动人口，不同的民族也存在较大差异。像维吾尔族流动人口由于无技术特长，从业流动性很大，经济收入很低，而回族流动人口特别是从事拉面的老板甚至员工，经济收入比维吾尔族流动人口高很多。

但从工作时间长短来看，由于许多回族等流动人口主要从事餐饮、烧烤等服务业，起早贪黑，工作时间相当长，基本上都是每周工作7天，每天工作时间都在10个小时以上，很少有休息时间，老板和员工都是一样。所以，从经济总收入上看比较可观，但如果与付出时间和精力相比，则经济收入是有限的。单从工作时间与经济收入这一层面考量，融入程度并不是很高。

乐业须安居。但绝大多数回族等流动人口居住条件比较差，以租房为主，只有个别发展好的回族等流动人口在当地购买了住房，很多是租住甚至住在经营场所。同时，居住面积偏小，对住房的满意度普遍不高。回族等流动人口住房质量与城市居民存在较大的差距，反映出他们在该方面的融入状况不佳。

消费支出是回族等流动人口融入状况的重要体现。从调查情况看，流动人口的日常消费水平仍然属于传统的勤俭节约型，以生存型消费为主，用于发展型支出次之，而用于文化、休闲娱乐等享受型消费更少，这与城市居民的消费类型还存在很大的差距。这种差距的存在不仅是融入水平较低的表现，而且会影响他们对城市生活融入的主观意愿，成为其社会融入过程中的一大障碍。

因此，单从经济收入上看，与当地居民收入相比，其融入程度处在一般水平，但工作时间长、居住条件差、消费支出水平低，说明从整体上看，回族等流动人口经济融入程度较之城市居民甚至汉族流动人口也不高。这种不高的融入状况，影响了其他方面的融入，使他们难以有长期定居当地城市的意愿。

2. 社会关系以同质群体内部交往为主，未建构起新的异质性的城市社会网络关系，社会关系融入度很低

社会关系是回族等流动人口城市融入的重要条件，也是其城市融入的重要体现。从反映回族等流动人口在城市生活中所拥有的社会关系的求职途径、日常交往、困难与纠纷求助、民族关系等方面看，其社会关系仍然是血缘、亲缘、地缘、族缘、教缘关系在城市的不完全复制，没有建立起以业缘为纽带、以城市本地居民为交往对象的现代社会关系网络，仍然以非正式的社会关系支持为主，没有充分运用正式的社会关系支持网络。流动人口的这种社会关系在进入城市之初有助于流动人口个体在经济层面和社会生活层面的适应和融入，但如果他们长期在城市生活，就难以克服这种同质社会关系带来的一系列有碍于城市融入的问题。因此，就整体上视之，回族等流动人口的社会关系融入程度非常低。当然，社会关系的建立与拓展是依据其经济、社会生活需要而定的。单一的工作性质，较低的文化教育程度，加上方言甚至语言的障碍，难以促使流动人口有意识、自觉地发展新的社会关系。特别是又缺乏建立新的社会关系的途径。而一旦需要这种新的社会关系时，又无所适从。所以，只有改变他们单一的从业模式，实现从业多元化，才能逐渐建立新的社会关系网络。这个过程是必需的，但又是非常遥远和漫长的，因为这与回族等流动人口教育文化水平提升以及多元的技术特长掌握具有极大的相关性。

3. 制度融入障碍重重

制度融入也是回族等流动人口城市融入的外在条件之一。尽管输出地、输入地政府对流动人口在做好服务管理方面采取了许多正

式支持手段,为他们走出家门、在城市就业提供了制度援助,但是,由于社会体制因素的制约,加上流动人口特殊生活习俗以及文化教育方面的不足,城市社会在制度层面缺乏应对准备,造成流动人口在子女入学、入园以及社会保障方面比其他流动人口遭遇更多更大困难,制度层面的支持明显缺失。

4. 文化融入滞后

回族等流动人口的文化融入不足是城市融入的瓶颈,即流动人口初步适应甚至接纳城市文化后,就滞留不前。如在语言方面,大部分流动人口主要是回族能够使用通用语言进行交流,但只有一部分人能够掌握并使用当地方言,大部分都只是停留在能听懂或只会一些简单的会话层面,其中还有相当一部分表示对当地方言根本不了解。此外,流动人口对于学习并掌握当地方言的意愿并不强烈,对当地的风俗习惯了解不多,而且也没有进一步深入了解的意愿。在办事习惯方面,流动人口在当地城市的办事习惯仍然以老家为准,也有部分人会根据不同事情和不同情况选择合适的办事方式,而完全遵循当地办事习惯的则非常少。从这方面看,流动人口对流入地的认可程度不高,也反映出他们在这一层面的融入并不理想。"地域之间在流动人口总量和结构方面差异甚大,加上东部城市具有独特的方言,浓厚的地方文化特色,内敛性较强,外地人短期难以适应,且不少流动人口到此主要是为了务工经商,并无很强的融合意愿,推进其融入城市的难度相对较大。"[1] 当然,如果说有融入,则是在教育思想观念的改变上。回族等流动人口不仅对下一代的教育非常重视,并且对子女上学的期望也很高。

宗教信仰是回族等流动人口文化的重要内容。由于城市生活的

---

[1] 国家卫生和计划生育委员会流动人口司:《中国流动人口发展报告 2014》,中国人口出版社 2014 年版,第 43 页。

快节奏以及社会环境的差异,流动人口宗教生活面临一定的挑战。城市社会环境与流出地的相异,城市宗教场所较少,再加上流动人口所从事职业的特点,其每天礼拜次数和每周参加主麻日活动的次数明显减少,在宗教生活上难以有较深的融入。

5. 心理融入度不高

社会认同不仅是心理融入维度的测量指标,也影响着流动人口的社会融入进程。从身份认同来看,回族等流动人口普遍将自己定位于"农村人",认为自己是"城市人"的比例较小;从城市认同来看,绝大部分的回族等流动人口对城市及城市居民的评价较高,反映出他们对城市的认可程度较高。由此可见,回族等流动人口的社会认同具有二重性特征,即他们对乡土的认同和对城市的认同是结合在一起的,既认同城市,又摆脱不了对自己传统的农民身份的束缚。其中对城市生活的认同有利于他们融入城市生活,但对农民身份的认同又难以对城市有心理归属感。这种情况与城市社会存在的民族偏见不无关系。这种偏见是当地社会和城市居民对其产生排斥并不愿接纳流动人口的体现,也成为流动人口社会融入中的障碍。民族偏见必然产生隔阂,加大流动人口与城市居民的社会距离。调查表明,大部分流动人口表示自己和本地人有差别,这说明他们与城市居民之间还存在深刻的隔阂,具有很大的社会距离,这是他们没有融入城市社会的表现。

以上情况影响了流动人口在城市的居留意愿和未来打算。当前流动人口虽然愿意在城市打拼,但是却难有定居的意愿,即在城市的归属感上呈现出一种矛盾的心理状态。这意味着大部分的流动人口仅仅是把城市当作挣钱的地方,视自己为城市的"过客",并没有打算长期在某地居住生活和发展,回老家是早晚的事,说明他们的城市融入意愿不高。

二　推进回族等流动人口城市融入对策

回族等流动人口从适应到融入城市是个非常缓慢而漫长的过程，绝不是一朝一夕就能实现的，也不是一两代人就能够达到的目标，是一个从量的积累到实现质的转变的过程。特别是流动人口的社会融入并非单向地嵌入城市，而是一个双向互动的过程；不仅需要流动人口对城市的适应和自身的转变，同时还需要流入地的包容与接纳。

1. 加强民族平等、民族团结与法制的宣传和教育

在工业化、信息化、城镇化、市场化、国际化深入发展的背景下，少数民族流动人口不断增加是社会发展的必然趋势。做好城市少数民族流动人口服务管理工作，既体现了党和国家民族政策的优越性，也有助于城市和民族地区的社会稳定和发展平等、团结、互助、和谐的社会主义民族关系。因此，尊重差异，相互包容、理解的民族平等、团结教育是必不可少的。

第一，要大力加强民族平等和民族团结的宣传和教育，促进民族之间的交往交流交融。总体来说，近年来，包括回族等流动人口在内的城市少数民族流动人口与城市居民间的了解在不断加深，矛盾在减少，但民族偏见乃至歧视仍然潜伏在不少人的意识中，特别是对少数民族流动人口，并且会在一定场合、通过某些事件呈现出来。如某些城市中发生的"切糕事件"就是明证。因此，消除民族偏见，祛除对回族等流动人口标签化、污名化，仍然任重道远。这就需要充分利用现代媒体的舆论引导功能，有计划、有步骤地持续进行马克思主义民族观、党的民族政策以及有关民族知识的宣传教育。要多宣传和肯定回族等流动人口进入城市带来的积极影响，弱化和消除负面影响，增强市民对回族等流动人口增加这一客观现象

的心理适应。

第二，提高城市管理人员素质。少数民族流动人口对现代城市管理方式有个适应过程，城市管理者要差别化对待，妥善处理回族等流动人口经营中出现的问题。对一部分流动人口从业没有"三证"、卫生状况差、违章占道经营等情况，城市管理者必须树立正确的工作态度，讲究工作方法。粗暴执法、野蛮执法不仅难以解决问题，还会引起对立情绪，甚至演变为民族纠纷。当然，对违反城市管理规定的情况也不能视而不见，要晓之以理，动之以情，多沟通、交流，依法依规办事。从调查的情况看，目前城市有关部门普遍存在对流动人口不敢管的现象，于是许多城市烧烤摊浓烟滚滚，不少拉面馆不办卫生证、不交税习以为常，这是不正常的现象。

第三，加强对流动人口的法制教育，坚决制止违法犯罪现象发生，树立良好形象。如武汉市坚持开展"融入武汉民族大家庭，适应城市法制化管理"主题教育活动，指导成立了武汉市民族团结进步促进会来汉少数民族业主分会，引导少数民族流动人员适应市场经济规律，争做热爱祖国好、遵纪守法好、文明经营好、勤劳致富好、奉献社会好、环境卫生好的"民族团结进步模范经营户"。2009年有11家少数民族经营户受到表彰。为帮助新疆来汉少数民族流动人员扩大经营范围、提升经营档次，在武汉市民族宗教委员会的帮助下，注册成立了"亚克西民族商贸公司"，将经营范围扩大到干果、水果、农产品批发经营。新疆和田来汉少数民族同胞尼亚孜·肉孜，在武汉市有关部门的帮助支持下，从一个一无所有的流浪汉，通过守法经营和辛勤劳动，逐步实现了"六子"的幸福梦想，即娶了一位贤惠的妻子、生育了一个聪明的儿子、挣到了大把的票子、新开了两家烧烤店子、买了漂亮的房子、开上了豪华的车子。①

2. 改革户籍制度，逐步消除户籍上的区隔

在流动人口社会融入的众多影响因素中，城乡二元结构和现有的户籍制度是绕不开的话题，也是一个难题。回族等流动人口与其他民族流动人口一样面临此问题。基于户籍制度基础上的流动人口的管理制度以及相关的教育制度、医疗制度、社会保障制度、社会福利制度等所形成的结构性排斥，是流动人口融入城市社会的根本性障碍所在。因此，推进户籍制度及相关的制度改革，改善城乡分割的二元体制，取消流动人口进入市场的制度壁垒，消除对流动人口身份上的歧视和制度排斥，提供平等化和制度化的公共服务和公共物品，为流动人口在城市中的生存和发展提供良好的外部社会环境，也是促进回族等流动人口城市融入的主要内容。

近年来，国家逐步放宽了流动人口在中、小城市的待遇政策，有些大城市也在逐步放开，尽管这种放宽有较高条件要求。如自2013年3月1日起，《安徽省流动人口居住登记办法》（以下简称《办法》）正式在安徽全省范围内实施。该《办法》提出，包括少数民族流动人口在内的城市流动人口在办理居住证后，在学前教育、义务教育、就业扶持、职业教育补贴、保障性住房、住房公积金等方面，均享受与同城市民一样的权利。② 这些举措顺应了流动人口发展趋势，有利于从根本上保障包括回族等流动人口在内的流动人口的权益。随着流动人口户籍制度的改革，与流动人口密切相关的公共服务均等化问题将逐步得到缓解。当然，回族等流动人口与汉族流动人口相比，由于文化差异大、语言障碍、教育水平低、

---

① 麻杰：《武汉市：坚持真情服务规范管理　帮助少数民族人员进得来留得住富得起》，http://www.seac.gov.cn/gjmw/zt/2010-06-25/1277366389215171.htm。

② 皖民：《少数民族流动人员在安徽享受同城市民待遇》，《中国民族报》2013年3月8日。

经济基础差、生产技能弱等，需要采取差异化政策加以应对。

3. 以人为本，做好服务，保障回族等流动人口的合法权益

随着城市化进程的加快，城市少数民族流动人口逐年增加。但是，有关少数民族流动人员权利保障、社会管理的法律、法规还不够健全，忽视或侵害少数民族流动人员合法权利的现象时有发生。1993年8月，国家民委发布《城市民族工作条例》，其中有相当多的内容涉及多数人信仰伊斯兰教的少数民族权益保障内容。但20多年过去了，《城市民族工作条例》主要针对的是城市户籍少数民族，涉及少数民族流动人口内容不多，显然已不能适应城市民族工作的发展变化。它的内容规定比较原则，可操作性不强，不能满足城市少数民族流动人口服务管理和权益保障的新要求，并且在实施过程中也出现了一些问题，亟待修改完善。[①] 根据新时期流动人口增多、权益保障面临的复杂情况，需要对城市少数民族流动人口管理和服务进行法律规范。只有国务院及相关部门制定专门的行政法规和规章，各地方城市政府才能出台相应的地方性法规和规章，把城市少数民族流动人口务工、经商、服务、管理方面纳入法制轨道，使少数民族流动人口的管理有法可依、依法行政。

政府相关部门要整合各种社会资源，采取措施从劳动就业、子女入学、医疗保障、法律援助等方面逐步实现流动人口的市民待遇，保护他们的合法权益，照顾他们的合理要求，为流动人口搭建服务平台，保障流动人口的合法权益，有效地推进少数民族流动人口的城市融入。

第一，创新制度，为回族等流动人口的经营提供制度上的便利。当前对经营餐馆的流动人口已经实行了免税的政策，在此基础上，可以通过提供免息贷款等方式对他们提供经济上的帮助。

---

① 《法律，要为少数民族流动人口提供保障》，《中国民族报》2013年1月18日。

第二，解决回族等流动人口面临的子女入学等方面的问题。2011年，教育部下发通知，要求确保所有符合输入地政府规定条件的随迁子女平等接受义务教育，不能因城市拆迁、学校撤并等原因导致随迁子女失学。根据《国务院关于做好免除城市义务教育阶段学生学杂费工作的通知》，进城务工人员随迁子女接受义务教育要以流入地为主、公办学校为主解决。对符合当地政府规定接收条件的进城务工人员随迁子女，要按照就近入学的原则统筹安排公办学校就读，免除学杂费，不收借读费。[①]

从调查情况看，城市回族等流动人口子女教育是最急迫的民生问题。这些子女既是民族的未来，更是祖国的未来。如果他们在经济社会发展的今天仍然不能接受良好的教育，将对民族地区和少数民族发展产生不利的影响。因此要全面贯彻落实义务教育法，按照"公办为主、民办为辅，公开平等、就近入学、先公后民、顺序安排、基本保障"的原则，充分挖掘公办学校的潜力，尽量多地接受回族等流动人口子女入学，并在收费、管理等方面与本地学生同等对待，不得违反规定向回族等流动人口子女加收各种费用，并对家庭困难的学生实施救助。公办学校资源不足时，就近安排在受政府委托的民办学校就读。部分地区的一些大中专学校、寄宿制中小学、幼儿园还没有设立清真食堂或清真灶，致使有清真饮食习惯的少数民族学生和幼儿吃饭困难。有的学校以没有清真食堂为由，拒绝接受符合入学条件的有清真饮食习惯的少数民族学生，伤害了少数民族群众的感情。2000年8月1日教育部、国家民委《关于在各级各类学校设置清真食堂、清真灶有关问题的通知》对学校设置清真食堂有明确的规定。[②] 这些规定需要执行，从制度层面上解决回

---

① 郭少峰：《教育部要求不因拆迁使随迁子女失学 禁收借读费》，《新京报》2011年9月16日。

② 天津市民族事务委员会编：《新时期城市民族工作政策法规选编》，民族出版社2004年版，第242—243页。

族等流动人口子女教育的后顾之忧，有利于其进一步适应并融入城市社会。

第三，完善社会保障制度。依照"居住证"制度，加快建立城乡统一、多元目标衔接的社会保障制度，实现城乡社会保障制度的有机整合，解决城市回族等流动人口不能享受社会保障的问题。

第四，拆迁问题是当前经营餐馆面临的主要问题之一，政府要解决好拆迁问题，避免在拆迁过程中产生冲突，并做好善后处理工作，积极为流动人口继续经营创造条件。

第五，针对回族等流动人口宗教生活和饮食中存在的问题，一方面，相关政府部门要高度重视流动人口的宗教生活需求，合理规划宗教场所。另一方面，针对回族等流动人口普遍反映购买清真饮食不便的问题，政府要提高清真肉食、饮食、副食的供给，增加清真食品供应网点，加强清真饮食供应网点的合理布局，加大对清真食品企业的扶持力度。此外，还要加强少数民族流动人口与城市民族社区的联系，发展城市民族文化，加强流入地与其流出地之间的联系，消减因文化差异给流动人口带来的问题和困难。

4. 建立输出输入地互动管理协调机制，加强两地的联系与合作

由于回族等流动人口进入城市存在一定的盲目性、无序性，再加上在输出地很少进行教育和技术培训，使很多流动人口在城市不适应城市管理，也难以找到待遇高的工作，给城市管理带来一系列问题。因此要做好流动人口的服务与管理，必须标本兼治，加强输出地与输入地政府有关部门协商、交流、合作，合力做好服务与管理工作。如广东佛山与青海海东，新疆乌鲁木齐、哈密等地建立了相互联系机制，加强输出地和输入地政府工作协调，还着手建立流

入地民族工作部门和流出地政府驻当地办事处的工作合作机制。①自 2007 年以来，武汉市分别与新疆和田、喀什、阿克苏，青海海东、海北等地区加强交流；南宁市与新疆和田、甘肃临夏、宁夏吴忠等地，建立少数民族流动人口流出地和流入地双向共管协作机制，从输出地到输入地全程做好权益保障工作。② 在新时期，随着回族等流动人口不断增多，合作机制需要不断加强，要在信息交流、干部交流、维稳等方面不断拓展与深化。

5. 做好文化教育及多元技术培训工作，提升回族等流动人口的人力资本

回族等流动人口融入城市难，与其自身文化素质较低、缺乏劳动技能、缺乏竞争力有关。因此，继续不懈地抓好输出地基础教育，提升自身文化素质，是今天乃至未来流动人口融入城市、融入社会的基础。从长远看，融入要从娃娃抓起。但就目前而言，应该多做一些劳动技能培训，政府在这方面应起主导作用。输出地政府可以与需要劳动力的企业签订劳务输出合同，并根据企业对劳务的需求组织培训，在劳动时间、福利保障等方面严格按照国家的规定办事，保障他们的合法权益。通过这些初步的培训，为流动人口提供基本的技能，为他们适应并融入当地社会提供一定的条件。

6. 拓展回族等流动人口的社会支持网络，提升融入社会资本

回族等流动人口要实现与当地城市的融入，单纯依靠亲缘和地缘关系为基础的社会支持网络显然是不够的，还必须重构新的、本地化的社会支持网络。流动人口社会支持网络的再构建，其主要特征便是从血缘、地缘为纽带的社会关系逐渐向以友缘和业缘为纽带

---

① 汤耀国、王攀、宋常青：《少数民族人口"东南飞"稳定成珠三角管理难题》，《瞭望》2010 年第 51 期。

② 南宁市民族事务委员会：《南宁：让少数民族流动人口安居乐业》，《中国民族报》2013 年 5 月 21 日。

的社会关系转变。在重构社会支持网络的互动过程中，流动人口的社会行为、心理、思想观念等才能逐步融入城市社会中。如果社会资本中友缘和业缘等弱关系提供的帮助和支持较多，就会有利于其行为、文化、观念等进一步与城市社会相一致，有利于城市融入。因此，社会大众、政府机关、社会工作人员等各界应对流动人口这一特殊的群体予以更多的关注，帮助他们重新构建新的社会支持网络。一方面，流动人口自己应意识到亲友、老乡这种强关系社会支持网络的局限性以及重构社会支持网络的重要性，并且积极主动地加强与当地居民的交流与互动，将自己的社会支持网络由亲戚、老乡等初级关系逐渐向本地人、同事等次级关系拓展。另一方面，政府应加强民族平等、民族团结与法制的宣传、教育，积极营造流动人口与汉族、城市管理者、普通市民之间互相尊重、理解、合作与支持的良好社会氛围，减少民族偏见和冲突，为流动人口与本地居民之间的交流互动创造条件，为他们重新构建社会网络提供平台，从而促进流动人口城市融入。[①]

7. 发挥民族宗教团体和民族精英的桥梁纽带作用

发挥民族宗教团体和民族精英人物的作用，以清真寺、少数民族流动人口联系点为基础，以社区为依托，促进和增强流动人口与当地民族的交流。从美国外来移民融入的实践看，民族宗教组织在帮助移民适应美国生活的过程中仍然发挥着重要作用。公民自治组织与宗教组织对移民家庭和他们的孩子都非常有益。针对年轻一代新建立的社区组织的功能是多样的。社区组织为青少年，特别是那些放学后父母还在工作的孩子们，提供了一个安全、健康和积极的环境，更重要的是为孩子们提供了表达和分享他们感受的场所。社

---

① 常岚：《武汉市穆斯林流动人口的社会融合研究——基于社会支持网络视角》，《贵州大学学报》2014 年第 4 期。

区自治组织和宗教组织起着连接封闭的移民社区和主流社会的作用。[1]

8. 完善少数民族流动人口社区服务与管理制度

社区作为城市的细胞，联系社会的各个方面。"单位制的解体、城市社会结构的分化给城市社会带来的另一个重要影响是城市社会管理模式发生变化，即从计划经济体制下依靠单位实现城市社会管理和控制的模式向人们居住的社区转变，社区建设成为城市政府最重要的城市发展目标。"[2]有的学者以美国唐人街为例，阐述民族社区组织的重要性。"当种族群体向主流社会发展的时候，会受到更广泛结构性劣势的限制，有效的社区组织会动员民族资源来克服不利条件下的负面影响。社区组织的力量可以用社区结构的密度和多样性来衡量。在唐人街，有密集程度不同的民族经济组织、公民自治组织和宗教组织，这些组织建立了一个支持和控制社区发展方向的民族体系。如此多样的组织结构产生了很多看得见的资源，并以提供就业和创业的机会以及面向家庭和孩子服务的形式体现出来。它为那些有不同社会经济背景的同一种族成员提供了让他们以多元化方式相互联系的一个场所，从而形成社会网络，反过来产生有形及无形的利益。"[3] 社区组织主要满足了那些暂居在唐人街的人们的基本需要，比如帮助他们找到工作，提供不同程度的社会支持，组织社会经济活动。

对城市回族等流动人口也可以借鉴唐人街的经验。唐人街

---

[1] 周敏：《社会资本的族裔特性：基于社会组织与镶嵌其中的社会关系网络》，载［美］格伦·C. 劳瑞、塔里克·莫多德、斯蒂文·M. 特莱斯编《族裔特性、社会流动与公共政策：美英比较》，李俊清、施巍巍译，东方出版社 2013 年版，第 153 页。

[2] 李培林、李强、马戎：《社会学与中国社会》，社会科学文献出版社 2008 年版，第 570 页。

[3] 周敏：《社会资本的族裔特性：基于社会组织与镶嵌其中的社会关系网络》，载［美］格伦·C. 劳瑞、塔里克·莫多德、斯蒂文·M. 特莱斯编《族裔特性、社会流动与公共政策：美英比较》，李俊清、施巍巍译，东方出版社 2013 年版，第 151 页。

中华人移民的巨大人口变化使移民对一些与普遍存在于唐人街传统组织中的定居和适应问题相关的服务产生了迫切需求，而当时，这些服务大大超过了唐人街传统组织的能力。由于社区导向正在从暂居向定居和同化的方向发展，为了适应这些变化，传统组织在压力之下一直重新定位它作为社区的角色。如为了满足新移民和他们家庭定居的需要，社区建立华语学校、成人英语学校和职业培训中心，并且已经建立了一系列多种多样的社会服务计划，包括推荐工作和工作培训服务。华语学校每年招收从学龄前到12岁大约4000名中国学生，有137个中文班和10多个特长班。①

唐人街也建立了许多不同的营利的或非营利的新服务组织。如20世纪90年代纽约市就有100多个志愿协会、61个社区服务组织、41个社区就业机构、16个日托中心、27个职业培训学校、28个中文与英文学校以及9个音乐舞蹈学校。建于20世纪60年代后期的华人策划协会（CAPC）主要是由受过教育的第二代或者一代半的华裔美国人领导，献身于社区建设，它通过动员草根阶级、支持联邦和地方政府以及私人基金会，为华人家庭和孩子提供更广泛的服务。其目标是"获取为了融进美国主流社会及经济上自立而需要的服务、技能以及资源"。在20世纪70年代，CAPC发动一系列以青年人为目标的计划，比如预防毒品、外展服务和娱乐服务和机会，帮助移民的孩子和易受引诱的青年人适应他们的新环境。这些以孩子与青年人目标的计划不仅为年轻人关注的事情和问题提供了咨询服务和机会，同时也提供了娱乐活动，比如租个地方供他们读书、办晚会、玩撞球、玩电脑游戏，以及提供免费的实地考察、演

---

① 周敏：《社会资本的族裔特性：基于社会组织与镶嵌其中的社会关系网络》，载［美］格伦·C. 劳瑞、塔里克·莫多德、斯蒂文·M. 特莱斯编《族裔特性、社会流动与公共政策：美英比较》，李俊清、施巍巍译，东方出版社2013年版，第152—153页。

出和博物馆的参观。[1]

2011年12月15日,国家民委、民政部《关于加强新形势下社区民族工作的意见》(民委发〔2011〕204号)提出:"切实加强对少数民族流动人口的服务与管理。在外来少数民族人口较多的社区要明确有关责任人,积极提供就业帮助、语言翻译、法律维权等方面的服务。"[2] 民政部在2012年年初出台的《关于促进农民工融入城市社区的意见》中提出,当前促进农民工融入社区工作的重点任务是构建以社区为载体的农民工服务管理平台;落实政策,扎实做好农民工社区就业服务工作;切实保障农民工参与社区自治的权利;健全覆盖农民工的社区服务和管理体系;大力发展丰富多彩的社区文化生活。[3] 国家出台这些政策对回族等流动人口具有同样的价值和意义。全国不少城市对做好城市社区少数民族流动人口服务与管理工作不断探索,勇于实践,成立社区少数民族流动人口服务管理组织,建立少数民族流动人口基础信息数据库,搭建完善社区少数民族流动人口服务平台,积累了宝贵的经验。在此基础上,继续加强社区民族工作,实现流动人口的社区融入。

---

[1] 周敏:《社会资本的族裔特性:基于社会组织与镶嵌其中的社会关系网络》,载〔美〕格伦·C. 劳瑞、塔里克·莫多德、斯蒂文·M. 特莱斯编《族裔特性、社会流动与公共政策:美英比较》,李俊清、施巍巍译,东方出版社2013年版,第153—154页。

[2] 《关于加强新形势下社区民族工作的意见》,国家民委网站,http://www.seac.gov.cn/seac/zcfg/201201/1074272. shtml,2012年8月28日。

[3] 王燕琦:《寻找农民工融入城市的新路径》,《光明日报》2012年6月15日。

参考文献

（按作者、编者姓氏拼音首字母排序）

中文著作

1. 白友涛、尤佳、季芳桐、白莉：《熟悉的陌生人——大城市流动穆斯林社会适应研究》，宁夏人民出版社2011年版。
2. 蔡昉：《中国劳动与社会保障体制改革30年研究》，经济管理出版社2008年版。
3. 陈岱孙：《中国经济百科全书》（下），中国经济出版社1991年版。
4. 陈晓毅、马建钊：《中国少数民族的移动与适应：基于广东的研究》，民族出版社2007年版。
5. 戴康生、彭耀：《宗教社会学》，社会科学文献出版社2007年版。
6. 丁宏：《回族、东乡族、撒拉族、保安族民族关系研究》，中央民族大学出版社2006年版。
7. 杜丽红：《中国城市流动人口管理问题研究》，四川大学出版社2011年版。
8. 段成荣、杨舸、马学阳：《中国流动人口研究》，中国人口出版社2012年版。

9. 方文：《学科制度和社会认同》，中国人民大学出版社 2008 年版。
10. 费孝通：《乡土中国 生育制度》，北京大学出版社 1998 年版。
11. 风笑天：《落地生根——三峡农村移民的社会适应》，华中科技大学出版社 2006 年版。
12. 风笑天：《社会学研究方法》，中国人民大学出版社 2001 年版。
13. 傅晨：《农民工市民化的制度创新——基于广东省的实证研究》，中国经济出版社 2013 年版。
14. 郭星华：《漂泊与寻根：流动人口的社会认同研究》，中国人民大学出版社 2011 年版。
15. 国家人口和计划生育委员会流动人口服务管理司：《中国流动人口发展报告 2010》，中国人口出版社 2010 年版。
16. 国家人口和计划生育委员会流动人口服务管理司：《流动人口理论与政策综述》，中国人口出版社 2010 年版。
17. 国家人口和计划生育委员会流动人口服务管理司：《中国流动人口发展报告 2011》，中国人口出版社 2011 年版。
18. 国家人口和计划生育委员会流动人口服务管理司：《中国流动人口发展报告 2012》，中国人口出版社 2012 年版。
19. 国家卫生和计划生育委员会流动人口司：《中国流动人口发展报告 2013》，中国人口出版社 2013 年版。
20. 国家卫生和计划生育委员会流动人口司：《中国流动人口发展报告 2014》，中国人口出版社 2014 年版。
21. 高兴民：《人口流动与社会保障制度困境》，中国经济出版社 2012 年版。
22. 管健：《身份污名与认同融合》，社会科学文献出版社 2012 年版。
23. 郝时远、王希恩：《中国民族发展报告（2001—2006）》，社会科学文献出版社 2006 年版。

24. 黄荣清、赵显人等：《20 世纪 90 年代中国各民族人口的变动》，民族出版社 2004 年版。
25. 何增科：《中国社会管理体制改革路线图》，国家行政学院出版社 2009 年版。
26. 冀党生等：《中国人口流动与管理》，中国人口出版社 1995 年版。
27. 加强宁波外来人口管理推进和谐社会建设课题组：《流动与和谐——宁波市外来人口服务与管理》，人民出版社 2007 年版。
28. 李春霞、吴加志、洪眉：《京城保姆：农村进城务工女性社会网络研究》，九州出版社 2013 年版。
29. 李春霞、陈霏、黄匡时：《融入筑城：中国西部流动人口社会融合研究》，九州出版社 2013 年版。
30. 李竞能：《现代西方人口理论》，复旦大学出版社 2004 年版。
31. 李强：《社会分层十讲》，社会科学文献出版社 2008 年版。
32. 李培林等：《当代中国城市化及其影响》，社会科学文献出版社 2013 年版。
33. 李培林：《农民工：中国进城农民工的经济社会分析》，社会科学文献出版社 2003 年版。
34. 李树茁、杜海峰、杨绪松、靳小怡、费尔德曼：《农民工的社会支持网络》，社会科学文献出版社 2008 年版。
35. 良警宇：《牛街：一个城市回族社区的变迁》，中央民族大学出版社 2006 年版。
36. 林钧昌：《城市化进程中的城市民族问题研究》，中央民族大学出版社 2009 年版。
37. 刘传江、程建林、董延芳：《中国第二代农民工研究》，山东人民出版社 2009 年版。

38. 刘电芝、疏德明：《走进幸福：农民工城市融入与主观幸福感研究》，苏州大学出版社2012年版。

39. 刘建娥：《中国乡—城移民的城市社会融入》，社会科学文献出版社2011年版。

40. 罗遐：《流动与定居——定居农民工城市适应研究》，社会科学文献出版社2011年版。

41. 卢国显：《农民工：社会距离与制度分析》，社会科学文献出版社2010年版。

42. 金泽、丘永辉：《2009年中国宗教报告》，社会科学文献出版社2009年版。

43. 马莉：《美国穆斯林移民——文化传统与社会适应》，中央民族大学出版社2011年版。

44. 马胜春：《中国城市少数民族流动人口的生活适应性研究》，中国财政经济出版社2012年版。

45. 马强：《流动的精神社区——人类学视野下的广州穆斯林哲玛提研究》，中国社会科学出版社2006年版。

46. 马戎：《民族社会学——社会学的族群关系研究》，北京大学出版社2004年版。

47. 马戎：《民族与社会发展》，民族出版社2001年版。

48. 任远：《城市流动人口的留居模式与社会融合》，上海三联书店2012年版。

49. 阮西湖：《都市人类学》，华夏出版社1991年版。

50. 沈林、张继焦：《中国城市民族工作的理论与实践》，民族出版社2001年版。

51. 沈千帆：《北京市流动人口的社会融入研究》，北京大学出版社2011年版。

52. 石颂九：《流动人口管理》，上海科学普及出版社1991年版。

53. 宋国恺：《农民工体制改革——以自雇佣的个体农民工城市社会融合为视角》，社会科学文献出版社 2014 年版。

54. 苏杨、肖周燕、尹德挺：《中国流动人口管理报告》，企业管理出版社 2010 年版。

55. 微软（中国）有限公司、清华大学社会学系：《农民工：社会融入与就业——以政府、企业和民间伙伴关系为视角》，社会科学文献出版社 2008 年版。

56. 王春光：《巴黎的温州人》，江西人民出版社 2000 年版。

57. 王建民、胡琪：《中国流动人口》，上海财经大学出版社 1996 年版。

58. 吴仕民：《民族问题概论》（第三版），四川人民出版社 2007 年版。

59. 谢建社：《新生代农民工融入城镇问题研究》，人民出版社 2011 年版。

60. 谢永康：《宁波发展蓝皮书（2006）》，宁波出版社 2006 年版。

61. 熊光清：《中国流动人口中的政治排斥问题研究》，中国人民大学出版社 2009 年版。

62. 熊威：《社会网络的资本化》，知识产权出版社 2013 年版。

63. 悦中山、李树茁、[美] 费尔德曼：《农民工的社会融合研究：现状、影响因素与后果》，社会科学文献出版社 2012 年版。

64. 杨菊花：《中国流动人口经济融入》，社会科学文献出版社 2013 年版。

65. 姚华松：《流动人口的空间透视》，中国编译出版社 2012 年版。

66. 翟振武、段成荣等：《跨世纪的中国人口迁移与流动》，中国人口出版社 2006 年版。

67. 张海洋、良警宇：《散杂居民族调查：现状与需求》，中央民族大学出版社 2006 年版。

68. 张继焦:《城市的适应——迁移者的就业与创业》,商务印书馆 2004 年版。
69. 张肖敏:《流动人口的城市融入》,中国人口出版社 2006 年版。
70. 张展新、侯亚非等:《城市社区中的流动人口——北京等 6 城市的调查》,社会科学文献出版社 2009 年版。
71. 赵莉:《都市里的搓澡工:农民工迁移与城市适应研究》,中国社会科学出版社 2012 年版。
72. 郑功成、黄黎若莲:《中国农民工问题与社会保护》,人民出版社 2007 年版。
73. 郑杭生:《民族社会学概论》,人民大学出版社 2005 年版。
74. 郑杭生:《社会学概论新修》,民族出版社 2003 年版。
75. 中国工运研究所:《新生代农民工:问题 研判 对策建议》,中国工人出版社 2011 年版。
76. 周大鸣:《渴望生存:农民工流动的人类学考察》,中山大学出版社 2005 年版。
77. 周大鸣、马建钊:《城市化进程中的民族问题研究》,民族出版社 2005 年版。
78. 周大鸣:《现代都市人类学》,中山大学出版社 1997 年版。
79. 周晓虹:《现代社会心理学史》,中国人民大学出版社 1993 年版。
80. 邹衣俭等:《江苏农民工调查报告》,社会科学文献出版社 2009 年版。

期刊论文

1. 阿布都外力·依米提、胡宏伟:《维吾尔族流动人口特点、存在问题及对策——基于乌鲁木齐市和西安市的调查》,《中南民族大学学报》2010 年第 1 期。

2. 拜荣静：《清真寺调节穆斯林普通民间纠纷的作用研究》，《世界宗教研究》2011 年第 6 期。

3. 白友涛：《城市社会管理中的两个不适应——基于武汉广州南京义乌等地流动穆斯林调查的思考》，《回族研究》2013 年第 1 期。

4. 蔡禾、曹志刚：《农民工的城市认同及其影响因素》，《中山大学学报》2009 年第 2 期。

5. 曹子玮：《农民工的再建构社会网与网内资源流向》，《社会学研究》2003 年第 3 期。

6. 迟丽华：《山东东部沿海地区少数民族人口流迁问题研究》，《满族研究》2006 年第 2 期。

7. 陈晓毅：《都市流动回族等文化适应问题及其解决之道——基于问卷调查的广州个案实证研究》，《青海民族研究》2010 年第 3 期。

8. 陈云：《城市与少数民族流动人口：适应与管理——以武汉市为例》，《黑龙江民族丛刊》2006 年第 4 期。

9. 崔岩：《流动人口心理层面的社会融入和身份认同问题研究》，《社会学研究》2012 年第 5 期。

10. 窦开龙：《西北少数民族流动人口大都市困境适应的人类学分析——来自甘肃的实证调查》，《西北第二民族学院学报》2007 年第 4 期。

11. 邓大松、胡宏伟：《流动、剥夺、排斥与融合：社会融合与保障权获得》，《中国人口科学》2007 年第 6 期。

12. 丁宪浩：《农民工社会融入问题分析》，《财经科学》2006 年第 10 期。

13. 杜凤莲、高文书：《中国城市流动人口特征及其检验》，《市场与人口分析》2004 年第 4 期。

14. 段成荣、迟松剑：《我国少数民族流动人口状况研究》，《人口学刊》2011 年第 3 期。

15. 段成荣、杨舸：《改革开放 30 年来流动人口的就业状况变动研究》，《中国青年研究》2009 年第 4 期。

16. 段成荣：《我国的"流动人口"》，《西北人口》1999 年第 1 期。

17. 风笑天：《"落地生根"？——三峡农村移民的社会适应》，《社会学研究》2004 年第 5 期。

18. 嘎日达、黄匡时：《西方社会融合概念探析及其启发》，《国外社会科学》2009 年第 2 期。

19. 高翔、张燕、鱼腾飞、宋相奎：《流动穆斯林城市社会适应性实证研究——以兰州市回族、东乡族为例》，《人口与经济》2011 年第 2 期。

20. 高翔、鱼腾飞、宋相奎等：《结构变迁理论视角下的流动穆斯林城市适应障碍性因素分析——以兰州市回族、东乡族为例》，《西北人口》2011 年第 4 期。

21. 高翔、宋相奎：《银川市新生代少数民族流迁人口城市适应研究》，《中南民族大学学报》2011 年第 6 期。

22. 高翔、程慧波、鱼腾飞：《兰州市流动穆斯林城市适应性分析》，《中国人口科学》2010 年第 1 期。

23. 高向东、余运江、黄祖宏：《少数民族流动人口城市适应研究——基于民族因素与制度因素比较》，《中南民族大学学报》2012 年第 2 期。

24. 高向东、朱蓓倩：《城市清真拉面馆从业少数民族流动人口分析——以上海市为例》，《中南民族大学学报》2014 年第 1 期。

25. 高小兰：《充分发挥民族和宗教界在构建和谐社会中的作用》，《上海市社会主义学院学报》2006 年第 1 期。

26. 葛壮：《沪上外来流动穆斯林群体的精神生活——关于上海周边区县伊斯兰教临时礼拜点的考察与反思》，《社会科学》2011

年第 10 期。

27. 龚坚:《外来穆斯林的城市适应状况——来自厦门市外来少数民族城市适应的调查报告》,《青海民族研究》2007 年第 2 期。

28. 共青团武汉市硚口区委:《浅析新生代农民工的社会融入——基于武汉硚口区新生代农民工实证研究》,《中国青年研究》2011 年第 7 期。

29. 郭星华、邢朝国:《社会认同的内在二维图式——以北京市农民工的社会认同研究为例》,《江苏社会科学》2009 年第 4 期。

30. 郭星华、李飞:《漂泊与寻根:农民工社会认同的二重性》,《人口研究》2009 年第 6 期。

31. 郭星华、储卉娟:《从乡村到都市:融入与隔离——关于民工与城市居民社会距离的实证研究》,《江海学刊》2004 年第 3 期。

32. 贺寨平:《国外社会支持网研究综述》,《国外社会科学》2001 年第 1 期。

33. 黄匡时:《流动人口社会融合指数:欧盟实践和中国建构》,《南京人口管理干部学院学报》2011 年第 1 期。

34. 黄匡时:《流动人口"社会融合度"指标体系构建》,《福建行政学院学报》2010 年第 5 期。

35. 黄匡时、王书慧:《从社会排斥到社会融合:北京市流动人口政策演变》,《南京人口管理干部学院学报》2009 年第 3 期。

36. 季芳桐、邹姗姗:《城市化进程中的和谐社会建设——和谐社会视野下的流动穆斯林城市管理研究》,《南京理工大学学报》2008 年第 2 期。

37. 季芳桐:《东部城市流动穆斯林人口的结构特征与就业状况研究——以天津、上海、南京、深圳四城市为考察点》,《西北第二民族学院学报》2008 年第 4 期。

38. 江碧芳、王振挺:《从流动人口到新宁波人的嬗变——宁波市流动人口社会融入模式初探》,《公安学刊——浙江警察学院学报》2013年第2期。

39. 江立华:《社会排斥与农民工地位的边缘化》,《华中科技大学学报》2006年第6期。

40. 姜明、侯丽清:《城市中民族问题产生的原因》,《阴山学刊》2002年第5期。

41. 焦连志:《论农民城市化进程中的文化适应》,《长白学刊》2009年第4期。

42. 亢鸿玲:《民族人口流动:研究的现状、问题与展望》,《青海民族研究》2007年第3期。

43. 拉毛才让:《试论少数民族流动人口的构成、分布特点及动因》,《攀登》2005年第5期。

44. 雷开春:《城市新移民社会资本的理性转换》,《社会》2011年第1期。

45. 李景治、熊光清:《中国城市中农民工群体的社会排斥问题》,《江苏行政学院学报》2006年第6期。

46. 李林凤:《从"候鸟"到"留鸟"——论城市少数民族流动人口的社会融合》,《贵州民族研究》2011年第1期。

47. 李培林、田丰:《中国农民工社会融入的代际比较》,《社会》2012年第5期。

48. 李强、唐壮:《城市农民工与城市中的非正规就业》,《社会学研究》2002年第6期。

49. 李强:《关于城市农民工的情绪倾向及社会冲突问题》,《社会学研究》1995年第4期。

50. 李荣彬、张丽艳:《流动人口身份认同的现状及影响因素研究——基于我国106个城市的调查数据》,《人口与经济》2012

年第 4 期。

51. 李树茁、杨绪松、悦中山、靳小怡：《农民工社会支持网络的现状及其影响因素研究》，《西安交通大学学报》2007 年第 1 期。

52. 李伟梁：《论少数民族流动人口的城市融入》，《黑龙江民族丛刊》2010 年第 2 期。

53. 李伟梁：《少数民族流动人口的城市生存与适应——以武汉市的调研为例》，《内蒙古社会科学》（汉文版）2006 年第 5 期。

54. 李伟梁、陈云：《城市少数民族流动人口的社会支持——以武汉市的调研为例》，《中南民族大学学报》2006 年第 3 期。

55. 李晓雨、白友涛：《我国城市流动穆斯林社会适应问题研究——以南京和西安为例》，《青海民族学院学报》2009 年第 1 期。

56. 黎明泽：《浅论城市融入过程中的社会认同"内卷化"——以沿海城市少数民族流动人口为例》，《广州社会主义学院学报》2010 年第 4 期。

57. 梁波、王海英：《国外移民社会融入研究综述》，《甘肃行政学院学报》2010 年第 2 期。

58. 刘畅：《制度排除与城市农民工的社会保障问题》，《社会福利》2003 年第 7 期。

59. 刘传江、程建林：《第二代农民工市民化：现状分析与进程测度》，《人口研究》2008 年第 5 期。

60. 刘传江、周玲：《社会资本与农民工的城市融合》，《人口研究》2004 年第 9 期。

61. 刘传江：《中国农民工市民化研究》，《理论月刊》2006 年第 10 期。

62. 刘大兰：《影响农民工与城市社会融合的障碍探析》，《辽宁行政学院学报》2008 年第 3 期。

63. 刘世定、邱泽奇：《内卷化概念辨析》，《社会学研究》2004 年第 5 期。

64. 刘晓春：《基于人口普查的中国穆斯林人口特征》，《回族研究》2014 年第 1 期。

65. 刘毅：《城市少数民族流动人口社会融入与社会管理创新》，《中央社会主义学院学报》2010 年第 3 期。

66. 刘玉侠、尚晓霞：《新生代农民工城市融入中的社会认同考量》，《浙江社会科学》2012 年第 6 期。

67. 卢国显：《差异性态度与交往期望：农民工与市民社会距离的变化趋势——以北京市为例》，《浙江学刊》2007 年第 6 期。

68. 陆杰华：《透视流动人口：新特点、新问题与新视角》，《市场与人口分析》2005 年第 5 期。

69. 陆康强：《特大城市外来农民工的生存状态与融合倾向——基于上海抽样调查的观察和分析》，《财政研究》2010 年第 5 期。

70. 吕青：《新市民的社会融入与城市的和谐发展》，《江南论坛》2005 年第 5 期。

71. 马冬梅：《都市外来回族穆斯林社会网络的构建——以桂林市为例》，《青海民族研究》2006 年第 4 期。

72. 马建春、徐虹：《珠三角穆斯林流动人口的分布生计与认同》，《北方民族大学学报》2013 年第 5 期。

73. 马平：《西部穆斯林民族地区发展稳定与东部地区的担当》，《回族研究》2014 年第 1 期。

74. 马戎：《南疆维吾尔族农民工走向沿海城市——新疆喀什地区疏附县劳务输出调查》，《中国人口科学》2007 年第 5 期。

75. 马戎：《我国部分少数民族就业人口的职业结构变迁与跨地域流动——2010 年人口普查数据的初步分析》，《中南民族大学学报》2013 年第 6 期。

76. 马西恒、童星：《敦睦他者：城市新移民的社会融合之路——对上海市 Y 社区的个案考察》，《学海》2008 年第 2 期。

77. 马振林、汪永臻、马亮：《西北地区少数民族城市流动人口社会融入研究——以甘肃兰州市的调研为例》，《经济研究导刊》2011 年第 9 期。

78. 马振林、汪永臻：《西北少数民族流动人口城市经济融入研究——以甘肃兰州市的调研为例》，《中国城市经济》2011 年第 8 期。

79. 孟祥远、吴炜：《少数民族流动人口的权益保护——基于珠三角和长三角的问卷调查》，《特区经济》2012 年第 12 期。

80. 穆谦：《21 世纪的番坊：广州国际穆斯林社区》，《广东穆斯林通讯》2009 年第 2 期。

81. 牛喜霞、谢建社：《农村流动人口的阶层化与城市融入问题探讨》，《浙江学刊》2007 年第 6 期。

82. 齐亚强、刘洁：《城市外来者渴求幸福家庭》，《瞭望》2014 年第 3 期。

83. 钱文荣、张忠明：《农民工在城市社会的融合度问题》，《浙江大学学报》2006 年第 4 期。

84. 彭建军、叶长青：《城市少数民族流动人口权益保障实施状况调查——以湖北省武汉市为例》，《西南民族大学学报》2010 年第 9 期。

85. 任红：《流动人口宗教活动规范管理问题的调查与研究——以新疆乌鲁木齐市为例》，《新疆社科论坛》2011 年第 6 期。

86. 任远、乔楠：《城市流动人口社会融合的过程、测量及影响因素》，《人口研究》2010 年第 2 期。

87. 任远、邬民乐：《城市流动人口的社会融合：文献述评》，《人口研究》2006年第3期。

88. 宋月萍、陶椰：《融入与接纳：互动视角下的流动人口社会融合实证研究》，《人口研究》2012年第3期。

89. 汤夺先、张莉曼：《少数民族流动人口的心理问题及其调适》，《贵州民族研究》2010年第3期。

90. 汤夺先：《试析西北城市少数民族流动人口的结构特征——以对兰州市的调查为例》，《南京人口管理干部学院学报》2007年第4期。

91. 田代武、张克勤、朱朝晖、吴国华：《城市少数民族流动人口现状调查——以长株潭两型社会试验区为例》，《民族论坛》2011年第9期。

92. 田凯：《关于农民工的城市适应性的调查分析与思考》，《社会科学研究》1995年第5期。

93. 童星、马西恒：《"敦睦他者"与"化整为零"——城市新移民的社区融合》，《社会科学研究》2008年第1期。

94. 王春光：《农村流动人口的半城市化问题研究》，《社会学研究》2006年第5期。

95. 王春光：《温州人在巴黎：一种独特的社会融入模式》，《中国社会科学》1999年第6期。

96. 王春光：《新生代农村流动人口的社会认同与城乡融合的关系》，《社会学研究》2001年第3期。

97. 王桂新、罗恩立：《上海市外来农民工社会融合现状调查分析》，《华东理工大学学报》2007年第3期。

98. 王桂新、沈建法、刘建波：《中国城市农民工市民化研究——以上海为例》，《人口与发展》2008年第1期。

99. 王桂新、张得志：《上海外来人口生存状态与社会融合研究》，《市场与人口分析》2006年第5期。

100. 王奎正、朱朝晖：《湖南杂散居区城市民族关系影响因素探析》，《中南民族大学学报》2005 年第 2 期。

101. 王兰芳、黄亚兰：《强制储蓄型养老保险——针对农民工流动性的设计》，《人口与经济》2010 年第 2 期。

102. 王献良：《进得来、留得住、富得了：武汉"472"模式渐显成效》，《中国统一战线》2012 年第 7 期。

103. 汪永臻：《西北少数民族流动人口城市经济融入研究——以甘肃省兰州市为视阈》，《青海民族大学学报》2012 年第 2 期。

104. 王媛：《西北清真拉面：从在地小吃到异地生计——基于青海省化隆回族自治县拉面家户的家乡调研》，《回族研究》2014 年第 1 期。

105. 王章华、颜俊：《城市化背景下流动人口社会融合问题分析》，《江西农业大学学报》2009 年第 4 期。

106. 王振卯：《少数民族流动人口社会融入影响因素研究——对江苏省的实证分析》，《内蒙古社会科学》（汉文版）2010 年第 5 期。

107. 魏后凯、苏红键、李凤桃：《农民工市民化现状报告》，《中国新闻周刊》2014 年第 9 期。

108. 肖日葵：《人力资本、社会资本对农民工市民化的影响——以 X 市农民工为个案研究》，《西北人口》2008 年第 4 期。

109. 肖严华：《中国社会保障制度的多重分割及对人口流动的影响》，《江淮论坛》2007 年第 5 期。

110. 许传新：《落地未生根？——新生代农民工与尘世居民社会距离实证研究》，《人口与经济》2007 年第 5 期。

111. 徐中林、徐欣欣：《探讨城市清真寺现代功能拓展与社会管理创新——以济南市清真寺服务管理穆斯林流动人口为例》，《中国穆斯林》2013 年第 1 期。

112. 徐平、于泷：《乌鲁木齐市维吾尔族流动人口的社会排斥和融入》，《中南民族大学学报》2011年第6期。

113. 徐祖荣：《流动人口社会融入障碍分析》，《党政干部学刊》2008年第9期。

114. 徐晓萍：《当代中国民族关系的演进与调适》，《中央社会主义学院学报》2006年第2期。

115. 杨晖、江波：《加强西安市农民工社会融合的对策研究》，《西北大学学报》2009年第6期。

116. 杨菊华：《流动人口在流入地社会融入的指标体系——基于社会融入理论的进一步研究》，《人口与经济》2010年第2期。

117. 杨菊华：《从隔离、选择融入到融合：流动人口社会融入问题的理论思考》，《人口研究》2009年第1期。

118. 杨黎源：《外来人群社会融合进程中的八大问题探讨——基于对宁波市1053位居民社会调查的分析》，《宁波大学学报》2007年第6期。

119. 杨琳：《幸福家庭成就中国梦》，《瞭望》2014年第2期。

120. 杨圣敏、王汉生：《北京"新疆村"的变迁——北京"新疆村"调查之一》，《西北民族研究》2008年第2期。

121. 杨绪松、靳小怡、肖群鹰、白萌：《农民工社会支持与社会融合的现状及政策研究——以深圳市为例》，《中国软科学》2006年第12期。

122. 杨殷迪：《城市少数民族新移民社会融入问题探析——以广州回族为例》，《社科纵横》2011年第3期。

123. 尤佳：《论流动穆斯林的城市社会适应——以天津、上海、南京和深圳等四城市为例》，《伊斯兰文化》2013年第1期。

124. 翟振武、段成荣、毕秋灵：《北京市流动人口的最新状况与分析》，《人口研究》2007年第2期。

125. 张广济:《生活方式与社会融入关系的社会学解读》,《长春工业大学学报》2010年第3期。

126. 张国胜:《农民工市民化的城市融入机制研究》,《江西财经大学学报》2007年第2期。

127. 张继焦:《城市中的人口迁移与跨民族交往》,《云南社会科学》2005年第1期。

128. 张军、王邦虎:《新生代农民工城市融入的文化资本支持》,《安徽农业大学学报》2013年第2期。

129. 张立哲:《新形势下新疆少数民族外出务工情况思考》,《中共伊犁州委党校学报》2011年第2期。

130. 张文宏、雷开春:《城市新移民社会融合的结构、现状与影响因素分析》,《社会学研究》2008年第5期。

131. 张文宏、阮丹青:《城乡居民的社会支持网》,《社会学研究》1999年第3期。

132. 张莹瑞、佐斌:《社会认同理论及其发展》,《心理科学进展》2006年第3期。

133. 张志湘:《共处和谐社会共建幸福广东》,《广东穆斯林通讯》2012年第2期。

134. 赵延东、王奋宇:《城乡流动人口的经济地位获得及决定因素》,《中国人口科学》2002年第4期。

135. 郑功成:《中国流动人口的社会保障问题》,《理论视野》2007年第6期。

136. 郑敏、高向东:《上海市民族关系现状分析》,《中南民族大学学报》2006年第5期。

137. 周传斌、杨文笔:《城市化进程中少数民族的宗教适应机制探讨——以中国都市回族伊斯兰教为例》,《西北第二民族学院学报》2008年第2期。

138. 周敏、林闽钢：《族裔资本与美国华人移民社区的转型》，《社会学研究》2004 年第 3 期。

139. 朱考金：《城市农民工心理研究——对南京市 610 名农民工的调查与分析》，《青年研究》2003 年第 6 期。

140. 朱亭瑶：《落地未生根：新生代农民工的城市融入困境与出路》，《兰州学刊》2013 年第 3 期。

141. 朱力：《论农民工阶层的城市适应》，《江海学刊》2002 年第 6 期。

142. 朱力：《群体性偏见与歧视：农民工与市民的摩擦性互动》，《江海学刊》2001 年第 6 期。

学位论文

1. 阿不都艾尼：《在京维吾尔族流动人口调查研究》，硕士学位论文，中央民族大学，2011 年。

2. 高艳华：《在沪新疆少数民族的城市适应问题及其社会支持路径选择——普陀寺若干个案研究》，硕士学位论文，华东师范大学，2008 年。

3. 哈尼克孜·吐拉克：《维吾尔族农民工内地城市适应与生存研究》，硕士学位论文，华中师范大学，2012 年。

4. 季文：《社会资本视角下的农民工城市融合研究——以南京为例》，博士学位论文，南京农业大学，2008 年。

5. 李健：《城市流动少数民族文化适应问题研究——以北京市海淀区为例》，硕士学位论文，中央民族大学，2011 年。

6. 马旭：《少数民族流动人口城市适应研究——以武汉市为例》，博士学位论文，中央民族大学，2007 年。

7. 帕提古丽：《兰州市维吾尔族流动人口的调查研究》，硕士学位论文，西北民族大学，2008 年。

8. 任霞:《大城市外来少数民族人口的社会融合研究——以上海市为例》,硕士学位论文,华东师范大学,2009年。

9. 宋相奎:《城市社会空间结构转型下的少数民族流动人口城市适应研究——以兰州市为例》,硕士学位论文,兰州大学,2012年。

10. 曾结珍:《少数民族农民工的城市文化适应研究》,硕士学位论文,华中科技大学,2008年。

11. 张燕:《兰州市流动穆斯林城市社会适应实证研究》,硕士学位论文,兰州大学,2012年。

译文及外文文献

1. [法]爱弥儿·涂尔干:《宗教生活的基本形式》,渠东、汲喆译,商务印书馆2011年版。

2. [美]彼得·M.布劳:《社会生活中的交换与权力》,李国武译,商务印书馆2013年版。

3. [日]广田康生:《移民与城市》,马铭译,商务印书馆2005年版。

4. [美]詹姆斯·科尔曼:《社会理论的基础》,邓方译,社会科学文献出版社1990年版。

5. [美]林南:《社会资本——关于社会结构与行动的理论》,张磊译,上海人民出版社2005年版。

6. [德]马克斯·韦伯:《宗教社会学》,康乐、简惠美译,广西师范大学出版社2005年版。

7. [英]马林诺夫斯基:《文化论》,费孝通译,华夏出版社2002年版。

8. [美]塞缪尔·亨廷顿:《谁是美国人?——美国国民性面临的挑战》,程克雄译,新华出版社2010年版。

9. [美]格伦·C.劳瑞、[美]塔里克·莫多德、[美]斯蒂文·

M. 特莱斯编:《族裔特性、社会流动与公共政策:美英比较》,李俊清、施巍巍译,东方出版社2013年版。

10. Bernard P. Wong (1982). *Economic Adaptation and Ethnic Identity of the Chinese*. Fort Worth: Harcourt Brace College Publishers.

11. Giddens A. (2001). *Sociology*. Cambridge: Polity Press & Blackwell Publishing Company.

12. Granovetter, Mark (1995). *Getting A Job: A Study of Contacts and Careers*. Chicago: University of Chicago Press.

13. Park R. C. (1925). The City. Chicago: University of Chicago Press.

14. Robbins, D. (1994). Social Europe toward a Europe of Solidarity: Combating Social Exclusion, European Community.

15. Tajfel, H. (1982). Social Psychology of Inter-group Relationship. *Annual Review of Psychology*: 33.

16. Tajfel, H. (1978). *Differentiation Between Social Group: Studies in the Social Psychology of Intergroup Relations*. London: Academic Press.

17. Walker, A. (1997). The Strategy of Inequality. In Walker, A. & Walker, C. (Ed.), *Britained: the Growth of Social Exclusion in 1980s and 1990s*, London: CPAG.

附 件

1. 调研日记选

2012年6月16日　武汉

星期六上午9时，来到武汉市雅安路某拉面馆。店子不大，有12平方米，中间用隔档分开，里面是工作间，外面摆了4张桌子和椅子，一看就是小本买卖。店子仅有两个顾客，不是太忙。兄弟二人开店，青海化隆人。化隆人在全国各地都有。所以笔者凡去武汉或外地拉面馆，只要说是青海的，问是否化隆，皆惊讶反问笔者："你怎么知道？"哥哥正在里面忙着准备，弟弟23岁，很热情，愉快地接受我们的调查。弟弟叫韩HRN，显然韩是姓，HRN是经名。但问其经名含义，笑笑，不能作答。小学毕业。经询问，刚来武汉不久，仅仅3个月。地方偏僻，生意不怎么好。卫生、营业执照还没有办理，店子租金每月1000元。很少去清真寺，只能主麻日去，距离太远，坐车需要30分钟。问是否在武汉长久住下去，答曰看生意好坏。问及周围还有无其他拉面馆，说前面不远还有一家化隆的，与他们是亲戚。看来流动人口在外地还是离不开血缘与亲缘关系。这次调查的体会，找到一家拉面馆就可以联系到数家。

随后又来到武汉市丁字桥南路拉面馆。店子比较大，也比较干净。进去看到有3个少女坐在一起聊天，也很热情，已经出来开店很长时间了。经询问店里有13人，皆为兄弟亲戚朋友的孩子。有孩子上学，问之，无乱收费情况。

本来按照丁字桥店的指点要到另一家化隆店，但在路上发现一家，我们以为是化隆，结果一问不是，是来自甘肃张家川回族自治县龙山镇的。店子卫生较差。该店有6人，父母、小儿子夫妻（有一男孩）、大儿子的女儿。大儿子在云梦开了一家拉面馆。房租1800元。问其收入，答曰5000元。除了拉面，还经营山西刀削面、新疆拌面、盖碗饭（面）、新疆大盘鸡等。

2012年8月7日　广州

不大的门面，几张小饭桌，鲜明的拉面标志，三五个人，且绝大多数是家庭经营模式，主要来自青海，虽然离开家乡很久了，但文化习俗依旧不变，这就是中东部地区城市回族等流动人口在大中城市从事拉面馆的特征，从郑州、武汉到广州，一路调查，一路思考，其差异虽有细微不同，但总的特征不变。

8月7日早上，按照分工，分三路对广州回族等流动人口进行调查。这里的餐馆开门很晚，一般是10时左右，与武汉有所不同，与兰州更不同。武汉开门较早。走了两家，房门紧闭。又漫无目的地经过很长一段路程，终于见到了建设大马路"化隆特色牛肉面"馆。面馆夫妻二人正准备一天的菜料。经过我们自我介绍，男主人还比较热情。他是撒拉族，来广州有10年左右，有一儿一女，皆为四五岁样子。已经适应广州气候和生活。店面比较干净。在外租房子住，60平方米，每月2000多元钱。夫妻二人接受了我们的问卷调查。后与之合影，答应回去给他们寄回照片。

调查完后，又到黄花路一家拉面馆，女老板是1977年入党的老党员，很是热情，也是家族式经营。不断诉说租赁单位乱收费情况。经营品种多样，有炒菜，与武汉有较大区别。

对广州拉面馆总的印象是：对调查不排拒，说明在开放的广州对其思想有很大的影响；店面比较干净；经营品种多，有炒菜；大部分来广州时间长；与武汉调查一样，普遍反映面临最大问题是子女入学问题。经营者是全家来到城市，属于"80后"，面临孩子入幼儿园和上学问题。并且孩子在学校吃饭也成问题，有的学校规定必须在学校吃，但又没有清真食堂。

下午14:50，我们从越秀区小北路出发前往五山区岳州路，看到了在广州开了很长时间的老马家清真牛肉拉面馆。拉面馆的门口很小，主要经营拉面的地方在楼上，在上楼的每个台阶上都写上了各种具有名族风味的拉面菜谱，顾客一上台阶就可以看到，真的是在最小的空间都做出了最大的宣传效果，一看就有一种想品尝具有西北民族风味的美食的欲望。上到二楼，视野开阔，顿时有一种豁然开朗的感觉。整个拉面馆有30平方米。餐厅里面摆放着30来张桌子，有几张桌子上有顾客在吃面，每张桌子都很干净，地面也很干净。厨房和顾客就餐地方用玻璃分开，顾客可以很清楚地看到整个做拉面的过程，所以他们的食品卫生是相当安全的。

对拉面馆的员工苏ZQ进行了访谈。他是回族，在这边来了不到一年，主要是在老家经济情况不好，就到这边帮老乡经营拉面，虽然在广州不是很适应这里的炎热天气，但是为了能有一个好的经济收入，再难受的天气都忍受得了。在经营的过程中也会和城市管理部门发生一些冲突，主要是城管会经常来检查卫生许可证、暂住证、健康证，因为他在来到广州后还没有来得及办理流动人口的相关证件，所以经常会有城管来找他，有些时候就会有些言语上的冲突，以致对城管部门的办事态度不是很满意。不仅对城管部门的工作不满意，而且对广州本地人的态度也不是很满意。据苏ZQ说，经常会有当地的大学生来到店里面闹事，他们在店里面抽烟，大声喧哗，故意找麻烦，觉得这里的大学生的素质很差，一点都不尊重少数民族的风俗习惯和宗教信仰。

离开甘肃来到广州还有一个很重要的原因是想让自己的小孩到这里来读书，但是无奈这里的学费太高了，光是赞助费就要 2 万—3 万元，还不算一些其他的开销。而且还有一个很重要的问题，就是小孩子的饮食问题，学校里面没有清真的食堂，吃饭很是问题，平时店里面忙的时候就没有时间给小孩送饭，快到放学的时候也正是店里最忙的时候，根本不可能去接孩子放学，所有这些渐渐地成了苏 ZQ 最大的心病。

2012 年 8 月 9 日　广州

下午 16：30，走到茶山路牛肉清真拉面馆。老板是马 YGB，一个 24 岁很年轻的小伙子，来自青海。他没有读过书，从老家出来到广州有 12 年之久了，独自经营着这家拉面馆，全家人都在这里帮忙，有一个五岁的女儿。拉面馆的生意已经不是他最担心的问题，而是女儿入学的问题。据马 YGB 讲述，女儿从两岁开始跟着他从青海来到广州，就一直在为女儿入学的问题奔波，时至今日还没有解决。主要有：①学费太高。凡是从外地来到广州的流动人口子女，想要入学就必须先交赞助费 2 万—3 万元不等，而这第一道门槛马 YGB 就难以跨越。②学校没有清真食堂。孩子每天的吃饭难题也是难以解决。③接送孩子又是另一个难题。

马 YGB 的生活经历特别坎坷，7 岁的时候父亲去世了，从小就很独立。很小的时候就是家里的顶梁柱，出来打拼，挣钱养活弟弟妹妹。由于是外地人，在外地开店做生意难免会遇到一些故意找麻烦的人。在开店的过程中，有很多人就故意找麻烦，如果只是一些小事的话就自己忍忍，只要他们不惹事，不把事情闹大，自己吃亏就吃亏了，忍一忍就过去了，大不了自己损失点钱就是了，不会找老乡帮忙，更不会报警找警察来处理。经常会碰到顾客来吃饭不给钱的，故意找碴儿的，不尊重回族的宗教信仰和风俗习惯的，碰到这种情况，马YGB就忍气吞声，不跟人争辩，直到事情平息。

2012年8月12日　广州

天色渐黑，我们一行来到了小东营清真寺，现在离开斋的时间还有半个多小时，已经陆陆续续地有人来了。整个清真寺总的面积不是很大，但是来这里开斋做礼拜的人却很多。阿訇看见我们到来，非常热情地接待了我们，非常支持我们的调查。阿訇不仅热情介绍这里做礼拜的流动人口的情况，而且对于现在在广州的流动人口存在哪些问题提出了自己的看法。他认为，第一，外地回族等流动人口的入寺问题。做拉面生意的回族等群众到外地后，最关心的一个问题是做礼拜的问题，所以，入寺的问题就成了摆在回族等流动人口目前的第一个重要问题。第二，入学问题。现在的回族等不比以前了，以前都是一个人在外面打工，现在基本上就是全家总动员都出来了，所以很多有了小孩子都想在大城市生活和读书。大城市中的读书条件和教学质量相对于老家来说好很多。为了孩子就想尽全力让孩子留在广州读书。无奈广州的入学条件太苛刻，首先要交赞助费3万元，还有昂贵的学费、资料费等，高昂的费用是现在的少数民族学生入学的最大难题。很多家长都是文化水平相对较低的群众，所以把希望都寄托在孩子身上，希望孩子能够多读点书，不要像自己一样过得这么辛苦这么累。而且现在很多的家长已经没有退路可走了，他们在老家的地已经被政府征收，不能回去种地了，不能回去继续务农，只能留在大城市。而且他们也已经习惯了在大城市里面繁华的生活，所以留在城市是很多回族等流动人口的唯一选择，而孩子是肯定要读书的，所以入学困难就成了一个大问题了。第三，入口问题，即清真饮食问题。现在很多的学校里面不设清真餐厅，所以孩子的吃饭也成问题。一个是学校里面设置清真餐的问题，还有一个是职工上班的清真饮食问题。现在广州的清真食品供应不是很充足，有的人甚至都觉得现在能够买的清真食品并不是很清真，都不敢放心食用。很多的人了解的回族等就是饮食上不吃猪肉，其他的就不知道了，其实回族等的饮食中还有很多禁忌，别人就会觉得回族等很矫情，不吃猪肉就行了，何必那么较真了，有的汉民甚至都不知道清真是什么意思。现在相比较以前就好多了。但是相比较于北方而言还是淡薄得很。第四，入土问题。在广州的西北回族等少数民族归真以后，入土也是个问题。伊斯兰教协会有自己的墓地，是自主产权，可以归自己管理，政府不会干涉，我们说埋了就埋了。只要在原来收费的基础上多交 3000 块钱就可以了。但是墓地很明显是不够的。现在又征收了 50 万平方米的土地，平均每年修建 70—80 个墓地，而新征收的墓地是归政府管的。还有在广州出生的新生儿如果死掉之后处理就会很麻烦了，因为既没有户口，又没有身份证，怎么处理在法律上目前还是一个空白。第五，流动人口在广州的社会保障问题。很多流动人口虽然有暂住证和居住证，但是享受不到正常的社会保障。能不能得到当地政府的管理，目前来说还存在一定的问题。

2013 年 12 月 5 日　宁波

今天上午首先我们来到了宁波广济街拉面馆。我们观察到这家人男人都戴了礼拜帽，女人都戴着头盖。这家拉面馆的主人来自青海民和。当我们表明来意，店主非常热情，特别是当我们说我们的可能有机会帮他们解决一些生活中的难题时，他非常激动。店主今年 26 岁，他的女儿今年 4 岁，已到上幼儿园的年纪，但是当地的学校由于户口和饮食问题都不愿意接受她，店主跑了几家学校均没有得到回复，或者直接拒绝。他深切希望我们能够把这个问题反映给当地政府，尽早解决孩子入学问题。我问小妹妹想不想上学，她答道：我很想上学，可是没有学校愿意要我，爸爸带我去报名都被退回来了。听到这里我心里非常难受。店主的爸爸今年50岁了，在我们聊天的过程中，我们了解到他是一名阿訇，现在一家人都在宁波，虽然身体差，他仍然坚持每周主麻日聚礼，每天五礼。他说这都是必须的。店主说自己的父亲是最虔诚的穆斯林，而他自己由于工作忙，每天已经不做礼拜了，只是在主麻日，或者大的节日时才会参加宗教活动。这家店的店主一家非常友好，让我们对今天的调研之旅充满信心。

第二家是东伊顺外卖店。我们采访了这家店的伙计。他来自河南南阳，今年22岁，我们表明来意，从他的眼神中我感觉他觉得我们的调研会对他没有意义。我说我们搜集的建议之类的会反映给民委，解决他们生活中的一些问题，他回答道："我有一个爷爷是人大代表，反映几次都没用，你们这些学生搜集了估计起不了作用。我说房价高吧，你们也不能解决。"我们一直表示希望他能够和我们聊一聊，他说聊聊也可以，只是他仍然认为意义不大。在聊天过程中，我们发现他还是很希望和当地人成为朋友的，只是没有机会。宁波消费高，在这里语言问题、饮食方面的禁忌多多少少都影响到与当地人的交往。而在我们聊天过程中，也有当地居民过来购买食物，他们寒暄聊天，比较友好。但当客人走后，我们问他当地人对他们有歧视没有，他说歧视有一些。前几年在这里戴着礼拜帽打的都没人愿意载他们，现在稍微好一点，但仍然存在一些歧视。他觉得舆论对于回族等始终是不利的，片面的报道会让群众对回族等了解片面。他还觉得宁波是一个身份观念很强的城市，自己始终是一个外来人、打工仔，在宁波人的眼中，他们始终低人一等。他觉得自己还年轻，走一步看一步，先在外面漂着吧，哪有钱赚就去哪。

紧接着我们来到了大雷街兰州正宗牛肉拉面馆，这是一家夫妻档经营的拉面馆。夫妻今年都是 40 岁。这家店面不是特别整洁，有一个 16 岁的孩子在家帮忙。刚开始，女主人对我们不太友好，说他们很忙，不愿意配合，但是男主人又说不是很忙，愿意配合。当我们拿出学生证，而当师弟介绍自己也是维吾尔族，是新疆人时，女主人就变得非常热情。男主人向我们反映现在他们家拉面馆不赚钱，准备明年回家，可他们不知道回家能干什么，而自己的儿子现在 16 岁，初中毕业在家，想送孩子去学校学个技术都不知道送哪去，自己也不太了解现在市场需求。今年去参加招兵考试，由于视力问题没有通过。现在儿子在家学做拉面，可是不到万不得已他们不想儿子做一辈子的拉面，做拉面太辛苦，还是学个技术比较好。他们的大女儿在北京上大学，夫妻俩谈到女儿很是自豪，他们觉得自己再辛苦都可以，只要自己的孩子愿意读书，他们就会支持。当我们聊到宗教活动时，女主人说她罪过大了，因为生意忙，每天都要工作 15 个小时左右，礼拜都没有做了，也没参加过任何的宗教活动，她觉得自己罪孽深重。男主人每周五都去清真寺参加聚礼，但是相比在老家，宗教活动减少了许多。而他们也觉得虽然来宁波已有五六年，但是自己仍然未融入这个城市。这个城市似乎也不太欢迎他们，社会保险等方面他们一概不知，也没有人向他们宣传，每天就是上班，在这个城市除了赚钱就没有别的业余生活，觉得很累。

狮子街的三江源拉面馆主人是青海化隆人，来宁波已经 6 年多，小女儿也在附近的学校上学，由于是中午，店里比较忙。我们在这家店先吃了午饭，我们想和中午放学回家的主人的小女儿坐一个桌子，老板非常欢迎。我们和读三年级的小妹妹聊起了天，小妹妹说由于自己是回族，每天吃饭都是姐姐骑摩托车去接她回来吃饭。当我们问起吃不吃猪肉时，她还跟我们讲了她的一次经历。她说有一次她在学校吃了同学饭盒里的一颗蒜，她爸爸听说了就打了她一顿，说她不应该吃猪肉，小妹妹说她根本没有吃猪肉，只是一颗蒜，她不知道为什么爸爸非要打她，后来才知道原来她爸爸担心孩子同学饭盒里的菜是猪肉做的，为了让她长记性，所以打了她。小妹妹说自己特别爱上学，还想当班长，也很爱跟自己的同学在一起玩。他的爸爸也就是这家店的店主，说自己现在的收入很低，不过为了孩子能接受好的教育他只能在这里待下去。要不是为了孩子读书，他早就搬回去了，现在就希望孩子好好读书，以后能摆脱贫穷的命运。我们在这家店也找到了一位19岁的弟弟做了份问卷，他是这里的拉面师傅，他打趣自己的生活就是在案板旁度过的，平时也没有什么娱乐活动。在拉面店工作量大，每天都在干活，但是工资太低，但又觉得自己除了拉面什么都不会。在宁波，清真食品太少了，根本不能满足自己的需求。由于自己年轻，这位年轻的拉面师傅觉得自己可以这里先干着，有好的去处再离开，对宁波没有归属感。

君子街的三江源牛肉拉面馆由一个家庭经营。这家的孩子明年就要上幼儿园了，现在就在打听幼儿园。主人还恳请我们帮忙介绍，可是我们现在真的是无能为力。当我们提出为这里的一名女性做个访谈时，这位女性表示自己不识字，普通话说得也不好，怕我们听不懂。我们一再请求，她才答应配合我们。在聊天过程中，当我们听不懂时，她就比较着急，显得比较自卑。整个店里的人打扮比较朴素，男人都戴着礼拜帽，女人都戴着盖头，店面非常整洁，生意也不错。但是店员说这家店现在的经营状况也一般，申请蛮久了到现在营业执照和卫生许可证还没有办下来，让人着急，他们都觉得政府部门办事效率太低。

4时左右，我们乘坐252路公交来到了海曙区的东来顺。这里的用餐环境良好，服务员素质都较高。我们道明来意，他们都很配合，我们挑选了4名员工做了一下问卷调查。由于都是年轻人，大家都比较开朗，感觉跟我们没有区别。他们大多都来自河南，对在宁波的生活比较满意。在东来顺烤羊肉串的一位大哥今年35岁，他的两位孩子都在家乡上学，所以他觉得自己基本上没有什么难题，等孩子读书读出来，他就回老家，他说要是能够在家谁也不愿意背井离乡，离开家乡也是迫不得已。言语中我可以感受到他对家乡的浓厚感情。

今天的最后一家是南苑街三江源拉面馆。这家主人来自甘肃临夏，这家店看起来不是特别整洁，拉面师傅是个50岁的叔叔，他说现在拉面馆工资太少，工人太累，基本都是工作14个小时左右。虽然工作忙，但是每周五主麻日都会去清真寺聚礼，这里的清真寺跟老家根本没得比，希望政府能投资建个好一点的。

在一天的调研活动中，我收获很多，觉得在学校上课和调研真的是两码事，实地调研让人印象深刻，心灵触动也很大。基本上所有的回族等流动人口对于宁波都没有归属感，觉得自己始终是外来人，与当地人在多方面差距都很大，城市融入状况不太良好。

2013年12月6日　宁波

今天是"主麻日"，我们今天的目的地就是清真寺。昨天老师去拜访了月湖清真寺的马阿訇。我们11时左右来到宁波市月湖清真寺，阿訇亲切地接待了我们，并和我们一行聊起了关于回族等流动人口在这个城市的方方面面。

阿訇首先建议我们去企业做个详细的调研。他说，在宁波企业工作的外来人口基本上都是维吾尔族，企业在对流动人口的管理运作方面值得我们了解。阿訇说至今没有在企业的职工来找他解决麻烦，一般都表示企业生活还不错。所以企业的维吾尔族如何生存值得我们深思。主麻日来这里做礼拜的维吾尔族人也不多。

阿訇也谈到现在月湖的清真寺条件比较简陋，已在规划扩建，只是拆迁问题还在协调中，真正要等到新的清真寺与大家见面，这可能需要 5 年左右的时间。

而在谈到关于伊斯兰教的传播方面，阿訇认为，伊斯兰教的传播主要是通过传统的经堂教育和现代化的学校教育（经学院）。二者都存在一定的弊端。比如说城市中经堂教育场所受限，而在学校中开设课程可能由于就业问题所修课程的人数也不会太多等。阿訇表示现在已有专家在研究如何将这两种教育模式有机融合，将弊端尽量缩小。

阿訇谈到，在宁波常住的回族等（主要以回族为主）大约有 5000 人，回族等流动人口是 15000 人左右。

2013 年 12 月 7 日　宁波

今天是周六，我们计划以宁波东站为中心展开调研活动。早上 9 点半左右，我们到达了第一个调研地——三江源拉面馆。店主是一个年轻的爸爸，老婆孩子都在身边，他的女儿很羞怯，我们和她打招呼、逗她，她都没有反应。她爸爸说孩子听不太懂普通话，刚从老家过来，在这边也没有小朋友一起玩，天天就跟父母用方言交流，所以基本听不懂普通话。老板也曾想过把女儿送到宁波市的小学上学，但考虑到交流上的困难，再加上幼儿园不愿意接受，所以他还是决定过完年就把小孩送回老家上学。

在第一家的老板的指引下，我们来到了第二家拉面馆。这家拉面馆的主人由于昨天在清真寺见过我们，所以非常热情。他表示自己对于在宁波的生活没有太大的不满意，只是希望国家能帮助他们建设好自己的家乡。因为他觉得宁波再好也不是自己的家，家乡经济要是发达了他们怎么都不会背井离乡。而对于小孩的教育，老板表示自己的小孩已被耽误，成绩不好就退学了，再加上自己小孩成绩跟不上也觉得丢人，不愿意再去上学。虽然自己还是想孩子多读一点书，但孩子能力没达到，他也没办法，只好让孩子在店里帮忙。在这家调研过程中，有一位新疆大哥过来吃面，他看到师弟也是新疆人非常高兴，他很愉快地接受了师弟的访问，由于是维吾尔语对话，我听不懂，只是从他脸上的笑容我能感觉到他很享受这个过程。

第三家拉面店的主人是贵州人，他店里一直很忙，送外卖的小伙子也一直在往外送，这表明这家店跟周围的上班族关系处理得不错。店主让我们留下三份问卷，说三点以后过去找他拿。我们紧接着来到了一家店面十分狭小的兰州拉面馆，店里就夫妻二人，生意很不错，我们了解到夫妻二人都是初中毕业，他也叫我们留下一份问卷3点之后过去取。

我们来到第五家拉面馆，由于到了午餐时间，再加上店主一家都很忙，我和师弟决定就在这里吃午饭。在吃的过程中，我们听到邻桌的四个女孩正在谈论回族等流动人口，其中一个女孩说自己是回族，但是不正宗，现在没有饮食禁忌，也不会参加宗教活动。其他女孩都表示之前完全不知道她是回族，并询问为什么回族不吃猪肉、高考加分等等，回族女孩表示自己不怎么清楚。吃完饭我们表明来意，老板和老板娘都非常配合我们的调研，老板娘说家乡太穷了，背井离乡很多年了，想早日回家，自己平时很少回家。老板说虽然自己的孩子没有在读书，但仍希望国家对于回族等流动人口在异地上学没有那么多的门槛，"五证齐全"要求太高，手续也复杂，孩子们不可能世世代代做拉面。而当我们问到这家店的拉面师傅现在最大的问题时，他说是没钱娶媳妇，他说在他们家那边娶个媳妇至少要15万元，自己根本无力承担，现在自己最着急的就是结婚这件事。说到结婚，老板娘说现在娶媳妇彩礼不用买房，但是必须要有16万元左右的彩礼，物价上涨，彩礼也是一直在涨。

来到下一家拉面馆，是两位中年男子在看店。师弟走进去表明来意，并介绍自己是维吾尔族。其中一位男士突然就比较抗拒，原来是因为在师弟在进门时没有用民族的问候语跟他打招呼，他说师弟是维吾尔族但是没有跟老乡打招呼就是不尊重他，非常的抗拒我们，并一再强调没什么好谈的。我们解释了一番，他仍旧坚持，我们只好作罢。从这次经历我们也明白了在调研过程中需要注意的一些小细节。

我们来到下一家三江源，这家店是典型的家庭式经营。店主是27岁的小伙，他的爸妈、妻子、妹妹都在这边。妹妹17岁了，自从14岁退学就一直在店里帮忙。妹妹说自己在班里成绩太差，不好意思去学校。老家的老师只知道打孩子，根本不管学生成绩。后来由宁波本地的私立学校接收，但由于基础太差，完全跟不上就退学了。她妈妈谈到女儿的教育，她表示家乡教育太差，需要加强和改进，娃娃基础差最后只好退学在家帮忙。妈妈说以前生意其实还是不错的，但是今年开始，福建沙县小吃进入宁波，基本是每家拉面店旁就有一家沙县小吃，所以今年生意大不如前。妈妈说希望国家把家乡建设好，她也想早日回家！

我们返回去取留下的几份问卷，可是只填好了一份，在我们的交流中，剩下的问卷才得以完成。送外卖的小伙子说希望这个城市能多点清真食品。

在准备返回时，我们发现了一个在卖猕猴桃的回族男生。我们自我介绍之后，他非常愿意做问卷，当他看到有月收入这项时，他说这个太少就不写了。他不太愿意别人知道这些，包括月消费他也保密。他说在他眼里民族关系问题很多，大家都对他们了解得太少，新疆人在各个城市总能受到特殊照顾，在整条街，城管除了新疆卖馕饼的摊位，其他的都敢赶都敢骂。他说这是不正常的，因为无论哪里的人都是人，应该一视同仁，不应该存在区别对待。

2013 年 12 月 8 日　　宁波

今天我们大家继续在宁波市走街串巷进行调研活动。我们起了个大早坐车来到黄鹂新村站，我们来到今天的第一家拉面店。该店主刚结婚不久，妻子也刚过来，觉得一切还比较顺利。他觉得自己书读得太少，就要能吃苦，只要自己能吃苦，就能赚钱培养孩子读书，他希望以后自己的孩子不再靠拉面谋生，希望孩子能过上体面的生活。

在第二家调研点，我们看到了其乐融融的一家人。店主和哥哥拉面，爸爸妈妈帮忙，妻子和妹妹也在帮忙。孩子还未到上学年龄，这家人特别友好和淳朴。这家人对于婚姻的看法是男孩可以娶非穆斯林女人，但是回族女孩和非穆斯林结婚是绝对不行的，因为他们认为女儿一旦嫁给非穆斯林的男生，就会被同化，女儿若是嫁给非穆斯林，那在习俗、习惯等方面必将跟着改变，即使当时男方愿意信仰伊斯兰教，等婚后时间一长，一定会背叛，因为老家就有这样的例子。为了避免这种事情，他们是坚决不同意思把女儿嫁给非穆斯林的。

第三个调研点的男主人听说我们周五去拜访了马阿訇，他就非常热情。他说在开拉面馆这件事上，阿訇发挥了很大的作用。现在自己面临的问题还是孩子读书非常不方便。这边的学校都不愿意接受回族的孩子。我们看到一位男士在帮忙收碗，店主人介绍这是他们的老乡，在附近上班，周末休息所以过来帮忙。我们也对他做了一份问卷调查。他是附近一个小区的保安，身体一直不好，所以不能拉面，只能干一份工资低但是轻松的工作。为了供在老家的孩子读书，他周末都去打零工，洗洗碗或者做一些一般的体力活。他觉得生活压力很大，希望国家对于体力较弱的家庭给予支持，帮助孩子顺利完成学业。

下一家拉面馆的主人很年轻。老婆、爸爸妈妈、妹妹都在这边。他在谈到尊重问题时说到,他听有的汉族人说他们不吃猪肉是因为猪是他们的祖先,他非常气愤,问我们教科书都是这么教的吗?这也太离谱了,我说可能是一些不负责任的媒体和杂志做了不实的报道。他很气愤地说这些媒体就应该关门,还说汉人对回族了解太少,觉得回族很奇怪,希望大家都能尊重他们的宗教信仰。

另一家是伊清斋拉面馆。女主人已经50多岁了,基本上听不懂普通话,我想和她交流她就一直摆手后退,她老公说她一句都听不懂。我了解到女主人来宁波已经三年了,但是由于每天都在后面帮忙准备食材,基本没有时间和本地人交流,本地人大都讲宁波方言,她更听不懂了,久而久之,她只能听懂一些简单的"加葱少辣"之类的普通话。

下一家拉面馆的老板起初非常排斥我们。直到我们提到马阿訇,他才变得好说话一点,他叫他老婆跟我们聊聊。他老婆基本上对店里的收入、支出都不关心,问到稍微复杂一点的问题,她就得问老公。现在孩子在老家,他们准备明年把孩子接过来上学,但是学校的问题不知道如何去联系,过段时间去清真寺找马阿訇请教。

回到兴灵桥西,我们在一个小巷子又发现了一家拉面店。由于是下午4时多,这家店没有人在用餐,主人在后厨准备食材。我们表明来意,20多岁的店主非常热情,还询问我们关于一些少数民族政策方面的东西,并对大学生活非常感兴趣。他希望自己的孩子将来能够上大学,只要孩子读得进去,他就乐意花钱,主人还表示少数民族大部分的孩子基础比较差,上了高中对考大学了解得很少,文化水平很难在短时间内提升。

在今天的调研中,我感受到了回族等流动人口在文化教育方面的需求非常大,而且对我国教育政策了解得较少。

2013 年 12 月 10 日　杭州

今天是我们杭州调研第一天，早上 9 时左右我们在来到了凤凰寺。我们表明来意，凤凰寺的杜阿訇向我们介绍了一下凤凰寺的基本情况，并约定周五主麻日时我们去清真寺集中询问回族等流动人口在本城市的生活状况。

离开凤凰寺，我们兵分三路走访流动人口开的店面。我们一组，首先来到了一家清真牛羊肉馆。老板娘高中毕业，非常热情，生意也非常好。她一边切牛肉一边和我聊着她的生活。从她的语言和神情中我能感受到她非常满意现在的生活，除了小孩在这个城市上学太麻烦，每天都要给孩子送饭。他们的生意特别好，一个月收入将近 2 万元。

在西北烧烤店，我们采访到了一名普通的员工。他没有上过学，但是他的人生阅历十分丰富。他说这几年在外面奔波很辛苦，但在家没有经济来源，在外面累归累，但是能解决经济上的困难。他说在杭州租房子是很困难的，因为本地人觉得他们都不是好人，之前租房子遇到了很多问题，有的只租了几天房东就通知他们搬家，他觉得本地人对他们了解得不多，看他们都带有偏见，觉得戴礼拜帽的都不是好人。

在凤凰寺门口的天桥上遇到了云南昭通女孩，家里很穷，靠丈夫在杭州一个月 3000 多的工资养活全家。女孩只有 23 岁，现在在家带孩子，今天过这边来给孩子买清真零食。现在老家还是很穷，年轻人没办法只好出来打工，她希望这边公司能平等对待回族等，不要有歧视，希望汉族人民能多了解一下回族的饮食禁忌，尊重他们的风俗习惯。

紧接着，我们来到了一个新疆干货摊。我们和两位新疆大哥聊了起来，大哥说现在生意很差，住的不足 10 平方米，他觉得杭州人都很好，除了这里的城管。大哥说自己首先是中国人，再才是民族身份。他再三强调新疆人也是中国人，我们不是美国人也不是日本人请尊重我们。而关于做礼拜，他说礼拜必须坚持，在这里每天都去清真寺做礼拜。现在在这边生意不景气，已经准备回新疆了。

2013 年 12 月 11 日　杭州

我们乘坐 B 支 4 路公交车来到了浙江工业大学附近。我们首先来到了工业大学对面的兰州牛肉面馆。这家面馆是典型的家族式店面，因为昨晚忙到 1 时，上午 10 时，儿子女儿都在睡觉，店主夫妇在值班。我们了解到，这家店面楼上的浙江本地人，在他们刚来这里不久时，因为早上 7 时多想吃面，他们没有开门，便对他们大吵大闹，拍桌子砸椅子，说他们是外地人，并声称要把他们赶回老家。老板娘和他争吵期间心脏病发，还住了院。老板说自己背井离乡就想安安稳稳地挣钱，和和气气地过日子，不懂为什么会遇到这么蛮横的人，并对自己的民族信仰进行嘲笑和侮辱。

我们来到第二家兰州拉面馆。店主说现在最困难的问题就是办不下来证。前段时间卫生局过来把店里的一些设施都拖走，隔壁很多家都没有证，却偏偏只拖他家的。每次都来查证，想办但是就是办不下来，原因就是说周围居民有人投诉他们。可是刚开时没人投诉，办证机关对于办证事宜也是一拖再拖，一开起来就查这查那。这让他们不能理解。店主说回族等流动人口在开拉面馆这方面真的没有人指导，没人教他们需要怎么办，政府也没有提供这方面的指导。

我们来到的第三家面馆也面临着同样问题，他们家有营业执照，但是没有卫生许可证，每次卫生局来说的都不一样。今天这个问题明天那个问题，有时候干脆不指出问题，店主一直在改卫生局指出来的问题，证就一直办不下来。老板说这样他也快受够了，如果长时间这样，他就会回去老家，不过前提是把他租了一年的店面费还给他。开之前不说，开之后老找麻烦，这让他很不舒服。自己只想好好赚钱，不想惹麻烦，现在忍一忍，忍不下去就会先找阿訇，或者和卫生部门对着干了。

第四家牛肉面馆也是家族式经营。他们在这里已经十几年了，我们了解到店主的小女儿读到初中一直都在这边，她的普通话说得非常好，小女儿说在这边做生意非常难。读初中的时候，她记得很清楚爸爸妈妈很委屈，经常因为店里客人带猪肉进来和客人理论而挨骂，说什么鬼规矩。她初中毕业在店里帮忙，送外卖，她也觉得很委屈。有时候因为地址没有记清楚而挨客人的骂，说她傻，还有的在接外卖的时候只开一条小缝，伸出100元钱，并要求女孩马上找钱。女儿说自己一家人在这里做了这么久的生意，没有欠过客人什么，被人怀疑很多次，真的觉得自己没有得到应有的尊重。

在我们调查的过程中，大家一般都觉得国家大的政策很好，只是有关部门没有落实到实处，自己感觉不到关怀。

2013年12月12日　杭州

今天我们来到武林广场周围做调研，我们决定今天主要针对清真店面的员工做个调查。

拉面馆老板认为本地的卫生局和工商部门对少数民族做生意查得特别严，周围的店面没有那么严，感到受了区别对待。大家都是生意人，为什么会受到不一样的对待呢？

接下来我们来到了一家西北拉面烧烤单，有位烧烤员工非常热情，他说在外地打工，身体健康还是最重要的，希望能多关注回族等流动人口的身体健康，1—2年能免费给咱们做一次体检。

2. 部分访谈录

2012年6月30日（武汉市雄楚大街拉面馆马HF访谈）

访问者：你好！我们上次来没有见到你。

马：我在起义门清真寺见过你们。

访问者：对，我们去那里两次，做问卷调查。

马：我也在那里。

访问者：哦，好像见过。但是你是怎么来武汉的？是通过亲戚，或者是自己来的？

马：来武汉已经很晚了。之前在厦门干过。

访问者：厦门也干过？

马：对。

问：哪一年去的？

马：1994年去福建福州市，1995年去的厦门。

问：那为什么不在哪里干了？是不是拉面馆开得多了？

答：以前不多现在多了。离开那里主要是厦门对拉面技术含量要求高。那里不像 武汉。面粉与水质有很大的关系。厦门的面粉像灰尘一样，倒在桌子上是摊开的，不会堆起来。一般情况下，50公斤面粉，和面需要5瓢左右水，而在厦门要10多瓢。你要是和不好的话，如果没有技巧，和的面就变成像糨糊一样，面拉不开，所以厦门的和面技术含量是很高的，不是一点点高。当时在厦门生意是相当的好。每天生意在6000多元左右。

问：啊，这么多？

马：当时厦门一碗拉面是2.5—3块钱。那时我也是拉面师傅，就是只管拉面就够呛，别说和面、揉面了，揉面、和面另外有人。所以一碗面起码有让三人参与合作。

问：现在每天收入多少钱？我看你的生意还不错。

马：现在嘛。刚来的时候在汉口青年路，那时一碗素拉面是1.5元，每天卖到4000—5000元，当时门面比现在的大三个，吃拉面的人很多，当时三轮车拉菜只能从小区进去拉到后院。

访问者：当时拉面馆少，所以生意好。

马：是的，当时少。我记得吃拉面的有很多日本人。

访问者：日本人？

马：是，日本人、韩国人很多。有时一次来五六十人。我也搞不懂他们是干什么的，全都是残疾人，装的假肢呀什么的。所以老外很多，当时附近有医科大学，老外一来就抱在怀里照相。现在？现在拉面成了武汉的热干面了。

访问者：现在拉面馆太多了。不过你这里地方还可以，我看下午人也很多。你的拉面馆有几个人？

马：有四五个人。

问：都是亲戚吧？

马：这个店本身需要四五个人就可以了，但现在人比较多，主要是他妈要照顾小孩学习。

访问者：对，小孩学习重要。这个店是什么时候开的？

马：大概有7年了。

问：自己找的地方吗？

马：是的。

问：你们亲戚在这里多不多？

马：不多，我们化隆县在这里多。谈到这个问题，傅家坡的韩会长你知道吧？

访问者：知道。

马：那是我舅舅。按我们这一拨的话，就算我来的最早。我来了以后，我舅舅来的。化隆县的没有比我来得最早的，我是第一个。原来大家扯皮呀，都离不开我，后来慢慢地，这些事情我也烦了，现在发生什么事叫我我也不怎么去。另外，我给一些拉面馆送了6年的牛肉。后来出现问题了，就算是暂停了，暂停有一年多了。后来发生什么纠纷，别人叫我，就找借口不愿意参加了。怎么说呢？有些人也让人生气，处理好了，认为你是应该的；处理不好，背后骂你。后来我年龄大了，什么事能推就推，能让就让，基本上就是隐姓埋名了。原来我在这里，化隆县的人没有不知道我的，很多人说，我听说过你的名字，但没有见过你的人。

访问者：小孩的妈是武汉人吧？

马：是的。

问：你是怎么找上这么漂亮的媳妇的？

马：是什么原因呢？我来武汉是 1996 年，当时他妈在拉面馆附近，家里有公用电话，当时没有什么手机之类，经常去她家打电话、接电话，就这样认识的。认识以后，要想办法留在武汉。当时打工一个月六七百块工资，哪有钱呢？当时我的舅舅在老家开店，我就建议他把店转让了，到武汉来。我说别人能开你也能开。我的要求不高，你把本钱收回来后，店让我开，我给他白干。目标很明确把。你要想要这个老婆，就要想办法留在武汉。我给我舅舅协议很简单，不管一年也好，两年也好，只要你本钱收回来，我给你白干。你的本钱收回来，就让给我。当时多便宜呀，在原来湖北电机厂附近，本钱只投入 19000 元钱，二十几天本钱就收回来了。三个月就存了 9 万元钱。开张的时间其他的我都忘记了，就这个我没有忘记，3 月 10 日，电机厂店开张的。后来他（舅舅）回去了呗。过了两年，赚了钱，在虎泉开了个店，一碗拉面没卖，打架了呗，现在身上伤还有。就是近距离开店。我一毛钱没有赚，赔了 10 万元钱。

问：现在纠纷少了吧？

马：还有啊。

问：现在有协议，500 米之内不能开第二家店吗？

马：是，当时协商时我也参加了，请客吃饭花的 900 多元钱还是我出的。现在一些人呀，怎么说呢。写的时候，惹是生非的人，就是在桌子上吃饭的人，不地道，他们觉得权力大呀，凡在这个桌上吃饭的人，都是有脸有面的人。所以我不与他们掺和。我开这个店，他们知道我来这里时间长，多少有一定势力。

问：现在武汉话能听懂吧？

马：能，来了十几年了。

问：你觉得拉面最大问题是什么？是不是都做拉面太单一了？现在有多少家拉面馆？1000家有吧？

马：有四五百家。现在拉面，你说它好吧，也不好，你说它不好，它也比较实惠。一般一碗拉面四五块钱，八块十块的很少。

问：我们认为武汉缺少一个大型的高档次的店？能不能在这些方面做些工作？

马：大型餐饮业投资大，需要考虑问题多。比如要有大型停车场，要与周边单位达成协议，给予优惠条件。很多大型餐饮业倒闭在周边单位的欠账上。不欠账吧，来了好多人，并且可以胡写，本来是1000元，可以写成1200元。但能收回来的很少，这个问题很关键。所以小打小闹，还有余地。我们的经济水平，只能赢、不能输。所以办大型餐饮业风险比较大。我们现在武汉拉面馆，都开在规划之内的，都面临三年二年要拆。我们的经营场所没有进入正规的商场或门面，受政府保护的没有。我的想法，把所有拉面馆规范化、市场化，打一样招牌，包括店名、装修，像麦当劳、肯德基一样，做出一个品牌来。现在的招牌都不一样，一个地方一个招牌。招牌不一样，帮派也不一样。我现在有两个想法，如果这个店拆了，就回老家做畜牧。现在国家鼓励养牛羊。养牛羊的成本高，但国家给补贴，有赚头。为了生存，也要利用国家政策；第二个想法，在武汉继续做这个行业，但提升水平，起码一个人进来让他消费20元钱，像麦当劳一样，消费一次也需要十七八元钱。

问：可以炒几个菜？

马：那就成了菜馆了。

问：搞成系列拉面怎么样？兰州牛肉面就是这样的。有大碗、小碗，粗面、细面等。

马：不行，要多样化经营。拉面这个东西，面就是这个面，五元钱一份，是白面，你可以点牛肉、鸡蛋、三鲜的，从各方面可以配，像火锅一样的，你点的越多价钱越高。但你要把环境卫生搞好，装修好，统一服装，要本地服务员，像麦当劳一样的。

问：你们对东来顺清真认可不认可？

马：严格说来，细细追究，一些食品来源是否清真就不能肯定了。像虾、海参、鱿鱼等，在我们那边就不能吃。另外厨房中许多菜加药酒，我们是禁忌的。但在这里也没有办法，你不能追到厨房中看吧。另外，厨师操作也有问题，我们老家，厨师倒东西不能反倒，只能正倒。

2012 年 6 月 10 日（武汉市民族大道"正宗清真兰州拉面"，对马 YCH 访谈）

问：你觉得武汉的消费高吗？

答：消费有点高，消费不起。

问：来武汉这么久对武汉有没有归依感？

答：没有。

问：在武汉生活觉得怎么样？

答：在武汉生活算不上舒服，马马虎虎吧，不如老家舒服。

问：把家人从老家带过来有没有想过？

答：带来武汉好一些啊，一家人在一起在情感上会有依靠啊。

问：平常会主动和别人打交道吗？

答：就打个招呼，不怎么交往。

问：会主动跟别人接触吗？

答：一般不会。

问：如果你们这里有民俗活动，你们会主动参加吗？

答：会的。

问：你觉得你现在融入武汉的生活了吗？

答：融入了，因为对武汉已经很熟悉了，现在每一条街都认识了。

问：如果你们生病了会自己主动看医生吗？

答：大病会去，小病就不会去了，自己扛着，相信自己能扛过去的。

问：对清真寺有没有依赖感？

答：没有，只是一个做礼拜的场所。

问：自己的权益有没有被侵犯过？

答：没有，我不怕城管的。

问：现在一个月会攒多少钱？

答：你是说存在银行里面的？大概5000块吧。

问：这么多啊？

答：我能吃苦的，以前做过修理工、售票员，什么苦都吃过，就是现在我一个人做拉面也可以。

问：有没有顾客不尊重你们的生活习惯的？比如带酒带肉来你们店里的？

答：没有。

问：要是有人呢？

答：会给他说清楚，宁可不要这个工作也要维护自己的生活情况。

2012年6月16日（武汉保利花园拉面馆老板的大儿子，MSM，18岁）

问：你们拉面馆每天什么时候开门的？

答：早上9点。

问：晚上什么时候关门？

答：晚上 12 点。

问：你们这里生意好吗？

答：不怎么好，现在这里要拆迁了，生意没有以前那么好了。

问：每天能卖多少钱？

答：几百块钱吧。

问：房租啊什么的还有吗？

答：没有，房租、水费、电费、管理费都没有了。

问：那你们不是零成本经营啊？

答：没有啊，牛肉要钱的啊。

问：哦，牛肉在哪里买的？

答：在专门的地方，自己买了，自己宰的，自己弄干净了卖。

问：你还有两个弟弟？

答：嗯，大的 14 岁了，小的 1 岁零 3 个月。

问：弟弟还在读书吗？

答：在读小学。

问：14 岁读小学？

答：嗯，去年从老家过来读，发现跟不上，就休了半年学，今年下半年继续去读。

问：学校找好了吗

答：找好了，在陈家湾那边。

问：那他吃饭怎么办呢？

答：我叔叔在那附近开了拉面馆，在他那里吃。

问：那还比较方便，你自己读书读到什么程度？

答：小学五年级。

问：现在后悔自己读书读少了吗？

答：不后悔，是我自己不读的，那是我爸爸要我读，我不读。

不过现在这社会不读书还真不行，多读点书还是有好处的。

问：城管现在对你们拆迁的事情怎么管？

答：城管不管的，以后还是会叫我们搬的，只是暂时的。

问：会转让吗？

答：转让费太贵了，要十几万呢。

问：会找老乡帮忙吗？

答：会的，老乡会帮忙问的。

问：你们现在做礼拜是怎么个情况呢？

答：现在没有时间做，忙生意。一般就自己在家里做，也没有去过清真寺，我爸爸每周都去的。

问：如果这边的生意不好了，想过回家没有？

答：什么时候钱挣够了，不想做了就回家。

问：家里还有地吗？

答：有十几亩。

问：在家里的收入怎么样

答：一年三四万吧。

问：现在做拉面呢？

答：现在开店一年可以挣十几万吧。

问：你们老家的人很多跟你一样大的都出来了吧？

答：是的，基本上都出来了，没有种田了，有的在县城买了房子，都不回老家了。

问：你赞成异族通婚吗？

答：赞成，只要她随我信伊斯兰教。

问：你现在每个月会大概会消费多少钱？

答：基本上不出消费的，就偶尔会买衣服和鞋子，大概会有500吧。

问：你觉得武汉的消费高吗？

答：武汉的消费还可以接受。

问：你刚开始在武汉会觉得孤单吗？会感到无助吗？

答：不会啊，一家人都在这里啊，再说这里还有亲戚和老乡啊。

问：在武汉生活怎么样？

答：适应了，习惯了。

问：在你们做生意的过程中，有没有顾客不尊重你们的生活习惯的？比如说，带酒、带烟来这里吃饭的，碰到这种情况你们怎么办呢？

答：跟他们说啊，要他们把东西放在门外，吃完面了再叫他们带走，不能让他们拿进店里面。

问：对城管的工作还满意吗？

答：满意，他们对我们很优待，态度也很好，他们对少数民族都会很优待的。

问：与同行之间有没有矛盾和冲突呢？

答：没有。

问：如果你们店面没有找好会怎么办呢？

答：先回老家吧，如果情况不好再回到武汉来。

问：在武汉有压力吗？

答：没什么压力。

问：现在一个月能攒多少钱呢？

答：一个月收入5000元，开支很少。

问：如果遇到困难了，会找谁帮忙呢？

答：会打电话叫老乡过来帮忙。2010年有两个流氓喝醉了故意在我们店里面闹事，把我们店的门砸了个洞，我报了警，然后老乡也过来了，警察把那两个流氓带走了，我老乡也跟着到警察局去了。

2012 年 8 月 7 日（广州黄华路牛肉面馆老板 YSED 访谈）

问：您好！

答：您好！有什么事吗？

问：我们现在有一个课题的调研活动，我们这里有一份问卷，想麻烦您配合我们一起完成。

答：可以啊。

问：您什么时候来的广州？

答：我从 2000 年就来了，到现在有 12 年了。

问：全家都来了吗？

答：是的，我儿子女儿全都在这里。我老伴因为家里有事情，就回老家去了。

问：现在这拉面馆是您开的吗？

答：是的，但是名字是写我二儿子的。

问：哦。现在您店里面雇了几个人呢？

答：雇了两个，其他的都是我儿子、媳妇。

问：您有几个孩子啊？

答：8 个。

问：那您现在的生意好做吗？

答：还好啊。

问：我看您店里面很干净的。

答：那肯定要做得干净啊，这样子客人吃得也放心啊。再说我一个女人家，里里外外都要做得干干净净的。

问：那是的，我看广州这边的拉面馆普遍的面积都比较大，而且装修都很好哦。

答：是啊，但是房租也很贵啊。我一个女人家，带这么多孩子在外面，真的是不容易啊，什么事情都要自己管。我租的这个房子有一个配套的公寓，但是公寓没有装修，里面有一个蚁窝，经常爬出来白蚁，完全不能住人的。我没有办法啊，我又自己出钱装修了一下，装修的钱房东又不给报销。我把发票开好了，给他看，人家说什么也不给报，这我就没有办法了，只能自己出钱了。还有我们拉面馆的厨房里面的下水道，下面是一个化粪池，经常有东西漫出来，给房东打电话，他也不管，也是我自己维修的。房东说我不出钱，要出你们自己出钱维修。真的是不容易啊，一个女人开个拉面馆，还带着这么多孩子，难啊（哭泣声……）。你们一定要把这个拍下来，发票我都给你们看，全部都在这里，你看这是9238元，这是维修的，一千多块，希望你们能帮忙反映一下啊。

问：您平常除了做拉面，休息的时候做些什么呢？有什么活动吗？

答：有啊，我还是妇女主任，经常有一些事情需要找我。比如说今天谁谁吵架了，发生矛盾了什么的，都要找我来协调解决的。

问：那您忙得过来吗？

答：也还好啊，拉面馆里面有我儿子、媳妇呢。

问：您跟本地人的关系怎么样？

答：很好啊，经常会跟他们聊天啊什么的。

2012年8月7日（广州华南农业大学附近拉面馆，MYGB访谈）

问：到广州几年了？

答：3年多了。

问：到广州有没有到有关部门登记？

答：有，登记了暂住证。

问：同行业做拉面的竞争大不大？

答：竞争大，做拉面的很多，生意不是很好做。

问：与同行业的有过冲突吗？

答：会有一点，现在规定300米之内不能开第二家。

问：与城管有过冲突吗？像乱收钱、乱罚款等。

答：没有。

问：学会广东话了吗？

答：能听懂，但不会说。

问：房子是租的吗？全家几个人在一起？

答：是租的，爸爸、妈妈、弟弟、妹妹、老婆，一共有六个人。

问：房子有多大？住房面积？

答：40—50平方米。

问：以后还希望在广州一直住下去吗，打不打算回老家？

答：说不定。如果生意好的话，就待下去，如果不好就可能回家了。

问：平时有没有娱乐活动？

答：主要是看电视。

问：跟朋友聚会吗？

答：做礼拜时聚聚，平时没有时间。

问：你小孩多大了？

答：5岁了。

问：还没有读书吗？

答：没有，这是最大的问题。有两个问题，第一是钱的问题，但再苦再累我们也要出；第二个问题，就是在学校吃饭问题，我们吃饭是很讲究的，学校没有清真伙食，学校又不让送，但学校食堂饭孩子不能吃。

问：小孩适应这里气候吗？

答：还可以。

问：孩子几岁跟着你们，一出生就在这里吗？

答：在老家生的，以后过来的。

问：在老家每天都去清真寺吗？

答：每天五次。

问：到这里呢？

答：每周主麻日去。

问：每天五礼还做吗？

答：做，在住房里做。

问：这里离清真寺有多远？

答：很远，坐车一个小时。

问：清真食品怎么样？

答：不行，有的打着清真食品的旗号，其实不是。

问：你们牛羊肉是怎么来的？

答：牛是我们自己宰的。以前是买的从青海运过来的，但有真的、也有假清真的，所以不敢要了。就自己买活牛羊自己宰。自己宰的最放心，买的不放心。我们宰牲方面是很讲究的。

问：你跟本地人关系怎么样？

答：还可以，其他方面不知道，隔壁都是当地人。

问：与本地回族关系怎么样？有没有本地回族朋友？

答：有，清真寺阿訇就是。但大多数朋友还是青海化隆的，心相通。

问：广州的清真寺管理怎么样？

答：还好。

问：设施齐全吗？

答：齐全。

问：您平时与谁交往多，亲戚、朋友？

答：一般是亲戚，都是本民族的。

问：与本地回族有没有关系比较好的？

答：也有。

问：同不同意与其他民族通婚？

答：同意，但要随教。

问：广州人歧视你们吗？

答：没有，没有。

问：到广州来有没有觉得自己文化、技能太低需要提升？

答：有，觉得文化低，如果我是初中生，我就不会做这个了。

问：知道广州有民族宗教委员会或伊斯兰教协会吗？

答：知道伊斯兰教协会。化隆成立了拉面协会，协调处理一些事情。

问：遇到困难找谁解决？

答：自己解决。

问：自己解决不了的问题，是否找朋友或政府部门帮助解决？

答：没有，靠自己解决，从来不会找外面的。

问：如果遇到与顾客发生纠纷、冲突，打不打110电话？

答：我遇到过，但没有打110电话，自己解决。过去遇到过吸毒寻衅找事的，只是忍一下。很早以前遇到过一件事，一个人来吃饭，要把酒带进来，后来就让带进来了，有真主惩罚。后来把饭吃得干干净净，又故意把自己头发放进去，要我赔钱，最后没有办法赔了几百块钱。

问：为什么不报警呢？

答：不敢报。再说有事没有事报110也不是办法，能自己解决就自己解决。

问：你目前最大的困难是什么？

答：孩子的入学问题。孩子上学是免不了的事情。

问：您对广州市的管理工作还满意吗？

答：还可以。治安好多了，但故意找事的还有。去年我在这里刚开张时，还是有人找碴儿，说不三不四的话。

2013 年 12 月 6 日（宁波清真寺马阿訇访谈）

问：请您介绍一下宁波回族等流动人口情况？

答：总体来讲，沿海地区的回族等流动人口状况都类似，差不多，但是与义乌的状况不一样，义乌是个案，是一个奇葩，其模式是复制不了的。从其他的地方来讲，上海、杭州等，民族工作都有些类似。人口分为西北、新疆、外国三个来源；职业分为拉面店、烧烤、摊贩等。有的是毕业了之后在这里工作的，有的是通过招工到宁波的，有的是做律师的，有的是做翻译的，相对来说这部分人层次较高。宁波大概有 14000 回族等流动人口。

问：对回族等流动人口怎样管理的？

答：流动人口的管理对于城市部门来说，共同的愿望、共同的工作和首要的目的就是维护稳定。宁波的民族工作主要就是发挥了伊斯兰教协会、清真寺的桥梁与纽带作用。这个模式可能与其他城市的民族工作有很大的不同。基本上只要是关于少数民族工作的事情，90% 的工作都是推到我们清真寺这边的。这个模式现在还不好说，从职能上来说，这个工作是政府部门的事情，比如公检法，跨越了我们本职工作；从作用上来说，效果很好，但是增加了清真寺与伊斯兰教协会的工作量。一方面照顾到了少数民族的利益，但是另一方面给汉族的群众造成了心理上的不平衡。

问：目前存在哪些问题？

答：最大的问题是清真寺礼拜点不足，存在临时的礼拜点。容易出现拉帮结派的情况；无法认证伊斯兰教教义与阿訇的资格认证；临时活动点处于边缘状态。回族等流动人口参与宗教活动耗时耗力，极不方便。随着汉族对回族等的生活习惯与宗教信仰了解的增多，汉族与回族等发生矛盾的概率越来越少了，但是回族等内部的矛盾和问题越来越突出。

所以政府方面应该逐步规范化，成熟一个批一个。下面的地方政府存在消极的思想，宁波市清真寺与政府部门不好直接干涉，容易造成下面县市政府工作的被动。主要还是需要政府积极管理，提前引导，成立管理小组。总体上宁波政府对回族等流动人口的工作、经营、生活还是比较照顾的。

入学问题基本上解决了。只要满足了五证的要求，基本上能进公办学校。城区里面没有民工子弟学校、回民学校。符合条件差不多都可以入学。吃饭的问题就是家长送的。

"入土"基本上没有问题。回族等流动人口与本地的回族等同等待遇。

4. 调查问卷

（1）回族等流动人口城市融入状况调查问卷

尊敬的先生/女士：您好！

非常感谢您在百忙之中抽出时间填写这份调查问卷！我们是某某大学的老师和学生。我们进行此次问卷调查，旨在通过了解回族等流动人口的城市融入现状及民族工作情况，以便能进一步做好服务工作。本次调查结果不记名，对于您的回答也将保密，调查数据只用于统计分析。您在问卷中问题的回答无对错、好坏之分，真诚地希望您能如实进行作答，不必有任何顾虑。

填写要求：

1. 凡符合您的情况和想法的项目，请在答案后的□内打"√"，或在横线"_____"上填写有关内容；

2. 有下划线"_____"的问题请符合这一情况的填写，不符合情况的请跳过回答下一题。

3. 如果有些题目未列出您的情况和想法，请在该题的空白处写出您的具体情况和想法；

4. 如果没有说明，题目均为单项选择。

问卷编号：_____ 调查地点：_____ 调查时间：_____

一 基本情况

A1. 您的性别：

（1）男□ （2）女□

A2. 您的年龄：_____周岁

A3. 您的民族：

（1）回族□ （2）撒拉族□ （3）东乡族□ （4）维吾尔族□ （5）其他_____

A4. 您的政治面貌：

（1）中共党员□ （2）民主党派□ （3）共青团员□ （4）群众□

A5. 您的籍贯：

（1）青海化隆□ （2）青海循化□ （3）青海湟中□ （4）青海西宁□ （5）青海其他地区□ （6）甘肃兰州□ （7）甘肃临夏□ （8）甘肃张家川□ （9）甘肃其他地区□ （10）其他省区_____

A6. 您的婚姻状况：

（1）已婚□（配偶民族_____） （2）未婚□（欲择偶对象民族_____）

A7. 您的文化程度：

（1）不识字或识字很少□ （2）小学□ （3）初中□ （4）高中或中专□ （5）大专□ （6）本科及以上□

A8. 您的户口是：

（1）农业户口□ （2）城镇户口□

A9. 您在老家居住在：

（1）农村□　（2）城市□

A10. 从您第一次离开老家外出到现在的时间：

（1）半年以下□　（2）半年—1 年□　（3）1—3 年□
（4）4—8 年□　（5）9 年及以上□

A11. 您外出的主要原因是（可多选）：

（1）挣钱□　（2）寻找发展机会□　（3）出来见世面□
（4）为了孩子考虑□　（5）羡慕城市生活，不愿在农村生活□
（6）在老家没什么事干□　（7）其他_____

A12. 您是如何找到现在这个工作的：

（1）自己找□　（2）通过亲友或老乡帮助、介绍□
（3）通过政府中介□　（4）通过私人中介□　（5）通过招工广告□　（6）用人单位中介招工□　（7）其他_____

A13. 您在当地居住时间是：

（1）半年以下□　（2）半年—1 年□　（3）1—3 年□
（4）4—8 年□　（5）9 年及以上□

A14. 您的配偶是否和您同在一个城市：（1）是□　（2）否□　（3）未婚□

A15. 您的子女是否和您同在一个城市：（1）是□　（2）否□　（3）未婚或未生育□

A16. 您平均多久回一次老家：

（1）一年两次或多于两次□　（2）一年一次□　（3）两三年一次□　（4）四年或更久一次□　（5）家里有事才回去□

A17. 您是否办理了当地居住证：

（1）是□　（2）否□

二　经济生活融入状况

B1. 您现在的职业是：

（1）自主经营者□　（2）员工□　（3）其他

B2. 您外出前在老家的职业是：

（1）务农或放牧养殖□　（2）做小生意或个体户□

（3）老板（雇佣8人以上）□　（4）打零工□　（5）行政部门或事业单位等公职人员□　（6）读书□　（7）无工作□

（8）其他_____

B3. 您对您当前的经营或工作状况感到：

（1）非常满意□　（2）比较满意□　（3）满意□　（4）不太满意□　（5）非常不满意□

B4. 您现在平均月收入大概是：

（1）750元及以下□　（2）751—1100元□　（3）1101—3275元□　（4）3276—6000元□　（5）6001元—1万元□　（6）1万元以上□

B5. 您外出前平均月收入大概是：

（1）750元及以下□　（2）751—1100元□　（3）1101—2000元□　（4）2001—3275元□

（5）3276—6000元□　（6）6001—1万元□　（7）1万元以上□　（8）无收入□

B6. 您对您当前的收入是否满意：

（1）非常满意□　（2）比较满意□　（3）满意□　（4）不太满意□　（5）非常不满意□

B7. 与您老家没有外出的其他人相比，您当前的收入：

（1）比他们多□　（2）差不多□　（3）比他们少□　（4）说不清□

B8. 与本地人相比，您认为您的收入：

（1）比本地人高□　（2）差不多□　（3）比本地人低□　（4）说不清□

B9. 如果您觉得您的收入不如本地人，主要原因是（可多选）：

（1）外来人口身份□　（2）少数民族身份□　（3）农民身份□　（4）缺乏技术文化□

（5）其他_____

B10. 您每周工作几天：（1）5天以下□　（2）5天□（3）6天□　（4）7天□　（5）不一定□

B11. 您每天的工作时间多长：

（1）8小时以内□　（2）9—12小时□　（3）13—15小时□（4）16小时以上□　（5）不一定□

B12. 如果是自主经营者，您是否有营业执照和卫生许可证：

（1）都有□　（2）有营业执照，但没有卫生许可证□

（3）有卫生许可证，但没有营业执照□　（4）都没有□

B13. 如果您没有营业执照和卫生许可证，原因是（已办者跳过此问题）：

（1）刚刚开店，还没有来得及去办□　（2）不知道在哪里办□　（3）手续太烦琐，太麻烦□　（4）可以不用办□　（5）没有打算在这里长期做□　（6）其他_____

B14. 您是否签订了劳动合同：

（1）是□　（2）否□

B15. 您目前的住房性质是：

（1）商品自购房□　（2）租房□　（3）经营场所居住□（4）临时棚屋居住□　（5）亲友家借住□　（6）其他_____

B16. 您的居住形式是：

（1）独自居住□　（2）与家人一起居住□（共同居住_____人）　（3）与亲友老乡或拉面店内同事一起居住□（共同居住_____人）　（4）与其他外地人一起居住□（共同居住_____人）　（5）与武汉本地人一起居住□（共同居住_____人）

B17. 您的住房面积大约是：

(1) 10 平方米及以下□　(2) 11—40 平方米□　(3) 41—70 平方米□　(4) 71—100 平方米□　(5) 101 平方米及以上□

B18. 与您老家的居住状况相比，您现在的居住情况：

(1) 比老家好□　(2) 差不多□　(3) 不如老家□　(4) 说不清□

B19. 您对您目前的居住状况感到：

(1) 非常满意□　(2) 比较满意□　(3) 满意□　(4) 不太满意□　(5) 非常不满意□

B20. 您平均每月的生活消费开支大概是：

(1) 750 元及以下□　(2) 751—1100 元□　(3) 1101—2000 元□　(4) 2001—3275 元□　(5) 3276—6000 元□　(6) 6001 元及以上□

B21. 您平均每月消费支出主要用于：

(1) 用于吃的□　(2) 用于穿的□　(3) 家庭用品、设备开支□　(4) 店铺用品、设备开支□　(5) 寄回老家□　(6) 用于医疗保健□　(7) 子女教育费用开支□　(8) 用于宗教功课□　(9) 房租开支□　(10) 用于文化休闲娱乐□　(11) 用于亲友聚会、人情送礼□　(12) 用于交通、通信□　(13) 用于储蓄、保险□　(14) 其他_____

B22. 您觉得您的消费水平与本地人相比：

(1) 比本地人高□　(2) 差不多□　(3) 比本地人低□　(4) 说不清□

B23. 与您老家相比，您目前的消费支出：

(1) 比老家多□　(2) 差不多□　(3) 比老家少□　(4) 说不清□

B24. 您是否参加了当地的社会保险：

（1）是□（_____保险） （2）否□

三 社会生活融入状况

C1. 您在当地经常交往的对象是（可多选）：

（1）家人和亲戚□ （2）老乡□ （3）宗教教友□

（4）本地朋友□ （5）工作伙伴□

C2. 您平时交往最多的民族是：

（1）本民族□ （2）信仰伊斯兰教的其他民族□ （3）汉族□ （4）非信仰伊斯兰教的其他少数民族□

C3. 您与附近其他居民的关系是：

（1）非常好□ （2）比较好□ （3）一般□ （4）不好□ （5）非常不好□ （6）说不清□

C4. 如果生活中遇到困难，您会寻求谁的帮助（可多选）：

（1）家人和亲戚□ （2）老乡□ （3）本民族朋友□ （4）宗教教友□ （5）清真寺阿訇□ （6）本地朋友□ （7）民委等政府部门□ （8）自己解决□ （9）其他_____

C5. 如果与他人发生了纠纷，您会如何解决（可多选）：

（1）自己解决□ （2）寻求法律途径解决□ （3）找清真寺阿訇帮忙解决□ （4）找民委等政府部门解决□ （5）找伊斯兰协会帮助解决□ （6）找亲朋好友帮助解决□ （7）其他_____

C6. 您工作之余的主要休闲娱乐活动是（可多选）：

（1）休息□ （2）亲友老乡聚会□ （3）读书看报学习□ （4）串门或逛街消费□ （5）学习宗教知识□ （6）参加宗教活动□ （7）与本地居民聊天□ （8）参加社区活动□ （9）参加体育运动□ （10）其他_____

C7. 您生病时的就医状况是：

（1）能忍就忍，一般不去医院□ （2）去附近药房买药或自

行吃药□ （3）到小诊所就诊□ （4）到大型公立医院就诊□ （5）回老家医院就诊□ （6）其他_____

C8. 您对当地民族工作的满意程度：

（1）非常满意□ （2）比较满意□ （3）满意□ （4）不太满意□ （5）非常不满意□

C9. 您对当地的治安状况感到：

（1）非常满意□ （2）比较满意□ （3）满意□ （4）不太满意□ （5）非常不满意□

C10. 您对您目前的生活状况感到：

（1）非常满意□ （2）比较满意□ （3）满意□ （4）不太满意□ （5）非常不满意□

C11. 与您老家相比，您觉得您目前的生活状况：

（1）比老家好□ （2）差不多□ （3）不如老家□ （4）说不清□

C12. 您目前的生活是否有困难：（1）是□ （2）否□

C13. 如果您的生活面临困难和问题，具体是（可多选）：

（1）经济上困难□ （2）经营上困难□ （3）拆迁问题□ （4）户口问题□ （5）子女入学问题□ （6）看病就医问题□ （7）住房问题□ （8）宗教生活问题□ （9）交流沟通问题□ （10）尊重问题□ （11）其他_____

［以下问题（C14—C21题），请有子女者填写，没有子女者，请跳过直接回答D1题］

C14. 如果您的子女处于上学年龄，他（她）如何上学：

（1）没有上学□ （2）就读于当地公办学校□ （3）就读于民族学校□ （4）就读于农民工学校□ （5）就读于私立学校□ （6）在老家上学□

C15. 如果您的子女在上学年龄没有上学，主要原因是（可多选）：

（1）学费（借读费）太高，没有钱支付□　（2）学校离家太远□　（3）读书没什么用□　（4）外来人口，学校不接收□（5）留在店里帮忙□　（6）孩子自己不愿上学□

（7）要去学习宗教知识或阿拉伯语□（7）其他□_____

C16. 如果您的子女在当地上学，他（她）是否需要缴纳额外的费用（如借读费等其他费用）：

（1）是□（_____费，_____元/年）　（2）否□

C17. 如果您的子女在当地上学，他（她）读书的费用：

（1）太贵，完全不能承担□　（2）还可以，勉强能够承担□（3）不贵，完全能够承担□

C18. 如果您的子女在当地上学，您对他（她）享受的教育资源现状感到：

（1）非常满意□　（2）比较满意□　（3）满意□　（4）不太满意□　（5）非常不满意□　（6）说不清□

C19. 您认为您的孩子是否享受到了和本地孩子同等的教育机会：（1）是□　（2）否□　（3）说不清□

四　宗教生活融入状况

D1. 您在流入此地之前（在老家时）的宗教生活情况：

a. 去清真寺频次：（1）每天去□　（2）每周去□　（3）每月去□　（4）每年去□　（5）特殊情况去□　（6）不去（男性）□　（7）不去（女性）□　（8）不一定□

b. 礼拜情况：（1）每天五礼□　（2）每周礼拜若干次□（3）每周聚礼□　（4）每年参加会礼□　（5）不做礼拜□（6）不一定□

c. 封斋情况：（1）每年都封斋□　（2）每年封几天斋□

（3）基本不封斋□　（4）不一定□

D2. 您现在的宗教生活情况：

a. 去清真寺频次：（1）每天去□　（2）每周去□　（3）每月去□　（4）每年去□　（5）特殊情况去□　（6）不去（男性）□　（7）不去（女性）□　（8）不一定□

b. 礼拜情况：（1）每天五礼□　（2）每周礼拜若干次□　（3）每周聚礼□　（4）每年参加会礼□　（5）不做礼拜□　（6）不一定□

c. 封斋情况：（1）每年都封斋□　（2）每年封几天斋□　（3）基本不封斋□　（4）不一定□

D3. 与在老家时相比，您现在的宗教生活：

（1）比在老家时减少了□　（2）与在老家时没有什么差别□　（3）比在老家时增加了□

D4. 如果您现在宗教生活比在老家时减少了，原因是（可多选）：

（1）工作太忙，没有时间□　（2）清真寺太远不方便□　（3）清真寺管理、设施等不好□　（4）缺少宗教朋友□　（5）缺乏宗教生活氛围□　（6）被人歧视□　（7）其他_____

D5. 您认为当地清真寺能否满足需求：

（1）非常满足□　（2）比较满足□　（3）满足□　（4）不太满足□　（5）非常满足□　（6）不知道□

D7. 您对当地清真寺的设施、管理等的满意程度：

（1）非常满意□　（2）比较满意□　（3）满意□　（4）不太满意□　（5）非常不满意□　（6）不知道□

D8. 与老家的清真寺相比，您认为当地的清真寺：

（1）比老家的好□　（2）差不多□　（3）不如老家的好□　（4）说不清□

D9. 您认为当地的清真饮食：

（1）方便易购，品种丰富□ （2）比较少且品种单一□ （3）太少，生活不便□ （4）价格昂贵□ （5）一些清真食品并不清真□ （6）其他＿＿＿＿＿＿

D10. 您对族际通婚（回族等与非回族等结婚）的态度：

（1）绝对赞成□ （2）绝对反对□ （3）入教的情况下赞成□ （4）无所谓□

D11. 您和您的家人现在是否还保持着清真饮食禁忌习俗：

（1）是□ （2）否□

D12. 您认为清真饮食禁忌习俗是否给您的生活带来了不便：

（1）是□ （2）否□

D13. 您现在是否还戴"礼拜帽"（盖头）：

（1）一直戴□ （2）只有与本民族朋友老乡见面时才戴□ （3）只有去清真寺或参加宗教活动时才戴□ （4）偶尔戴□ （5）从来不戴□

D15. 您认为您的宗教生活和您的经营（工作）是否有冲突：

（1）是□ （2）否□

五　文化融入状况

E1. 您是否能流利地使用普通话与他人交流：

（1）是□ （2）否□

E2. 您对本地方言的使用情况：

（1）用当地方言交流没有问题□ （2）只会一点简单的话□ （3）只能听懂，不会说□ （4）听不懂也不会说□

E3. 您是否愿意学习当地汉方言：

（1）是□ （2）否□

E4. 您与家人及老乡交流时，主要讲：

（1）家乡方言□ （2）普通话□ （3）当地话□ （4）都

有□

E5. 您是否了解本地的风俗习惯：

（1）不了解，也不想了解□　（2）不了解，但是还是希望能了解□　（3）基本了解一些□　（4）了解很多□

E6. 您现在的办事习惯是：

（1）遵循老家的办事习惯□　（2）遵循当地的办事习惯□（3）看具体情况□

E7. 您是否关注您的健康状况：

（1）是□　（2）否□

E8. 您到城市后做常规体检的频率：

（1）没有体检过□　（2）一年1—2次□　（3）2—4年一次□　（4）不舒服时才去体检□

E9. 您现在对子女上学读书的期望是：

（1）不用上学，读书没什么用□　（2）上学不上学无所谓□　（3）上完小学或初中能识字就行□　（4）上技术学校学点技术□　（5）上大学□　（6）上大学以后能上研究生□

E10. 和外出前在老家时相比，您觉得您现在是否有变化：

（1）是□　（2）否□

E11. 如果您有变化，这些变化具体体现在：

（1）经济观念或经营理念□　（2）消费观念□　（3）思想观念□　（4）穿着服饰□　（5）为人处世方式□　（6）其他＿＿＿＿

六　心理融入状况

F1. 您是否喜欢城市生活：

（1）非常喜欢□　（2）比较喜欢□　（3）喜欢□　（4）不太喜欢□　（5）非常不喜欢□　（6）说不清

F2. 您觉得您现在的身份是：

(1) 城里人□ （2) 农村人□ （3) 农民工□ （4) 外来人□

F3. 您对本地人的评价是：

(1) 喜欢□ （2) 不喜欢□ （3) 没什么接触，不了解□

F4. 您结交的本地人的朋友数：

(1) 1—5人□ （2) 6—10人□ （3) 11人及以上□ （4) 没有，也不想交朋友□ （5) 没有，想交朋友但没有机会□

F5. 您对您孩子与本地孩子交往的态度是：

(1) 非常赞同□ （2) 赞同□ （3) 反对□ （4) 坚决反对□ （5) 无所谓，随便孩子□

F6. 您对当地新闻的关注情况：

(1) 非常关注□ （2) 比较关注□ （3) 关注□ （4) 不太关注□ （5) 从不关注□ （6) 只关注与自己有关的或对自己有利的□

F7. 您和他人闲聊时是否谈论当地发生的事：

(1) 经常谈到□ （2) 偶尔谈到□ （3) 从来不谈□

F8. 您觉得本地人是否愿意和您交往：

(1) 非常愿意□ （2) 比较愿意□ （3) 愿意□ （4) 不太愿意□ （5) 根本不愿意□ （6) 说不清□

F9. 在您的日常生活中是否觉得本地人对您有偏见：

(1) 经常有□ （2) 偶尔有□ （3) 基本没有□ （4) 从来没有□

F10. 如果您觉得本地人对您有偏见，您觉得原因是：

(1) 民族身份□ （2) 农民身份□ （3) 民族、农民因素都有□ （4) 职业□ （5) 性别□

(6) 其他_____

F11. 您觉得您和本地人是否有差别：

(1) 是□　(2) 否□

F12. 如果您觉得和本地人有差别,差别具体表现在(可多选):

(1) 社会地位□　(2) 收入、经济水平□　(3) 价值观和思维□　(4) 生活习惯□　(5) 教育程度□　(6) 职业□　(7) 民族□　(8) 为人处世方式□

F13. 您觉得您和本地人是否有距离:

(1) 距离很大□　(2) 距离较小□　(3) 没有距离□　(4) 无所谓,都是一样生活□

F14. 您是否愿意在当地定居:

(1) 是□　(2) 否□

F15. 您未来的打算是:

(1) 一直留在当地,争取将户口迁来并定居□　(2) 一直留在当地,但不会迁户口定居□　(3) 干一段时间后去其他城市□　(4) 等到挣到钱就回老家去□　(5) 老了再回老家□　(6) 尽快回老家去□　(7) 走一步看一步,视情况而定□　(8) 没想过□

F16. 您大概经过多长时间才适应城市生活:

(1) 尚未适应□　(2) 半年以内□　(3) 1—2年□　(4) 3年及以上□　(5) 永远也不会适应□

F17. 您是否认为自己事当地城市的一员:

(1) 是□　(2) 不是□

F19. 您还有有何建议:

(2) 对汉族的调查问卷

尊敬的先生/女士:您好!

非常感谢您在百忙之中抽出时间填写这份调查问卷!我们是中南民族大学的老师和学生。我们进行此次问卷调查,旨在通过了解城市汉族居民对回族等流动人口文化接纳的情况,以便更好地开展各种服务工作。本次调查结果不记名,对于您的回答也将保密,调查数据只用于统计分析。您在问卷中的问题的回答无对错、好坏之分,真诚地希望您能如实进行作答,不必有任何顾虑。

填写要求:

1. 此次调查对象是城市汉族居民,请城市汉族居民填写;

2. 凡符合您的想法的选项,请在答案后的□内打"√",或在"＿＿＿＿"上填写有关内容;

3. 如果有些题目未列出您的有关想法,请在该题的空白处写出您的具体看法;

4. 如果没有说明,题目均为单项选择;

5. 非常感谢您的支持与合作,同时也希望您能客观作答。

问卷编号:＿＿＿＿＿＿ 调查地点:＿＿＿＿＿＿ 调查时间:

一 基本情况

A1. 您的性别:

(1) 男□ (2) 女□

A2. 您的年龄:＿＿＿＿周岁

A3. 您的文化程度:

(1) 小学及以下□ (2) 初中□ (3) 高中或中专□ (4) 大学或大专□ (5) 研究生及以上□

A4. 您的婚姻状况:

(1) 未婚□ (2) 已婚□

A5. 您的月收入:

(1) 1000元以下□ (2) 1001—2000元□ (3) 2001—3000元□ (4) 3001—4000元□ (5) 4001—5000元□ (6) 5001元及以上□

A6. 您的职业：

（1）工人□　（2）农民□　（3）专业技术人员（教师、医生、科研人员等）□　（4）商业服务业人员□　（5）国家机关、事业单位干部□　（6）企业管理人员□　（7）个体劳动人员□　（8）离、退休人员□　（9）失业、下岗人员□　（10）其他（请注明）_____

A7. 您的户口性质是：

（1）非农业户口□　（2）农业户口□

A8. 您是否是城市户口：

（1）是□　（2）否□

A9. 您在本地居住了多长时间：_____年

二　对回族等流动人口风俗习惯的了解与接纳情况

B1. 您生活的小区附近有没有回族等流动人口？

（1）有□　（2）没有□　（3）不清楚□

B2. 若有，平时的接触多不多？

（1）根本不接触□　（2）接触不多，但偶尔有接触□　（3）不太多，但愿意与之接触□　（4）常常接触□

B3. 您对回族等流动人口的服饰是否有了解？

（1）不了解，也不想了解□　（2）不了解，但还是希望了解□　（3）基本了解一些□　（4）了解很多□

B4. 您认为他们在城市应不应该穿着自己的传统服饰？

（1）不应该，应当穿着现代服装□　（2）不应该，会造成不必要误会□　（3）应该，这是民族文化□　（4）应该，是坚定宗教信仰的表现□

B5. 如果您看到他们穿着传统服装（如戴礼拜帽、带盖头），您还愿意跟他们接触吗？

（1）不愿意，有点害怕□　（2）不愿意，会与他们保持距离

□ （3）愿意，但会减少接触□ （4）愿意，不会在乎服饰问题□

B6. 您对回族等流动人口的清真饮食禁忌是否有了解？

（1）不了解，也不想了解□ （2）不了解，但还是希望了解□ （3）基本了解一些□ （4）了解很多□

B7. 您会不会去尊重他们这些饮食禁忌？

（1）不会，跟我没有关系□ （2）不会，觉得没这个必要保持这些禁忌□ （3）会，应该尊重他们的信仰□

B8. 您对您孩子与回族等流动人口的孩子交往态度？

（1）非常赞同□ （2）赞同□ （3）反对□ （4）坚决反对□ （5）无所谓，随便孩子□

B9. 您对族际通婚（汉族与回族等）的态度：

（1）绝对赞成□ （2）绝对反对□ （3）无所谓□

B10. 您认为他们应不应该学习汉族的风俗习惯？

（1）应该，要入乡随俗□ （2）应该，可增强了解□

（3）不应该，没必要学习□ （4）不应该，保持本民族传统文化□

B11. 您认为他们在城市有没有必要改变自己的风俗习惯？

（1）有必要□ （2）没有必要□

三 对回族等流动人口宗教信仰的尊重与排斥

C1. 您知不知道回族等流动人口信仰的宗教是什么？

（1）知道，是_____ （2）不知道□

C2. 您知道的当地有几座清真寺？

（1）1个□ （2）2个□ （3）3个□ （4）4个□ （5）不知道，也不想知道□

C3. 您认为需不需要建立清真寺？

（1）不需要，浪费城市资源□ （2）需要，满足回族等的需

求□　（3）需要，城市文化的组成部分□　（4）无所谓□

C4. 您会不会去清真寺了解他们的宗教文化？

（1）不会，不想了解□　（2）偶尔会，但只是参观□

（3）会，会详细了解□

C5. 您有没有意愿学习他们的宗教文化？

（1）不想学习□　（2）想学习，但没机会□　（3）想学习，已经学习了很多□

C6. 您会不会信仰他们的宗教？

（1）肯定不会，文化落后不适应时代需求□　（2）不会，但可以了解□　（3）会，有兴趣□　（4）会，已经信仰了伊斯兰教□

C7. 您认为他们的宗教生活与您有没有冲突？

（1）有冲突□　（2）无冲突□

C8. 您会因为他们信仰伊斯兰教而对她们有偏见吗？

（1）会□　（2）不会□

四　对教育及其他方面看法

D1. 您认为他们的孩子有没有享受到杭州的教育资源？

（1）有□　（2）没有□

D2. 您认为他们的子女应不应该进入公立学校读书？

（1）应该□　（2）不应该□

D3. 您认为他们的孩子有没有占有你孩子的教育机会？

（1）有□　（2）没有□

D4. 您认为学校应不应该收他们的借读费？

（1）应该□　（2）不应该□

D5. 您认为他们应不应该重视孩子的教育？

（1）应该□　（2）不应该□

D6. 您认为他们的孩子在这个城市的教育会遇到什么困难？

（可多选）

（1）学费高□ （2）缺少回民学校□ （3）学校没有清真伙食□ （4）入学门槛高□ （5）外来人口学校不收□ （6）语言不通，于老师同学交流存在障碍□ （7）其他_____

D7. 您会不会关注他们的这些困难？

（1）会□ （2）不会□

D8. 您会不会在这方面给予帮助？

（1）会□ （2）不会□

D9. 您认为社会应不应该关注他们的孩子在城市的文化教育？

（1）应该□ （2）不应该，没必要□

D10. 您认为政府在文化方面有没有利于他们的政策？

（1）有□ （2）没有□ （2）没有关注过□

D11. 您认为回族等流动人口的素质怎样？

（1）素质低，没什么文化□ （2）素质一般，不想与之接触□ （3）有素质□ （4）不了解□

D12. 您对他们的评价？

（1）喜欢□ （2）不喜欢□ （3）没什么接触，不了解□

D13. 您结交的回族等朋友：

（1）1—5人□ （2）6人及以上□ （3）没有，也不想与他们交朋友□ （4）没有，想交但是没机会□

D14. 您觉得他们是否愿意同您交往？

（1）非常愿意□ （2）比较愿意□ （3）愿意□ （4）不太愿意□ （5）根本不愿意□ （6）说不清□

D15. 您是否愿意同他们交往？

（1）非常愿意□ （2）比较愿意□ （3）愿意□ （4）不太愿意□ （5）根本不愿意□

D16. 您在某些方面是否认为自己比他们有优越感？

（1）经常有□　（2）偶尔有□　（3）基本没有□　（4）从来没有□

D17. 您在日常生活中是否对他们有歧视？

（1）经常有□　（2）偶尔有□　（3）基本没有□　（4）从来没有□

D18. 如果有歧视，其实产生的原因是：（可多选）

（1）民族身份□　（2）文化素质□　（3）农民身份□　（4）职业□　（5）其他_____

D19. 您认为跟回族等流动人口在文化方面是否有差别？

（1）是□　（2）否□

D20. 如果你觉得有差别，这些差别表现在：（可多选）

（1）服饰□　（2）饮食□　（3）婚姻□　（4）宗教信仰□　（5）语言□　（6）办事习惯□　（7）消费观念□　（8）为人处世□　（9）子女入学问题□　（10）社区活动参与□　（11）教育程度□　（12）民族□

D21. 您认为他们有没有将不好的生活习惯带到城市并影响了城市的发展？

（1）有□　（2）没有□　（3）某些方面有□

D22. 您认为城市文化和他们的文化有矛盾吗？

（1）有□　（2）没有□　（3）某些方面有□

D23. 如果有矛盾，这种文化间的矛盾表现：（可多选）

（1）服饰□　（2）饮食□　（3）婚姻□　（4）宗教信仰□　（5）语言□　（6）办事习惯□　（7）消费观念□　（8）为人处世□　（9）子女入学问题□　（10）社区活动参与□

D24. 您会不会主动去化解这种文化冲突？

（1）会□　（2）不会□　（3）看情况□

D25. 您会不会在文化上理解并接纳他们？
(1) 会□　(2) 不会□　(3) 看情况□

D26. 您对加强回族等流动人口文化适应能力有何建议？

后　　记

本书为国家社会科学基金项目的最终成果。十年来，我一直关注我国中东部地区城市民族问题。中东部地区城市经济社会发展程度较之西部地区要高，并且远离民族地区，汉族在人口数量上又占绝对多数，因此，中东部地区城市民族问题自然有不同于西部民族地区城市的特点，很有值得研究的价值。特别是随着改革开放和社会主义市场经济发展，大量西部地区少数民族人口进入中东部地区城市谋生，少数民族流动人口成为影响城市民族关系发展的重要因素，其中回族等流动人口在城市的生存、适应以及融入问题更具有一定的代表性。2012年我申报的《我国中、东部地区穆斯林流动人口城市融入问题研究》获得立项。该项目立项后，选定武汉、广州、杭州、宁波等城市为调查地，2017年1月顺利结题。

在完成该课题过程中，感谢武汉、广州、杭州、宁波等城市民委等的大力支持，感谢接受调查的群众，没有他们的支持和配合，是不可能完成该课题的；感谢我的研究生参与了调查和部分内容的写作，有的同学还以与此相关内容为选题完成了博士、硕士学位论文，特别是常岚博士提供了武汉市的访谈材料和相关内容；感谢中国社会科学出版社编、审、校人员认真负责的工作及对书稿提出的许多宝贵意见。

党和政府十分重视城市少数民族流动人口的融入问题。2014年召开的中央民族工作会议对如何做好城市少数民族流动人口服务管理工作提出了新要求，有待学界继续进行深入研究。该成果只是初步的探索，由于作者水平有限，不足之处在所难免，敬请批评指正。

作　者
2019 年 5 月于中南民族大学